ガリレオ工房

授業に生かす
理科のおすすめ実験

編集代表 滝川洋二

東京法令出版

はじめに

　授業実践に役立つ本は、今までにもいくつか出されてきています。すぐれた実践はそのまままねをする中で、先生が成長できる側面を持っています。この本も、そういった側面を持つタイプの実践書を期待してつくりましたが、今まで出された類書に比べて、子どもが活動する場面がたくさん設定してあります。生徒の認識を変えるのが、授業の中での先生の話や、実験だけでなく、生徒が自分で考えて行動するときの能動性にも大きくかかわっていると思うからです。

　この本には、今までの優れた実践をもとに、ガリレオ工房メンバーや、協力者が新しく工夫した実験や授業展開が、実践をベースに提案されています。少し荒削りな面はありますが、いろいろな側面で新しい提案を含んだ内容を紹介することが、今の時代に不可欠だと感じているからです。学習指導要領では理科の時間が大幅に減りましたが、これが最終の形だとはとても思えません。ですから、この本の内容は、理科の授業としてだけでなく、総合的な学習や選択授業の中でも使える内容をたくさん用意しました。先生が工夫して使うヒントにしてください。そして現状の中で、先生達が意欲的な実践を積み重ね、楽しく分かる新しいタイプの授業をつくり、それが日本や世界を変えていく新しい時代を多くの先生達と一緒につくりたいと思っています。

　この本は、中学の授業を念頭に作りました。とりわけ生徒がどんな考えや誤認識をしているかを日常の授業から再検討し、認識を意識的に変える工夫を織り込みました。生徒の認識を変えるという点では、小学校や高校の授業にも共通した面があり、参考にしていただければ幸いです。

　実験の安全性等には配慮して書きましたが、子ども向けや一般書ではなく先生向けの本として、ある程度の基礎知識もあることを前提に書きました。いきなり授業で実験するのでなく、新しい実験で安全性が気になるところは予備実験をして、教室の状況を確認することも必要な場合があります。

　授業を構成するためには、今までの沢山の実験や実践をもとにしなければそれを発展させることもできません。この本は参考にした本をできるだけあげるようにはしましたが、不十分な面もあると思います。多くの先輩方に感謝するとともに、不十分な点はご指摘していただきたいと思います。

　この本の出版にあたり、辛抱強く著者達を励ましていただいた東京法令出版の小林厚史さんに感謝します。

　2001年春　　　　　　　　　　　　　　　　　　　　　　　　　　滝川　洋二

目　次

<到達目標と誤認識>　　　　　　<おすすめ実験>

1章　力のはたらき……………7
1-1　弾性
- 1-1-1　ガラスや鉄に弾性があるか？………………10
- 1-1-2　弾性に気づきやすいものを探そう！………10
- 1-1-3　オリジナルばねを作ろう！………………11
- 1-1-4　力と変形量をガラスで調べる！……………14

1-2　力のつりあい
- 1-2-1　静電気で空中浮遊！………………………18
- 1-2-2　「おもり1個＝おもり2個」のばねの伸び？…22

2章　圧　力……………27
2-1　圧　力
- 2-1-1　細長風船を遠くまで投げるには？…………30
- 2-1-2　大きな風船、小さな風船、どちらがよく飛ぶ？ 31
- 2-1-3　フィズキーパーで空気をつめる！…………32
- 2-1-4　巨大風船をぶつけてみよう！………………33

2-2　圧力の向き
- 2-2-1　左から押したら左へ動く？…………………34
- 2-2-2　風船の中の風船！……………………………35

2-3　圧力の大きさ
- 2-3-1　大気圧を"見る"！……………………………37
- 2-3-2　息の力で人を持ち上げる！…………………37

3章　物質の状態変化……………39
3-1　状態変化と粒子モデル
- 3-1-1　ビニールを通り抜ける水！？………………42
- 3-1-2　液体窒素は八面六臂！………………………43
- 3-1-3　なんでも状態変化！…………………………48
- 3-1-4　ブタンガスを状態変化させる！……………50
- 3-1-5　決まっているのかな？氷の温度、水蒸気の温度…54

4章　気体の性質……………55
4-1　気体の密度を比較する
- 4-1-1　いろいろな中身のシャボン玉！……………57

4-2　二酸化炭素の性質調べ
- 4-2-1　生まれは違っても性格は同じ！……………60
- 4-2-2　発泡入浴剤で火を消せるか？………………61
- 4-2-3　空中で、はずんで止まるシャボン玉！……62

5章　水溶液……………65
5-1　水溶液って何？
- 5-1-1　本当に均一になるのか？……………………68
- 5-1-2　"五感活用"で濃さを調べる！………………69
- 5-1-3　早く溶かせ！…………………………………72
- 5-1-4　これはきれい！塩化アンモニウムの再結晶…74

6章　酸・アルカリ・中和……………77
6-1　酸性とアルカリ性
- 6-1-1　判定しよう！酸性・アルカリ性………………80
- 6-1-2　強さを調べよう！酸性・アルカリ性…………81
- 6-1-3　生物を溶かしてしまうアルカリ性！…………83
- 6-1-4　なぜ「アルカリ食品」と呼ばれるの？………86
- 6-1-5　どれくらい薄めればよいだろう？……………88
- 6-1-6　勇気ある者はなめてみよ！塩…………………90

7章　物質の分解……………93
7-1　物質の分解
- 7-1-1　分解の原点「たたいて壊す」！………………99
- 7-1-2　熱エネルギーで分解！………………………100

| | | 7-1-3 | 電気エネルギーで分解！……………103 |
| | | 7-1-4 | 紫外線で分解！………………………105 |

8章　物質の化合…………109
8-1	物質が化合するイメージをつくる	8-1-1	こすりつけたら化合した！……………113
		8-1-2	団子にしたら化合した！………………114
		8-1-3	これはくさいぞ！アンモニア…………115
		8-1-4	カウントダウンで盛り上がる！………116
		8-1-5	探究実験　化合するかしないか？……118

9章　化学変化と物質の質量……121
9-1	質量保存の法則	9-1-1	暗室で見るときれい！踊る木炭の燃焼……124
		9-1-2	ペットボトルでできる質量保存則の確認！…126
9-2	定比例の法則	9-2-1	金属の酸化と質量変化！………………129
		9-2-2	かさ袋で簡単に気体を配合！…………131

10章　運動とエネルギー…………135
10-1	ジェットコースターモデルを作ってみよう！	10-1-1	遊ぼう！ジェットコースターモデル……139
		10-1-2	測ろう！ジェットコースターモデル……141
		10-1-3	黒板に取り付けられるジェットコースターモデル！……142
10-2	ジェットコースターと水力発電のただならぬ関係！	10-2-1	ペットボトルで水力発電！……………145

11章　エネルギーの利用…………149
11-1	化石燃料vsウラン	11-1-1	圧力釜で火力発電！……………………152
11-2	新エネルギーは期待できるか	11-2-1	ペットボトルで風力発電！……………159
		11-2-2	透明半球の上で太陽光発電！…………161
		11-2-3	簡単な燃料電池発電！…………………163

12章　科学技術と人間…………167
| 12-1 | ラジオを電波探知機として使う | 12-1-1 | AMラジオで電波源探し！……………172 |

13章　生物の細胞と生殖…………177
13-1	デジタルカメラで顕微鏡写真を撮る	13-1-1	デジカメで細胞を観察！………………181
		13-1-2	デジカメで細胞分裂を観察！…………183
		13-1-3	デジカメで花粉管を観察！……………184
13-2	生命誕生のクロスカリキュラムT、T	13-2-1	生命誕生のクロスカリキュラムT、T！……188

14章　天体の動きと地球の自転…193
| 14-1 | 天体の動きと地球の自転 | 14-1-1 | 理解しやすい立体モデル！……………197 |

15章　地球の公転と四季…………203
| 15-1 | 地球の公転と四季 | 15-1-1 | 理解しやすい立体モデル！……………205 |
| | | 15-1-2 | 星座の移り変わりモデル！……………207 |

16章　太陽系と惑星………………209
| 16-1 | 太陽系と惑星 | 16-1-1 | 惑星データの活用術！…………………210 |
| | | 16-1-2 | データからイマジネーションへ！……210 |

1章 力のはたらき
到達目標と誤認識

静止　　力は出ていない　　力が出ている　　筋肉

🔵 **到達目標としての科学認識**

> 力はすべて物体と物体との相互作用である。
> ＜具体的な目標としての科学認識＞
> 1．すべての固体には弾性がある。
> 2．接触している物体が及ぼす力は、すべて弾性力である。
> 3．静止している物体は、向きが反対で大きさが等しい2つの力を受けると、静止したままである。
> 4．地球は、地球の中心の向きに物体を引く。物体が地球に引かれる力を「重力」という。

力は相互作用

　力は物体と物体との相互作用である。このことは、力は常に「力を加える物体」と「力を受ける物体」が存在することを表現している。冒頭の単元「力とは」では、まず物体が力を受けたことを「物体の変形や運動状態の変化」をもとに調べられることを示し、次に力を加える物体と受ける物体が接触しているか否かで、力は接触力と遠隔力の2種類であることに言及している。重力、磁気力、電気力以外はすべて接触力である（接触力もミクロに見れば遠隔力が原因になっているがここではマクロにのみ扱う）。
　接触力に関しては、静止している物体が受ける力の理解の手がかりになるように、ばねだけでなく、「固体はすべて弾性がある」ことを学習させたい。フックの法則がばねだけに当てはまる法則ではないこともこの理解の手助け

になる。

　この到達目標には、「作用・反作用」の内容が不可欠であるが、新しい学習指導要領では、実質的に第3学年配当の「運動」で扱うことになっている。しかしながら、力のつりあいを学習すると、反作用についての学習をしなくとも、反作用力に気づく生徒がいる。また、その場合には、「作用（力）と反作用（力）の2力は向きが反対でつりあう」という誤認識が必ず生じる。現状の時間数ではこの内容に十分な時間を割けないが、弾性を学ぶ本プログラムでは、より反作用のしくみが明確で、生徒の理解を深めることも可能である。

●「力のはたらき」に関する生徒の誤認識の現状

　生徒は力の概念について、これまでの生活経験などから次のような認識をもっている。

① 力は、動物やばねなどの特定の物が出すもので、普通の物体は力を及ぼさない。例えば、机の上にある物体に対しては、机はただ支えているだけで、力は及ぼしていないと考えている。抗力、張力は力と認めない。

② 物体は普通、力を加えても変形（弾性変形）しない。変形するのは、ばねなどの特殊な物体で、ガラスは変形せずに割れ、鉄は変形すると変形したままもとに戻らない。

③ 重さ（重力）より大きな力を加えないと、物体を水平方向に動かすことはできない。

④ 重さは物体が下に落ちようとする性質で、力ではない。

　以上のことは、力のつりあいの条件に抵触するので、生徒の多くは、もともとは力のつりあいについて、科学とは異なった考えをしている。例えば、

① 水平に物体を押しても静止するのは、押す力に対して重さ（重力）がつりあうから。

② 大人と子供が物体を押し合って、物体が静止しているとき、大人の方が子どもより大きな力を出している／子どもが大きな力を出しているので静止している。

③ ばねにつるしたおもりを、ばねはおもりの重さ（重力）より大きな力で引いているので下に落ちない／ばねの力よりおもりの重さが大きいから上に上がらない。

④ 机の上にある物体には、重さが下向きにあるが（力ではない）、それを机が上向きに支えている（力ではない）。

　以上を踏まえ、生徒の誤認識が科学的な認識に変わるようなおすすめ実験を以下に紹介し、到達目標に向けての授業を提案したい。

1章 力のはたらき

1-1 弾性

到達目標に向けての授業の提案

● 到達目標

> 1．すべての固体には弾性がある。
> 2．接触している物体が及ぼす力は、すべて弾性力である。

　力は、接触してはたらく力と、離れてはたらく力（重力・静電気力・磁力）の2つに分けられる。この中の接触してはたらく力は弾性力である。そこで物体（固体）の弾性についての理解を基礎に、力を理解し、その中で「筋肉による力」から、より一般の「力」に認識を拡張することや、抗力・張力など、生徒が力と認めにくい内容も理解が可能になるように構成するのが一つの方法である。

```
       ┌ 接触してはたらく力……　弾性力 ←物体の弾性
       │
       │                抗力
  力 ─┤
       │                張力
       │
       └ 離れてはたらく力………重力、静電気力、磁力
```

「重さは物体が下に落ちようとする性質で、力ではない。」誤認識

　離れてはたらく力である重力は、重さとしては認識されているが、多くは物が下に落ちようとする性質という理解にとどまり、力という認識に乏しい。そこでまず弾性の理解を通じて、接触してはたらく力についての理解を作り、その理解をベースに、離れてはたらく力を取り上げる。力のつりあいや、作用力・反作用力の理解の上にさらに段階を追って深まっていくように構成する。

　ばねは、
① 力を加えると変形し、取り去るともとに戻る（弾性変形）。
② 限界より大きな力を加えると変形が戻らなくなる（弾性限界）。
③ 変形しているときは接触している物体に力を加える（弾性力）。
などの性質がある。これは、多くの生徒が見たことのある事実なので、巻ばねを提示して確認しておく。

おすすめ実験 1-1-1　ガラスや鉄に弾性があるか？

次の＜方法＞に書いてあるガラス棒、鉄の棒を示し、問いかける。

> ガラスの棒や鉄の棒に弾性（ばねの性質）はあるだろうか。予想してから確かめてみよう。

　多くの生徒は、「鉄は力を加えると曲がって元に戻らない、ガラスは折れる」と考えている。ガラスと鉄の両方に弾性があると考える生徒には、「ほんのわずかには変形する、弾性限界の前には変形している」などの見方があり、この見方は鉄、ガラス以外のすべての物体（固体）にも弾性があるという考えに発展している場合があるので、そういった生徒がいれば、なぜすべての物体（固体）に弾性があると考えるかを確認しておくとよい。

＜方法＞

① ガラスの棒（外径数mm、長さ1m程度）や鉄の棒（外径1～1.5cm程度、長さ1m程度。鉄製スタンドの支柱など）の両端を持って力を加えると変形し、力を取り去るともとに戻る。

② 実験室内のガラス戸棚のガラスを押すと、ガラスに映る教室などの景色がゆがむことから、ガラスに弾性があることがわかる。

③ ガラスの棒や鉄の棒をたたくと、震えて音がする。たたいて音がするものは震えているということがわかると、ほぼすべての物体が弾性を持つことがわかる。

④ 実験室の実験机の端近くにレーザー光源装置を置き、できるだけ離れたところに光を当てて、机を押すと光が上下することから、机に弾性があることがわかる。

おすすめ実験 1-1-2　弾性に気づきやすいものを探そう！

> 身の回りで、弾性に気づきやすいものを探してみよう。

生徒の多くは、ゴムやプラスチックの弾性には気づくが、それ以外の物質・物体についての例はあまり気づいていない。伸ばすだけでなく「曲げてもよい」という指摘をすると、事例が増える。弾性変形だけでなく、弾性力についても確認することが大切。

例　ゴム（消しゴムなど）
　　プラスチック（ボールペン、下敷き、定規など）
　　木（鉛筆、木製定規、飛び込み板など）
　　紙（ノート、教科書など）
　　髪の毛、人間の肌、衣類…
　　　→どれも力を加えると変形し、力を取り去るともとに戻る
　　建物（家、ビル、学校など）
　　地球（道路、地面…）
　　木、橋…
　　　→地震で揺れる、大型トラックなどで揺れる、強い風で揺れる

◉ おすすめ実験 1-1-3　オリジナルばねを作ろう！

オリジナルばねを作ろう／オリジナルばねで工夫してみよう

(1) ガラスでばねを作る

＜方法＞

① ガラス棒（径数mmで長さ20cm程度）の両端を持って、回転させながら真ん中をガスバーナーの炎で加熱し、真っ赤になってたれて曲がるまで待つ。ガラスが融けて十分たるむ状態になったら炎からはずして強い力で左右に引き延ばす。細長いガラスができる。この極細ガラスは、自由に曲げることができ、ばねの性質がよく見える。

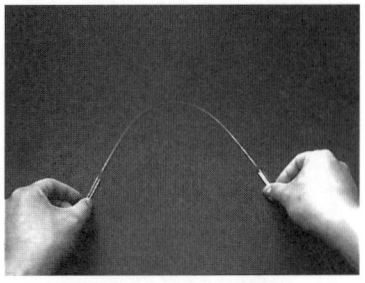

真っ赤になるまでとかしてから思いっきり左右に引き延ばす。

極細ガラスは、自由に曲げることができる。

＜注意＞

・加熱後のガラスは、空気中に放置して冷えてからさわること。加熱直後は

たいへん熱いので、やけどしたり、触れたものが燃えることがある。
・極細ガラスを引きちぎらない程度の長さまで引き延ばすこと。
・極細ガラスが折れない範囲でばねの性質を見ること。
・ガラスが折れてしまったら、破片がからだや服につかないように気をつける。

② 次の図のような装置を段ボール箱、太めのガラス管、針金で作る。ガラスは工芸用色ガラス（鉛ガラス）棒が使いやすく、このガラス棒の先をガスバーナーで熱し真っ赤になって融けたガラスを針金に引っかけて、ガラス管を回転させながら融けた部分をガラス管に平行に少しずつずらしていく。（参考：工学院大学企画部編「おもしろ理科実験集」シーエムシー、1996年）

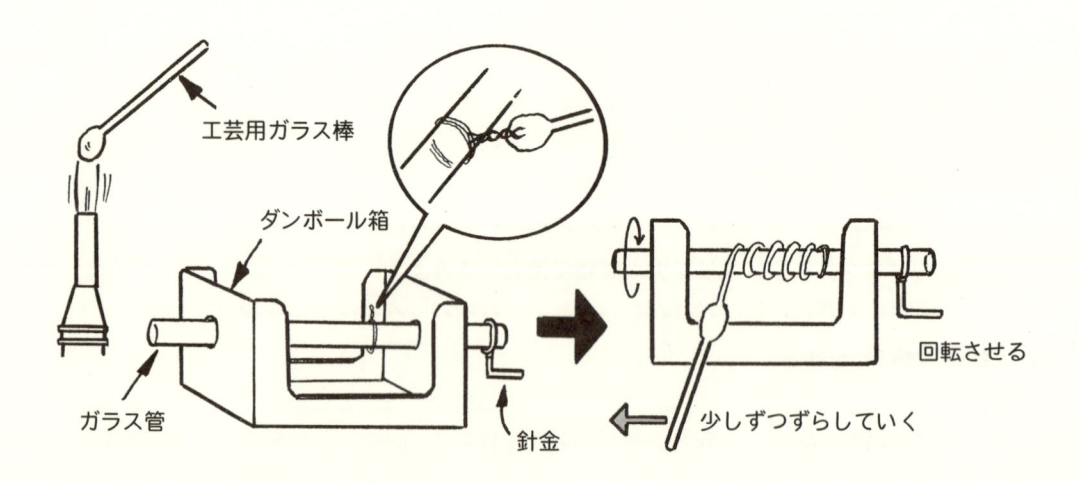

(2) ストローでばねを作る

＜方法＞

できるだけ太めのストローをハサミで斜めに切っていく。すべてを切ると斜めに模様の入ったストローに見えるが、力を加えると伸び、力を取り去るとまたほぼ同じ長さになる。（参考：市川和子「ガリレオ工房通信」1999.9）

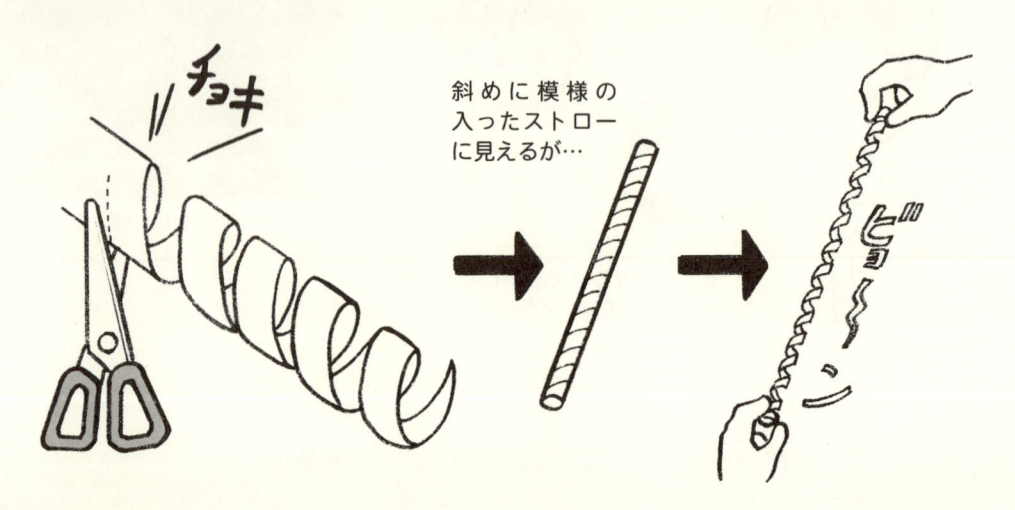

(3) いろいろな材料で作ったばねの性質を確かめてみよう

① **(1)** の②や **(2)** で作ったばねに、1円玉をおもりとしてつるし、伸びを調べてみよう。金属のばねと比べてみよう。

② 身の回りにある材料でばねの性質を調べてみよう。例えば、パンティストッキング、セーター、10mほどの長さのつり糸など。

(4) ばねを使った道具を作ってみよう

マッチ箱などの箱を開けると、ばね仕掛けで顔が飛び出すびっくり箱のばねを紙で作ってみよう。どんな紙をどんな形に切り、どんな折り方をして、箱に入れると一番高く飛び上がるだろうか。紙が途中で曲がってしまった場合でも、ばねの先がどれだけ高く伸びるか、高さを競ってみよう。

● 調べてみよう

┌─────────────────────────────────────┐
│ インターネットでばねについて調べてみよう │
└─────────────────────────────────────┘

「バネ」「ばね」などでインターネットのホームページを検索してみよう。たくさんあるのにビックリするだろう。次の資料は、大人対象ではあるが、内容はおもしろい（ホームページなので変更の可能性もある）。じょうずに検索するともっとおもしろい資料も見つかるかもしれない。

① ばねの設計に関する資料（(株)アクトメント）
- http://www.saitama-j.or.jp/ogawa/baneset.htm この中では、1.ばねの定義と機能、2.ばねの分類と特性がおもしろく、フックの法則に当てはまらないばね、の紹介もある。
- http://www.saitama-j.or.jp/ogawa/ の中の製品情報には、さまざまな用途のばねが紹介されている。

② 江戸時代の錠前に使われていたばね（駒沢大学西村ゼミ）
- http://www.komazawa-.ac.jp/Gakubu/Nishimura_Seminar/Nis/locks/index.html これがばねかと思うような板ばねが使われている。

③ 金属線の主な製品と用途（鈴木金属工業(株)）
- http://www.suzuki-metal.co.jp/corp/product.html どの金属線もばねの性質を使っていることがわかる。

おすすめ実験1-1-4　力と変形量をガラスで調べる！

> ガラス棒の一端を固定し、他の端に10gのおもりをさげる。そのときのたわみの量を x mmとすると、20gのおもりを下げたときにはどれだけたわむだろうか。

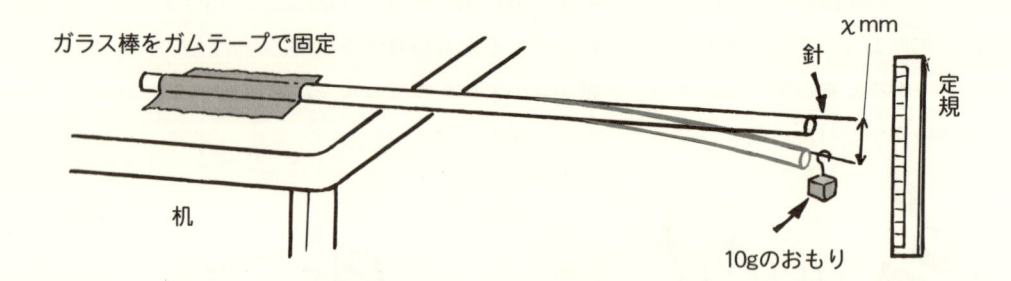

<方法>

① 机の上にガラス棒（外径数mm、長さ1m程度）の半分をのせ、ガムテープでガラス棒を水平に固定する。
② 飛び出たガラス棒の先端にセロハンテープで針をつける。
③ 先端に100g程度までおもりをのせても、ガラスは壊れないことを示した上で、上記の質問をする。
　生徒からは、
　　ア　$2x$ より大
　　イ　$2x$
　　ウ　$2x$ より小

の選択肢のうち、イとウの意見が多く出る。イを選んだ理由は、「弦巻ばねも、おもりが2倍だと伸びも2倍になるから」、「ガラスも鉄も同じ弾性があるから」、「10gや20gでは弾性限界内なので、変形量は重さに比例する」というものが多く、ウを選んだ理由としては、「ガラスは力を加えるとだんだん変形しにくくなる」、「ガラスは壊れる前に（弾性限界に近づくにつれて）曲がりにくくなる」などが出る。

<結果と考察>

　ガラス棒は、10gのおもりをさげたとき、数mmたわむ。おもりは、20gだけでなく、30g、40g、50gとのせていき、それぞれ測定する。また、50gから、40g、30g、20g、10g、0gと、逆にも測定していく。
　時間があれば、弦巻ばねも同じように測定する。どちらも、値はそのままではきれいな比例とはならないが、生徒にもア、ウではなく、大まかにはイの比例になっていることがわかる。

結果の例

おもり (g)	0	10	20	30	40	50
変形量 (mm)	0	7	13	20	26	33

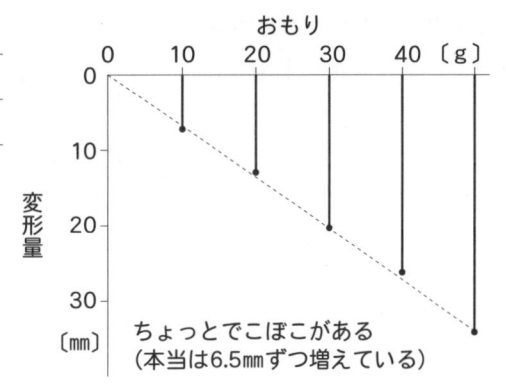

ちょっとでこぼこがある
(本当は6.5mmずつ増えている)

＜解説＞

　生徒からはなかなか意見が出ないのだが、弦巻ばねもその一部をよく見ると、伸び縮みではなく、水平方向から曲がるたわみで重さを調べていることがわかる。まっすぐだと使い勝手が悪いので、ぐるぐる巻いて、その全体の伸び縮みを使っているのである。

　物体は、弾性限界内では力と変形量が比例するという法則がある。これを見つけた人の名前にちなんで「フックの法則」と呼んでいる。

ここを拡大すると
おもりをさげたとき、たくさんたわむ

質量と力（重力）

　ばねは、力の大きさに比例して変形するので、力を測る道具として便利である。

　ばねに1kgのおもりをつるしたとき、ばねがおもりから受ける力を、「1kg重」と呼ぶ。1gのおもりからは1g重の力を受ける。

　「1kg」や「1g」は、物体の質量を表す。質量は、月の上でも、無重力状態でもなくならない。宇宙旅行をしていても、1kgの肉の食べで（おなかがいっぱいになる）が地上と変わらないのは、肉の質量の側面である。また、ダイヤモンドを買うときには、質量を問題にしていて、力は問題にしていない。「質量」は、ものの量を意識したことばだといえる。

　一方、ウエイトリフティングや漬物石では、力（重力）が問題になっている。日常生活では、どちらも「重さ」と呼んでいるが、「重さ」には質量の側面と、力（重力）の側面があり、科学ではそれを区別して考える。

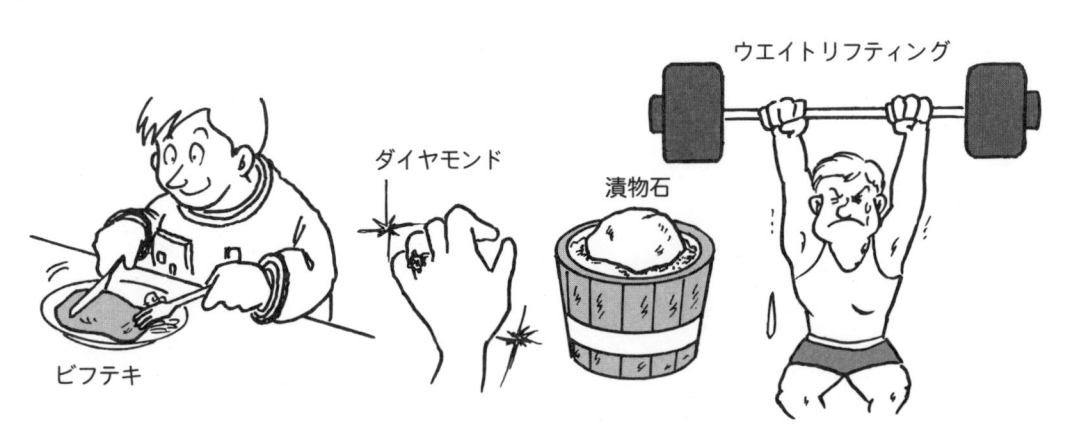

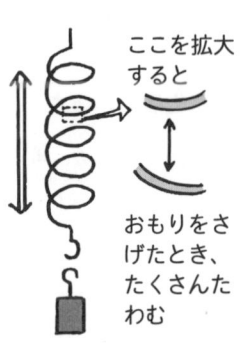

ビフテキ　ダイヤモンド　漬物石　ウエイトリフティング

科学の世界で国際的に使われる力の単位N（ニュートン）

　力の単位は、科学の世界では〔N（ニュートン）〕を用いており、1kg重のことを9.8Nと呼んでいる。

　アメリカの1ドルは、日本円に直すとき100倍程度の換算をするが、換算率は日によって変化する。これに比べると、kg重を〔N〕に換算するのは、いつでも9.8倍するだけで、単純である。

　1Nは約100g重で、ニュートンの家の庭に生えていたリンゴの木になった果実の重力程度である。日本では品種改良でもっと大きなリンゴがふつうになったが、もともとリンゴは小さなものがふつうだった。身近な例では、単一マンガン電池の重力が約1Nである。

日常生活での重さ

	特徴、用いられ方	単位
質量	月の上、宇宙船内でも変わらない。 肉の食べで、ダイヤモンドの取り引きなどの場合。	kg　g
力(重力)	ウエイトリフティング、漬物石などの場合。	kg重　g重 N（ニュートン）

（参考：浅岡清範編著「楽しく分かる中学の理科1分野上」あゆみ出版）

夜話

「細胞」の発見と「物体の弾性」の発見、その共通点は？

弾性について系統的に調べたのはイギリスの科学者ロバート・フック（Robert Hooke、1635〜1703）で、弾性体に加える力と変形の関係をフックの法則（力と変形量は比例する）としてまとめました。一方でロバート・フックは、生物が細胞からできていることを見つけたことでも有名です。

フックはガラス、木、骨、腱、石などいろいろな物体の弾性を調べ、どれもが同じ性質を持っていることを見つけました。どうしてこういったいろいろな物を調べる気になったのか、それは次のような説が有力です。フックはすべての物体は原子からできているという原子論の立場で、その当時だれも見たことのない原子の実在を調べようとしていました。すべての物が原子からできているのなら、力を加えたときの変形に対して、同じ性質を示すのではと考えて、普通の人が弾性に気づかないような物体をいろいろと調べ、つる巻ばねと共通の法則を見つけました。

また、当時発明された顕微鏡を使って微小な世界を覗き、多くのことを見つけました。『ミクログラフィア』（1665年）には、「針の先は点ではない」「ナイフのエッジは直線ではない」などから始まり、生物の観察が主体とは思えない内容です。この中にコルクの中に小さな部屋（cell）があることを見つけたことも出てきます。これが細胞（cell）だったわけですが、フックは細胞を見つけたかったのではなく、まだだれも見たことのなかった原子を見たかったのだと言われています。

原子を見ることができる顕微鏡は、ヒトの目で見える光では無理で、20世紀後半になって作られました。（参考：板倉聖宣・江沢洋「物理学入門」国土社、板倉聖宣・永田英治訳「ミクログラフィア」仮説社）

1-2 力のつりあい

到達目標に向けての授業の提案

● 到達目標

> 静止している物体は、向きが反対で大きさが等しい2つの力を受けると、静止したままである。

力を受ける物体を基準に考える

　生徒は、物体を動かせるのは、「物体を引く力が重さ（重力）より大きいとき」と考えたり、重さが物体自体の性質と考えて、力のつりあいの役割そのものを問題にしない場合がある。力のつりあいの理解は、力そのものの理解と並行して行われる。また、力のつりあいについての学習の中では、力を矢印で表現することが必要になる。力の大きさと向きを表したいからである。

　例えば、手で箱を水平方向に左から右に引き、箱が右に動き始めたときの力を、生徒に矢印の書き方約束を教えないで描かせると、同じ内容を表すのにたくさんの異なる表現が出てくる。一人一人が違った表現を用いると、クラスの中ではその矢印が、一体どの物体が受ける力を表しているのか、区別がつかないままになる。そこで、矢印の書き方は統一しておくということで、授業展開の中で、多くの文献が取り上げている方法を紹介する（次ページ）。

● おすすめ実験 1-2-1　　静電気で空中浮遊！

> **空中に浮遊させよう**
> 　プラスとプラス、マイナスとマイナスの静電気を帯びる物体が、互いに反発することを利用して、ものを浮かせることに挑戦してみよう。

　すべての物体は重力（地球が物体を引く力）を受けている。この物体が重力と同じ大きさで上向きの力を受けると、静止している物体はそのまま静止の状態を続ける。たとえそれが空中にあっても静止する。

<方法>

① 細長風船を3個ふくらませ、ウール100％の布（マフラーなど）で良く摩擦する。帯電すると風船は30cm程度離れている人にもくっついていくほどになる。

② 薄いゴムでできた小型の水風船（小風船）も空気だけを入れて、ウールでよく摩擦する。

　以下の方法でこの風船を空中に浮かせたままにすることに挑戦しよう。よく帯電していると手で持った風船から40〜50cmの高さを保ったまま浮かぶ。

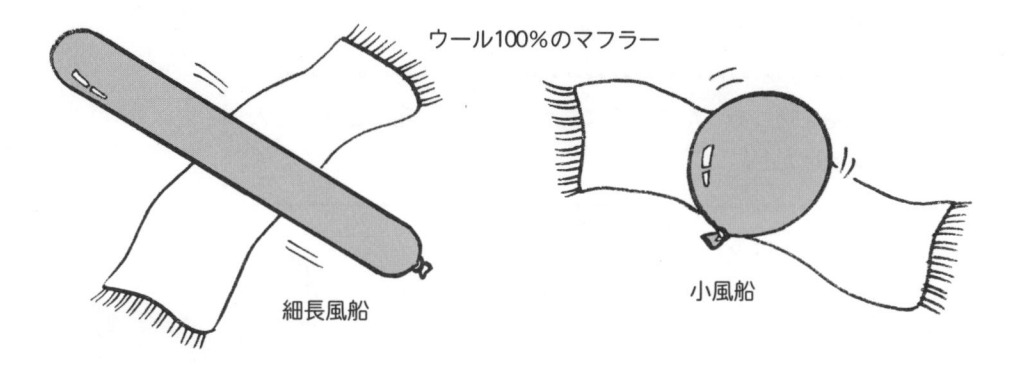

③ ②の小風船がその中を通り抜けていくほどの大きさの輪を、①の細長風船で作り、その下に少し小さめの輪、さらにその下にもっと小さな輪の形にした風船を両面テープでくっつける。これらの風船の表面をよく摩擦して帯電させ、帯電した小風船を空中に置く。空中に浮いたままじっとしているならば成功だ。

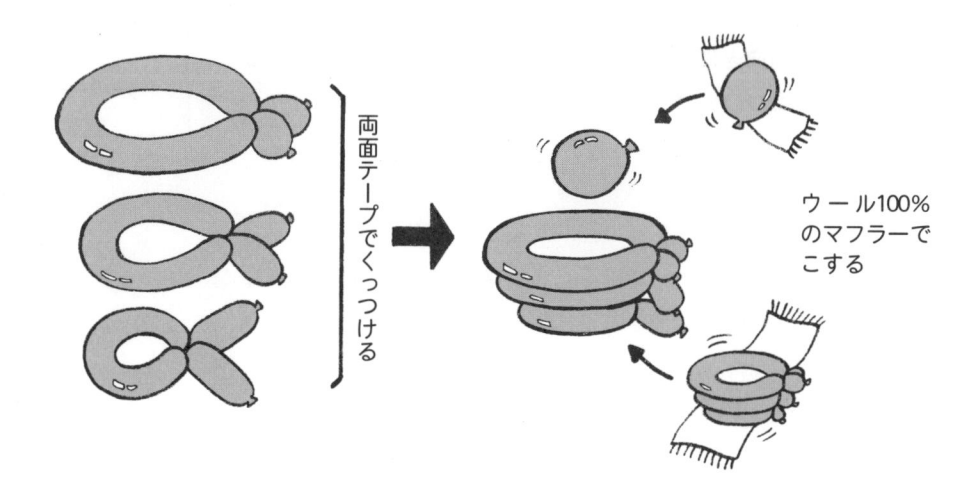

④ 輪の形にした風船の配置の仕方にはもっといろいろな工夫ができる。一番簡単に空中に浮かすことができる方法を見つけてみよう。もっと大きな風船を浮かすことにも挑戦してみよう。

＜力の矢印の書き方の約束＞
① 力の向きは、矢印の向きで表す。
② 力の大きさは、矢印の長さで表す（本数や太さでは表さない）。
③ 力が加わったところを矢印の根元で表す（力を受けた場所から書き始める）。
　→力は受ける物体を基準に考える。
とりわけ力のつりあいは力を受ける物体に着目しないと理解できない。

🔵 考えてみよう

> 大人と子どもが箱を押しあったが、箱は動かなかった。箱はどちらの人から大きな力を受けたか。

　生徒の考えでは、大人は少ししか押さず、子どもは思いっきり押したときに箱は動かないから、「子どもの方が押す力は大きい」と、力と努力とを混同したり、「大人の方が大きな力を出すのが普通だから大人の方が大きい」などと、力を人そのものの状態としてとらえることがある。

　手と箱の間にばねはかりを入れてはかってみようと提案するだけで、こういった生徒の予測は変わってくる。力を客観視する条件が整うからだ。

　押しあう力が同じ大きさだということを実験で確かめたら、

「静止している物体が反対向きに同じ大きさの力を受けると、物体は静止したまま」――これを**「2つの力がつりあっている状態」**と呼ぶ

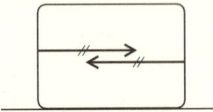

ことを紹介する。

　また、押しあう状態で力の矢印を生徒に描かせると、矢印が真ん中でぶつかる図を描く場合が多いが、力の大きさはさまざまなので物体の輪郭の線を突き抜けることもある。矢印が重なる場合は、少しずらして描くことなども紹介する。

　次は重力についての導入の例である。

🔵 考えてみよう

> 物体を手で持って止めている。このとき手を離すと、物体は落ち始める。落ち始めたとき、物体が受ける力を矢印で書け。

　生徒の考えはいくつかのパターンに分けられる。
① 物体の下の線から矢印を書き始める。
　（「地球は下から引いているから」など）
② 物体の上の線から矢印を書き始める。
　（「物体は下向きに押されているから」など）
③ 物体の内部にたくさん矢印を書き始める。（「重力はあらゆる所を引いているから」など）

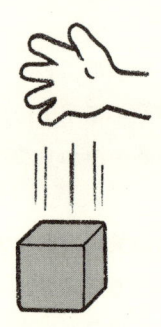

④ 物体の中心から矢印を書き始める。(③を1本にまとめた、上（下）の線から書くと上（下）の物体が押しているのと同じ、重力はすべてを引いている）

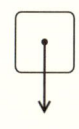

③④の意見がでないときには、教師からこの考え方を紹介し、物体の中心近辺から書くことを紹介する。

● 練習問題

> 水面に発泡スチロールの板を浮かせて、その上に鉄を乗せ、鉄の横に水平に磁石を近づけるとき、鉄が磁石から受ける力を矢印で表せ。

矢印を鉄の中心付近から書き始めるのは、離れてはたらく力（重力・静電気力・磁力）のどの場合にも共通している。磁力は、磁石に近いほど強くはたらくので、より正確に見ると、真ん中よりも少し磁石よりから矢印を書き始めるのが正しいが、物体の中から書き始めるという点が、離れてはたらく力の特徴を表している。

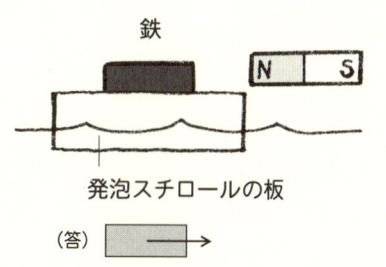

＜力の矢印の書き方＞

力		力の矢印の書き方
接触してはたらく力……弾性力	面が受ける力（抗力）	面の表面から書き始める
	線が受ける力（張力）	線の端から書き始める
離れてはたらく力……重力、静電気力、磁力		力を受ける物体の内部から書き始める

● 考えてみよう

> 机の上にあるレンガが受ける力を矢印で表せ。

重力はレンガが受けている力ではなく、「レンガが下に行こうとする力で、レンガが受けている力ではない」、「机は力を加えることはできない」などと考える生徒もこの段階では、まだ少なくない。物体が受ける重力と机から受ける弾性力がつりあって物体が静止したままであることを、次の実験を紹介しながら説明する。

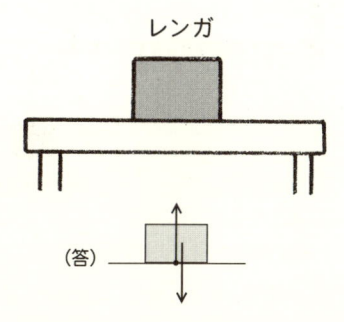

試してみよう

机の端の上にレーザーポインターを置き、机の真ん中を体重をかけて押す。すると、机から長距離離れた場所では、レーザーの光が上下にずれるのがわかる。机も変形することがわかる。机の上にレンガなどの物体があるとき、机の微小な変形で、机の上の物体は弾性力を受ける。このときの弾性力の大きさは、力のつりあい（物体が静止していること）から、物体の重力と同じ大きさであることがわかる。

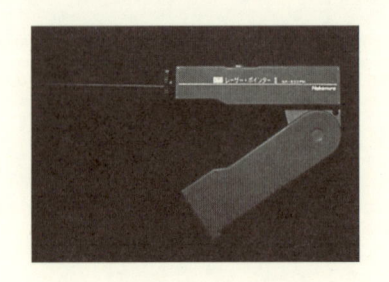

考えてみよう

> 身のまわりで、静止している物体が受ける力のつりあいを探してみよう。

例えば、床に立っている人が受ける力のつりあいは、「人にはたらく重力（地球が人を引く力）と床が（弾性変形して）人を押す力」のつりあい。天井からつるした糸の先につり下げた物体が受ける力のつりあいは、「物体にはたらく重力と糸が（弾性変形して）物体を引く力」のつりあい。

糸はばねの性質を持っているので、伸びて、弾性力で物体を引いている。天井は糸を引いているが、直接、物体を引いているわけではない。この場合は「物体が糸から引かれる力と、物体が地球から受ける重力」がつり合っている。

これ以外にもたくさんの例を挙げることができる。いろいろな例を挙げて、それぞれの場合について力のつりあいを考えてみよう。

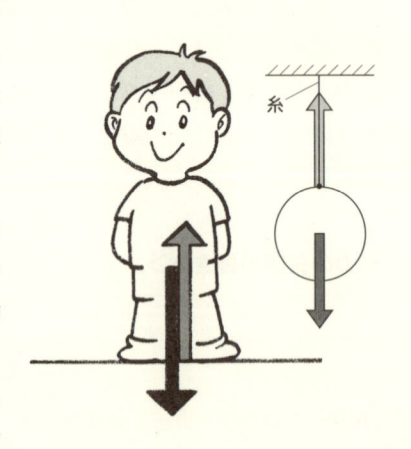

おすすめ実験 1-2-2　「おもり1個＝おもり2個」のばねの伸び？

> 同じばねを使った、AとBの実験では、ばねの伸びはどちらが大きいか。

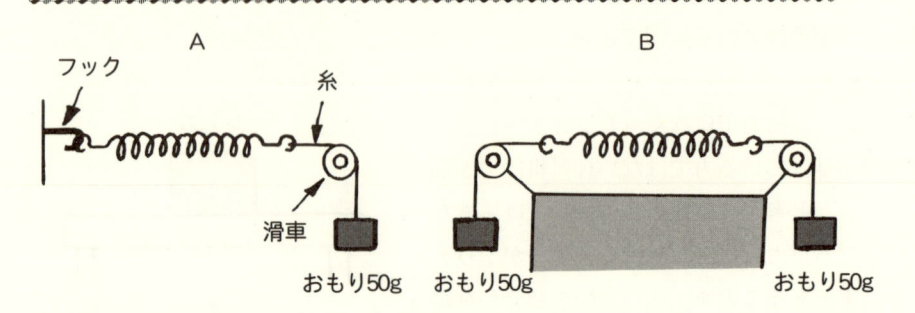

「Aが大きい」、「Bが大きい」、「どちらも同じ」のうち生徒が選ぶのは、「Bが大きい」が多く、また「どちらも同じ」も少なくない。

「Bが大きい」のは、Aはおもりが1つ、Bはおもりが2つだからという意見。「どちらも同じ」という生徒は、Aのフックもおもりと同じ大きさで引いているからで、そうでないと、ばねはおもりの方に動く、と考える。

確かめてみると、「どちらも同じ」である。Aでは、フックが変形して弾性力を加えていること、ばねは1つの物体で、フックの弾性力と糸がばねを引く力の2つがつり合っていることから、ばねの伸びはBと同じになることがわかる。

＜作用力・反作用力＞

先の実験で、ばねがフックを引く力と、フックがばねを引く力の関係を、「作用（力）・反作用（力）」の関係にあるという。どちらを作用（力）と言っても、反作用（力）と言ってもかまわない。

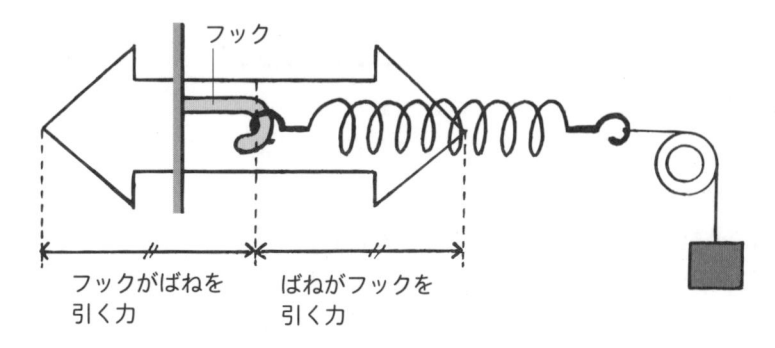

フック

フックがばねを引く力　ばねがフックを引く力

🔵 考えてみよう

次の場合の、力の反作用力を矢印で表しなさい。

①作用力　人がジャンプするために足で床を押している

（答え）

②作用力　人がクロールのとき手で水を押している

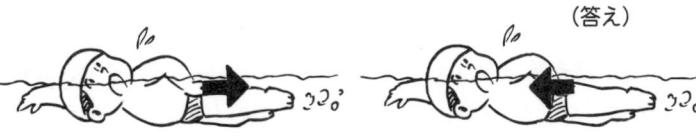

（答え）

答えは、①は、床が足を押す力。この力で人はジャンプしている。自分の力がどんなに出す可能性があっても、ぬかるみではジャンプできない。一方、トランポリンや、踏切台を使うと、よりよくジャンプができるのは、反作用力が大きいから。

　②の答えは、水が人の手を押す力。人は水を後ろに投げながら、その力の反作用力で前に進む。

● 考えてから試してみよう

> 磁石が鉄を引く力の反作用力はあるか。（あるとするとどんな力か。）
>
> 磁石　　　　鉄
> ←

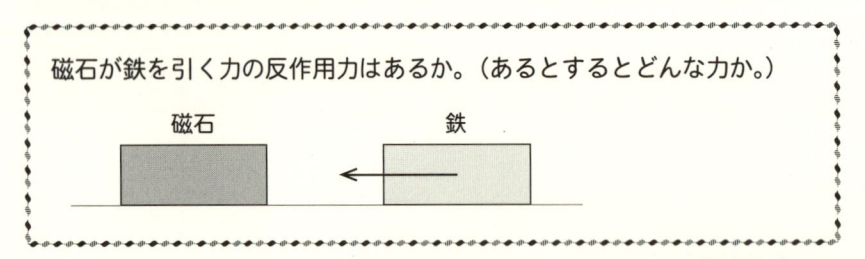

　この場合、多くの生徒は、反作用力はないと考えている。「磁石は鉄を引くが、鉄は磁石を引くわけではない」と考えているからである。しかし、あると考える生徒もいる。「鉄の黒板の側に磁石を持っていくと、磁石が黒板に引きつけられるから」、「作用があれば反作用もあるはず」、「鉄が磁石に引かれても動かないのは反作用があるから」など、いろいろな視点が混在している。

　反作用力について生徒は、「鉄の中心から磁石の力と反対側にはたらく力」、「鉄の重力」、「鉄の摩擦力」など、鉄が静止している状況を想定して「力のつり合い」に相当する力を考えている場合が少なくない。これに対し、別の生徒からは、「反作用力は、磁石の真ん中へんから鉄に向けてはたらく」、「作用と反作用は物体が入れ替わっているのだから、『磁石が鉄を引く』の反作用は、『鉄が磁石を引く』になる」という意見も出る。

反作用（力）があるという生徒の考え

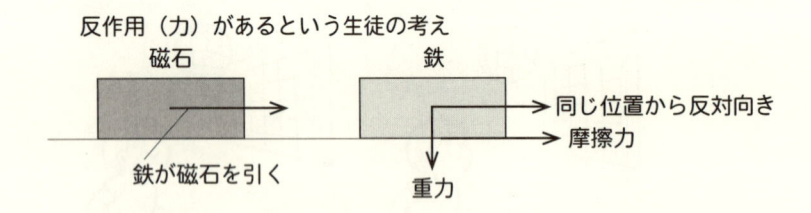

磁石　　　　鉄
→　　　　→ 同じ位置から反対向き
　　　　　 → 摩擦力
鉄が磁石を引く　↓
　　　　　　　重力

　1つの力学台車には磁石を付け、もう1つの力学台車には鉄を乗せて、質量が同じになるようにして、近づけると、どちらの台車もお互いに近づいていく。磁力で鉄が引き寄せられる力で逆に磁石が動いた、とこの時点でも考える生徒もいるので、次の点を強調しておく。

　「物体が動き始めるのは、力のつり合いがやぶれたときで、最初、手で両方を止めていたとき、磁石のある台車は、手の力と鉄から受ける力でつり合っていたために静止していた。手の力がなくなると、磁石が引く力だけになり、つり合わないので動き始めた。」

この力は、離れてはたらく力で、その場合にも反作用力はある。

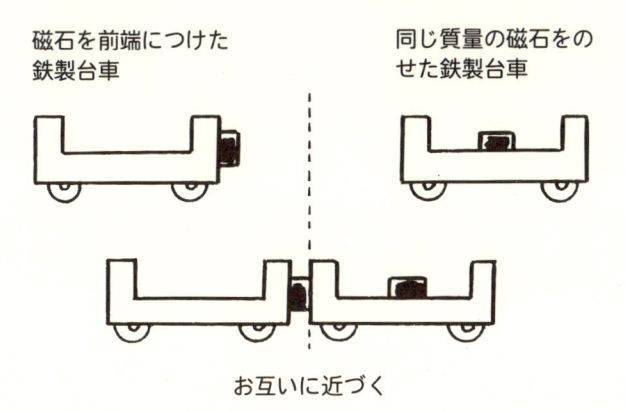

磁石を前端につけた　　　同じ質量の磁石をの
鉄製台車　　　　　　　せた鉄製台車

お互いに近づく

夜話

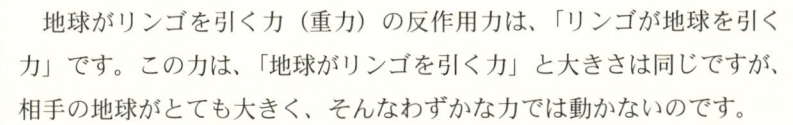

力は「相互作用」

地球がリンゴを引く力（重力）の反作用力は、「リンゴが地球を引く力」です。この力は、「地球がリンゴを引く力」と大きさは同じですが、相手の地球がとても大きく、そんなわずかな力では動かないのです。

力は、2つの物体がお互いに相手を引いたり、押し合ったりする「相互作用」です。固体どうしの「接触力」では、押された方は変形して相手を押します。このとき、力（の矢印）は、同じ物体にはたらくことはなく、必ず異なる物体にはたらきます。重力や磁力といった「離れてはたらく力」では、相手の全体を引くために、作用力も反作用力も力の矢印は物体の中心付近から書き始めます。

力は2種類しか発見されていない

「接触力」と「離れてはたらく力」以外には、力は見つかっていません。ですから、すべての力には作用力と反作用力があります。このことは、現代科学の最も基礎的なことです。ですから、子どもが念力で大人に力を加えて、子どもが全く力を受けないなどということを本気で主張すれば、それは現代科学をすべて否定していることになります。ですから多くの科学者は、念力などの「超能力」をまったく相手にしません。

超能力があるという人がいるなら、世界でしょっちゅう起きている大地震の現場に飛んでいって、下敷きになった人を見つけ、助け出すボランティア活動をすれば、世界中の人から賞賛を受け、その地位も上がると思うのですが、そういう活動をする「超能力者」はおらず、テレビで「トランプの裏を見抜く」などのつまらない手品もどきの「能力」を披露するだけです。

月の裏側を調べる、土星の環が小さな粒からできている、地球の裏側

にいる人と瞬時に話ができるなど、現代科学は超能力者ができない新しい時代をドンドンつくっています。あなたは超能力と「科学」のどちらが面白く、かつ人類の役にたつと思いますか。

2章 圧力

到達目標と誤認識

「圧力！」かな？

「圧力」は「押す力」で手などが加えた力がその方向に伝わっていく……？

🌑 到達目標としての科学認識

> **圧力は、物体が他の物体から、接触面を介して受ける力の効果である。**
> ＜具体的な目標としての科学認識＞
> 1．圧力は、面の各部分が受ける「力」であり、面全体が受ける効果である。
> 2．面全体が受ける力が同じとき、力を受ける面が広いと圧力は小さい。
> 3．同じ圧力では、接触する面が広いと力は大きい。
> 4．圧力の単位は、単位面積あたりの力（例えばN/m^2、kg重/m^2）で表される。
> 5．空気は、重さがあり、物質である。大気圧は、物体の断面が地表にある空気の層から受ける単位面積あたりの力である。
> 6．液体や気体の圧力は、同じ高さではどの断面でも同じであり、断面の向きを変えても大きさは変わらない。

固体では圧力の性質を代表することはできない

　圧力は、閉じこめた液体や気体が任意の断面を垂直に押す力である。この力は液体や気体の圧縮性にかかわる特徴である、同じ高さでは圧力の大きさは面の向きにかかわらず同じという性質がある。これは固体では現れない性質であり、固体で圧力の性質を代表することはできない。生徒によりわかりやすいのは、圧縮性の大きい気体である。

圧力には、全圧力である力と、面の一部が受ける圧力の2つがある。どんな力も本来は一点にではなく面に加わるので、圧力の側面を必ず備えている。しかし、力の学習では、固体の面が受ける力を一点に代表させることで扱ってきた。したがって、生徒は液体や気体の特徴を考える機会には恵まれず、圧力と力の違いや特徴を意識することもなかった。

　圧力は面が受けるので、面が大きくなればその効果としての力も大きくなる。圧力は、全圧力が同じならば接触する面が大きいと圧力は小さく、面が小さいと圧力は大きくなる。また、圧力が一定であれば、接触する面積が大きいほどその面が受ける全圧力が大きくなる。

圧力は割り算する以前から実在する量である

　教える側は、圧力の単位が力を面積で割るので、まず力を示し、次に面積の大小で圧力の効果の違いを示すという手順を踏むことが多い。例えば、速さの単位は距離を時間で割るが、運動会のように距離を決めて走る時間の短さで速さを決めることもできるように、速さは距離や時間のわり算をする以前から実在する量であり、表現のためにわり算をしている。これと同じように、圧力も、わり算をする以前から実在する量で、力を面積で割るのはその表現であることを、指導する側は理解しておく必要がある。

　生徒は、圧力と力の区別が最初は明瞭でないのが普通で、多くの導入では面を押す力を示し、次にその面の広さにより効果の違いを知るのが導入のあり方であった。

　ここでは圧力の定義からの導入ではなく、空気の重さを確認し、空気の重さが大気圧の原因であること、圧力はあらゆる向きに均等に加わるという理解の順序を紹介する。

●「圧力」に関する生徒の誤認識の現状

　生徒は力の一定の概念をこれまでに学んできているが、それは固体が受ける力であり、また面全体で受けているのを一点で代表したために、面全体が

受ける圧力や、面の一部が受ける力などについて、正面から考える機会はなかった。素朴な意味で、圧力についての認識はこれまでの生活経験などから次のような特徴をもっている。

① 「圧力」は、「押す力」で手などが加えた力がその方向に伝わっていく。
② 「圧力」は「押す力」なので面が大きくても小さくても変わらない。
③ 空気は重さもなく、周りから押していない。
④ 大気圧は下にはたらく。

　以上を踏まえ、生徒の誤認識が科学的な認識に変わるようなおすすめ実験を以下に紹介し、到達目標に向けての授業を提案したい。

2-1 圧力

到達目標に向けての授業の提案

◯ **到達目標**

空気は、重さがあり、物質である。大気圧は、物体の断面が地表にある空気の層から受ける、単位面積あたりの力である。

空気は身近な存在であるが、無色透明で日常人間はその存在を意識しない。この空気の存在を認め、その物質性に迫るには、「空気は動くと風になる、空気はものの移動に抵抗になる、場所をとる（体積の存在）」と、「重さ（質量）の存在」が大切であるが、ここでは空気の抵抗と空気の重さ（質量）の理解を主体にして構成する。空気に重さ（質量）があるということの説明は、重力を持ち出さずに、「投げることで衝撃を受ける」「重いと動きにくく動き始めると止まりにくい」という性質を利用して衝撃を体感すると、生徒にはそれほどわかりにくくはない。

◯ **おすすめ実験2-1-1** 細長風船を遠くまで投げるには？

細長風船をふくらませ、両端が前後になるように持って投げるとよく飛ぶ。では、両端が左右になるように持って投げると、風船はどれだけ飛ぶか。

細長風船を、上の左図のように持って投げると風船がよく飛ぶことを示してから、右図のように両端が左右になるように持って投げると、前より飛びにくい。これはほとんどの生徒が予想するので、

 ア　2メートルより遠くへ飛ぶ
 イ　1メートルくらい飛ぶ
 ウ　まったく飛ばない

の選択肢で予想させる。理由はあまり多くは聞かず、すぐに試す。

多くの生徒はイを予想するが、実際に確かめるとまったく飛ばないで、その場からフラフラと落ちてくる。「これはなぜか」と尋ねると、「空気の抵抗が大きいからだ」と答える。風船のように軽いものは、空気の抵抗が大きく影響を及ぼすことがわかる。

「新幹線の先端が風船の先と同じようにとがっているのは、速く動く新幹線は空気にぶつかり、空気からの抵抗が大きいから、その抵抗をできるだけ小さくするためだ」などで空気の存在の意識化をする。

次に、小風船（ゴムの薄い水風船として売られているものに空気を入れる）と普通の大きさの風船（ふくらますと直径20cm程度、「大風船」とここでは呼ぶ）をふくらまさないで一緒に数回投げると、どちらがよく飛ぶといえるほど差が出ないことを示して次の問いを出す。

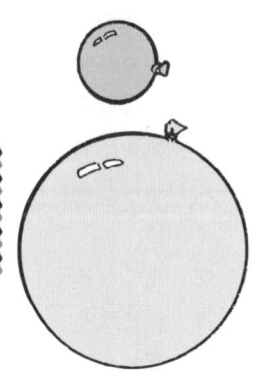

おすすめ実験2-1-2　大きな風船、小さな風船、どちらがよく飛ぶ？

> 小風船と大風船を空気でできるだけふくらませ、同じ力で投げるとどちらがよく飛ぶか。

水風船とふつうの風船（大風船）。どちらが遠くへ飛ぶか。

予想の選択肢としては、
ア　小風船が遠くへ飛ぶ
イ　大風船が遠くへ飛ぶ
ウ　どちらも同じ

の3つが考えられる。生徒の意見は、アが圧倒的に多い。理由は、大風船の方が空気の抵抗が大きい、というものだ。これに対し、イを選んだ生徒からは、風船の重さが大きい方がよく飛ぶという意見が出るが、反論として空気を入れないときにほとんど同じだったから違いは空気抵抗だけだと言うことができる。ウの意見はあまり出ない。

実験を行うと、大方の予想を覆して、大風船の方がよく飛ぶ。これは教員以外に、生徒が実際に試さないと、生徒はその結果もなかなか受け入れることができない。

そこでまず空気抵抗については、小風船の方が少なく、大風船の方が大きいことを確認しておく。

> A　ふくらませた小風船と大風船とでは、どのような違いがあるのか。その条件を指摘しよう
> B　小風船を大風船より遠くに飛ばすにはどんな方法があるか

生徒からは、Aについては、
①　風船の大きさが違う

② 中に詰まっている空気の量が違う
③ 風船のもともとの大きさが違う

ということが挙がるが、①は、むしろ空気抵抗に関係し、この結果を説明しにくい。②の、空気の量の違いは、Bの小風船の中におもりを入れると遠くへ飛ぶという場合と比べると、空気が十分に重ければ説明できるが、重さはそれほどありそうにない、などが議論で出てくる。出てこないときは、教師からこの意見を紹介し、次の実験を提示する。

◯ おすすめ実験2-1-3　フィズキーパーで空気をつめる！

> 炭酸飲料用のペットボトル（1.5ℓ）用に市販されている栓（フィズキーパー、あるいは「炭酸抜けま栓」などの商標）で、ペットボトルに空気を詰める。ペットボトルの中に小風船をふくらませて入れておくと、風船がしぼむことで空気がつまったことがわかる。
> 空気を詰める前と後で重さはどう変わるか。

炭酸が抜けにくい栓・フィズキーパー

予想は、

ア　重くなる
イ　軽くなる
ウ　変わらない

の３つに絞られるが、生徒の意見は、イは少なく、ウとアが多い。イを選ぶのは、空気が重さをもつことはないと考えるからで、「空気に重さがあるならば重いはずだが、普段、重さは感じない」「空気は重さを持つようなものではない」「空気に重さがあることは感じたことがない」などの意見が出る。これに対して、ア「重くなる」という考えからは、「小風船にもおもりを入れると遠くに飛ぶのだから、大風船に詰まっていた空気が重さをもつはずだ」「重さはあるが軽いので普段感じない」「生まれたときから自分たちは空気の中にいるので重さを感じなくなっている」などの意見が出る。

実験をすると、空気を詰めた方が１〜２g重くなる。詰めた空気を水の中でビーカーに置換すると、詰めた体積がわかり、１ℓあたりの空気の重さを調べることができる。

空気１ℓの重さは１気圧０℃で約1.3（1.293）g、20℃では1.2（1.205）gである。

風船を直径20cmにふくらますと、体積は約4.2（4.19）ℓで、空気の重さ（質量）は５g以上になる。これは風船の中に１円玉５枚を入れたことに相当する。

１ℓの空気の重さを、1.2gとして次の計算をしてみよう。

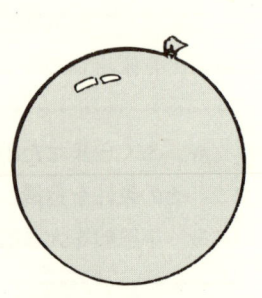

直径20cmの風船中の空気は約4.2ℓ。５g以上になる。

空気の体積	質量
1ℓの空気	1.2g
1m³の空気 ＝ 1ℓの1,000倍	1.2kg
6m×8m×2.5mの教室の空気	144kg
12m×25m×6mの体育館の空気	2,160kg

次の**おすすめ実験**を試して空気の重さを体感してみよう。目に見えない空気が科学の目で見えるようになってくるだろう。

おすすめ実験2-1-4　巨大風船をぶつけてみよう！

> 大きな風船あるいは大きなビニール袋に空気をいっぱいに入れ、口を閉じ、ひもでぶら下げたボールや人間にぶつけて、空気の入っていない風船やビニール袋をぶつけた場合と比べてみよう。

　大きな風船はふくらまして直径1メートル規格のもの（㈱中村理科工業のカタログ）を直径1m24cmまでふくらますと体積は1m³になる。風船の代わりにビニール袋を使う場合にはできるだけ大きな袋（例えば120cm×180cm程度）を用意する。大きなビニール袋が入手できない場合には、90ℓのビニール袋をセロハンテープでつなぎあわせて大きな袋を作る。大きな風船をふくらますには電動のブロワーが便利だ。空気をいっぱい詰めるとだいたい1m³程度になるという目安だ。また、ふくらませていないビニール袋も用意する。ふくらませていない風船（あるいはビニール袋）と、ふくらませた風船（あるいはビニール袋）を、ひもでぶら下げたボール（サッカーボールやバレーボールなど）にぶつけてその動き方を比べる。

　ボールは、空気が詰まっている風船（ビニール袋）をぶつけると激しく動く。これは中に空気が詰まっていて、その空気は1m³で1.2kgの質量がある。この質量のためにぶつけると大きな衝撃があるのだ。

　この風船を人間の背中にぶつけると、人が立ち止まっていることができないほどで、よろける。このことから衝撃の大きさの程度がわかる。

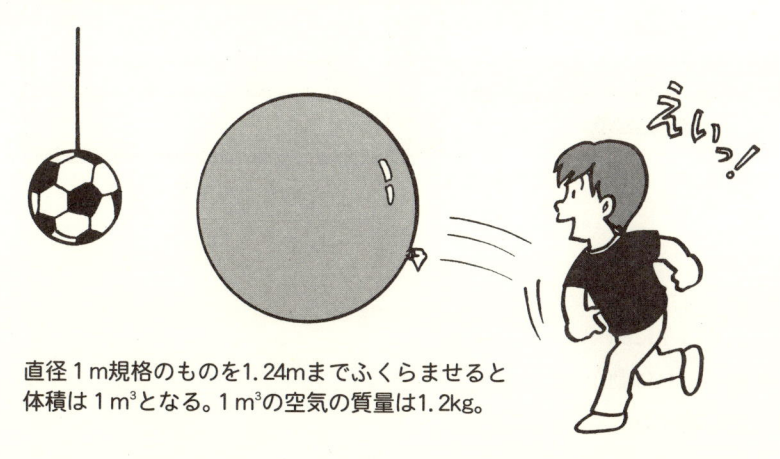

直径1m規格のものを1.24mまでふくらませると体積は1m³となる。1m³の空気の質量は1.2kg。

2-2 圧力の向き

到達目標に向けての授業の提案

● 到達目標

> 液体や気体の圧力は、同じ高さではどの断面でも同じであり、断面の向きを変えても大きさは変わらない。

1つの実験で理解したことをすぐに別の実験で確認する

　生徒は、圧力は固体での力と同じように、押す向きにのみ加わっていると考えている。液体や気体の圧力の特徴である「圧力は均等に伝わりどの断面をとっても大きさが同じである」ことを理解するには、圧力の向きを正面から問題にすることが必要になる。また、1つの実験で理解したことをすぐに別の実験で確認することが、その理解を深めることになる。

　透明なストロー（長さ4～5cm）に長さ3mm程度の水を入れ、ストローの真ん中あたりに押し入れて、注射器で一方から圧力を加えると注射器と反対側に向かって水が移動する。これを示したうえで、次の問いを出す。

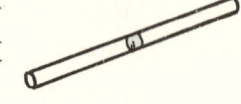

● おすすめ実験2-2-1　左から押したら左へ動く？

> ストローの2か所AとBに長さ3mm程度の水を入れ、そのストローごと注射器のピストンの中に入れる。注射器の先を閉じてピストンを押して注射器の中の圧力を増すと、水A、Bはどう動くか。

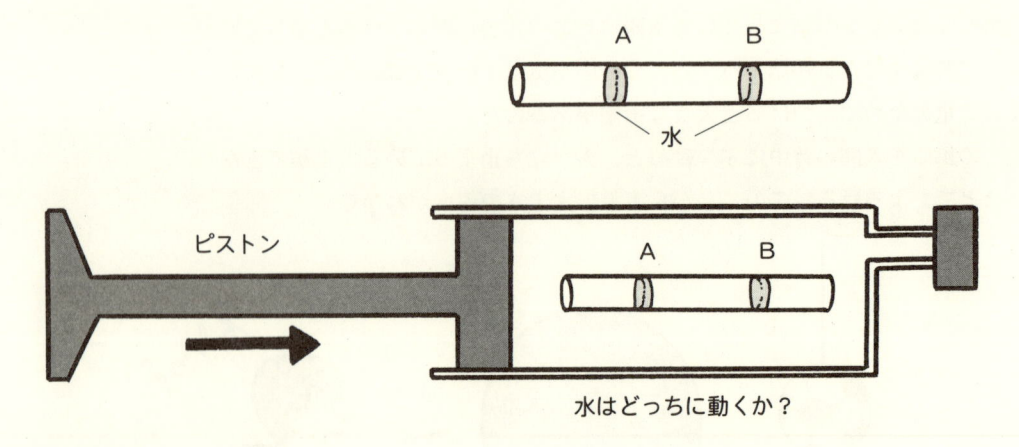

生徒の予想は、上の図で
　ア　A、Bともに右に動く
　イ　Aは右に、Bは左に動く
　ウ　Aは右に動き、Bは動かない
　エ　A、Bともに動かない

オ　予想が立たない

のどれかになる。

　アでは、「圧力は左から加わるから」、イでは、「圧力は反対側の壁で跳ね返って右からも押す」「圧力は注射器の中の空気全部を同じように押し縮めるので右からも押す」「風船をふくらますと全体が大きくなり、まわりの空気の圧力を増すと風船全体が小さくなるから右からも押す」、ウでは、「ピストンはAの側だけを押している」、エでは「外の圧力が増せば、中の圧力も増すから」などの考えが出される。

　確かめるとイになる。

　この実験は、教師実験では生徒全員が観察しやすいというわけではないので、生徒実験としたいが、注射器はプラスチック製のものを使うと安価であり、かつ、この実験には十分である。この実験と共に、次の**おすすめ実験**も紹介する。

おすすめ実験 2-2-2　　風船の中の風船！

> 大風船の中で小風船を空気でふくらませ、その小風船で、風船の口に栓をする

圧力が均等に伝わることを風船で

　風船の中で風船をふくらませるのは少し意外性がある。外側の大風船は直径20cm程度のものを使い、内側の小風船はゴムの薄い水風船に空気を入れて使う。大風船は透明なものがベストだが、透明でなくともふくらませると内部は透けて見えるようになる。

① 大風船の口の部分を折りたたみ、口の部分にかからないように小風船を中に押し込みふくらませ小風船の口をしばって閉じる（風船用空気入れを使うと簡単）。次に大風船をふくらませ、口を下に向けて開くと小風船が内側から栓をしてしまい、空気がもれなくなる。

② これは空気の圧力が上からだけでなく、すべての面を押していることを示している。風船の内側の圧力が外側の大気圧より大きいので、小風船は栓の役割を果たしている。

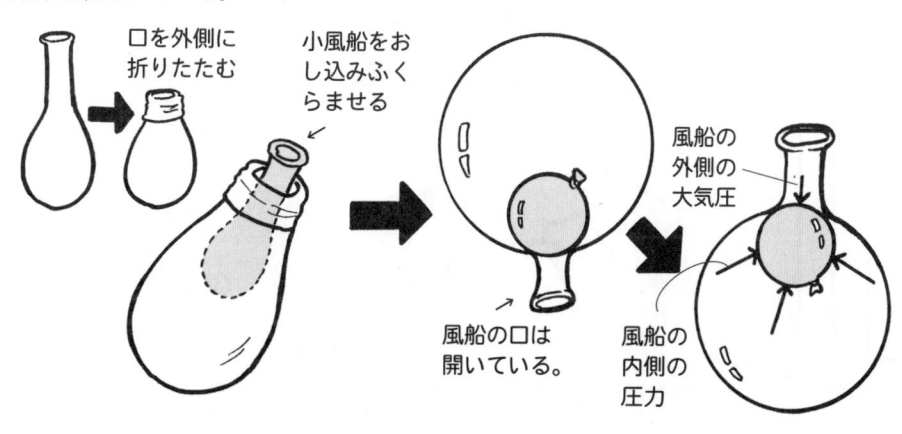

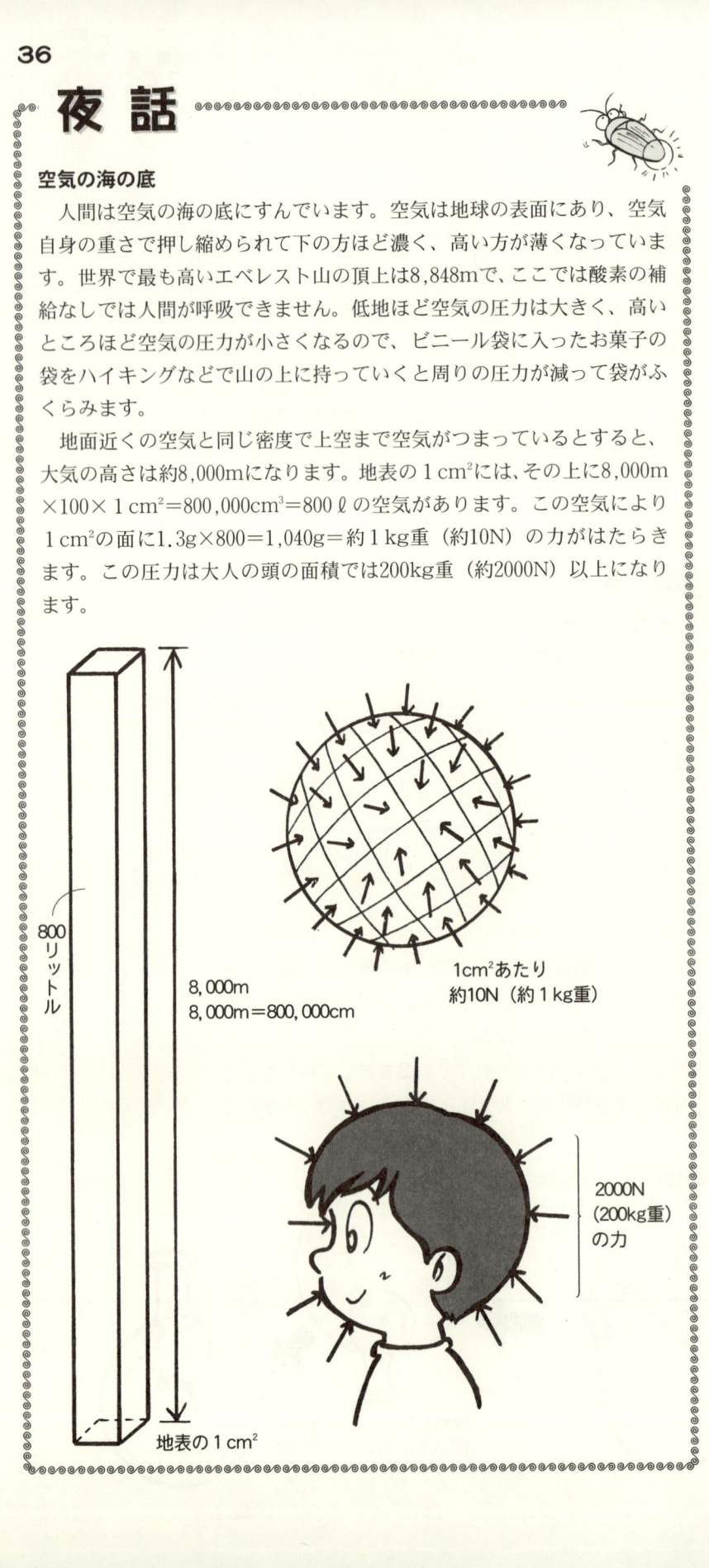

夜話

空気の海の底

　人間は空気の海の底にすんでいます。空気は地球の表面にあり、空気自身の重さで押し縮められて下の方ほど濃く、高い方が薄くなっています。世界で最も高いエベレスト山の頂上は8,848mで、ここでは酸素の補給なしでは人間が呼吸できません。低地ほど空気の圧力は大きく、高いところほど空気の圧力が小さくなるので、ビニール袋に入ったお菓子の袋をハイキングなどで山の上に持っていくと周りの圧力が減って袋がふくらみます。

　地面近くの空気と同じ密度で上空まで空気がつまっているとすると、大気の高さは約8,000mになります。地表の１cm²には、その上に8,000m×100×１cm²＝800,000cm³＝800ℓの空気があります。この空気により１cm²の面に1.3g×800＝1,040g＝約１kg重（約10N）の力がはたらきます。この圧力は大人の頭の面積では200kg重（約2000N）以上になります。

2-3 圧力の大きさ

到達目標に向けての授業の提案

○ 到達目標

> 圧力の単位は、単位面積あたりの力（N/m², kg重/m²）で表される。

　空気の圧力は 1 cm² あたり約 1 kg重（約10N）である。それでは、お茶などを入れている500mlのペットボトル（底面から見ると四角）の横の1つの面（約17cm×6cm＝102cm²）にはどれだけの力が加わっているだろうか。計算してから、次の実験をしてみよう。（答えは102kg重、約1,000N）

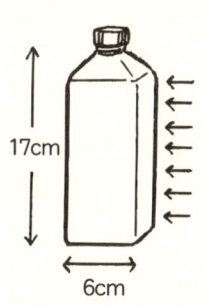

500mlのペットボトルの1つの面に加わる力は…

● おすすめ実験 2-3-1　大気圧を"見る"！

> ワインの中から空気を抜く器具（真空調理器としても同じメーカーから売り出されている・東急ハンズあるいは中村理科カタログ http://www.rika.com/簡易真空容器）を使って、からのペットボトルから空気を抜いてみよう。また、真空調理器の容器の中に小さくふくらました風船を入れて、空気を抜いてみよう。

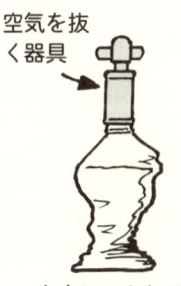

空気を抜く器具

完全につぶれる

<結果>
　ペットボトルはまわりの大気に押されて完全につぶれてしまう。また、真空調理器の中の風船はドンドン大きくなっていく。真空調理器の内側に画鋲をセロハンテープで貼っておくと風船は画鋲に当たって割れてしまう。

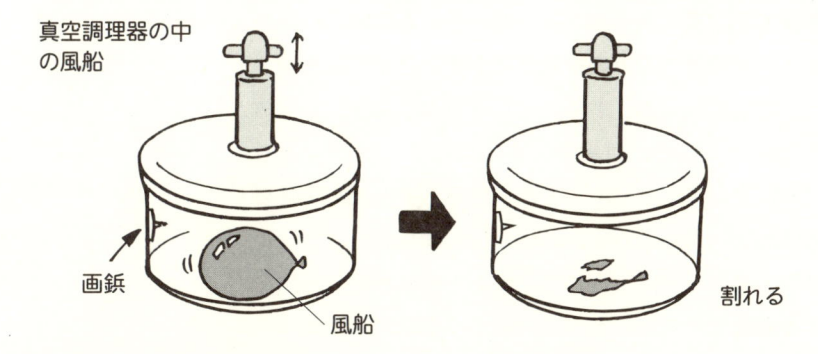

真空調理器の中の風船

画鋲　　風船　　　割れる

● おすすめ実験 2-3-2　息の力で人を持ち上げる！

> 人が吐く息による空気の力で人を持ち上げよう。

<方法>
① ゴミなどを捨てるための大きなビニール袋にホースを差し込み、セロハ

ンテープで空気の漏れがないようにとめる。
②　ビニール袋の上に40cm×50cm程度の板を置き、その上に人が座る。
③　人が座ったまま、ホースから息を吹き込みながら空気を入れていく。

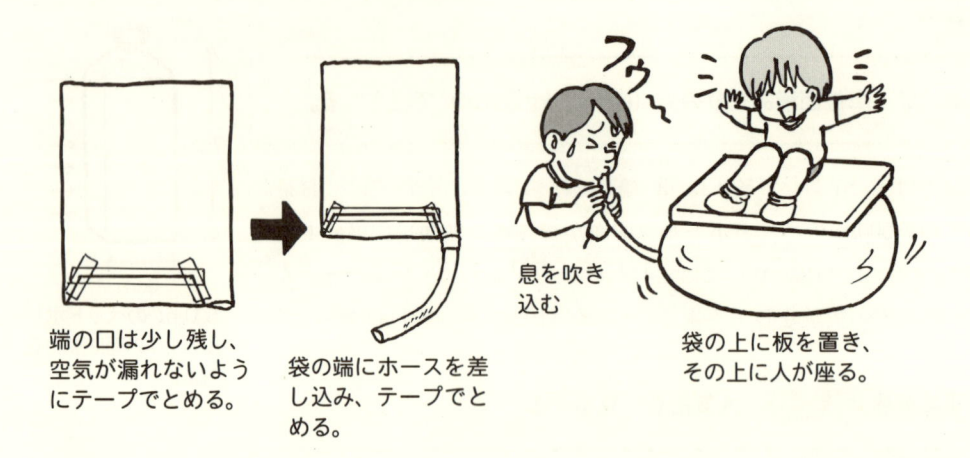

端の口は少し残し、空気が漏れないようにテープでとめる。

袋の端にホースを差し込み、テープでとめる。

息を吹き込む

袋の上に板を置き、その上に人が座る。

〈結果〉

人はしだいに持ち上がる。

〈考察〉

　人と板の重さが、合わせて50kg重（約500N）のとき、40cm×50cmの板が人を押し上げたとすると、中の空気が人を押し上げるために1cm²あたりどのくらいの力を板に加えたのだろうか。

　50kg重（500N）÷2000〔cm²〕＝25g重（0.25N）〔1cm²あたり〕
これは1気圧の1／40程度とわずかなので、吐く息で人を持ち上げることができたわけである。

　これと同じ原理で車を持ち上げる装置「エアージャッキ」が市販されている。ビニール製の容器を車の下に置き、車の排気ガスを吹き込んで車を押し上げる装置である。また、東京ドームは、ドーム内の空気の圧力を、送風機から空気を送り込んで1気圧より0.3％だけ大きくすることで、400トンもあるガラス繊維の屋根を持ち上げている。（参考：東京ドーム施設概要 http://www.tokyo-dome.co.jp/dome/frame/tour_index.htm）

　（参考：滝川洋二文・はたこうしろう絵「圧力ガンガン」岩波書店、滝川洋二文・伊知地国夫写真・毛利綾イラスト「空気を飛ばそう空気で浮かそう」ポプラ社、浅岡清範編著「楽しく分かる中学の理科1分野上」あゆみ出版、滝川・石崎編著「ガリレオ工房の身近な道具で大実験第1集」大月書店）

3章 物質の状態変化

到達目標と誤認識

湯気

湯気は水蒸気。

状態変化するのは水などの特別な物質のみ。鉄や酸素はしない

鉄 ✕ 酸素 ✕

水蒸気 ↑↓ 水 ↑↓ 氷

🔵 到達目標としての科学認識

> **すべての物質は粒（原子や分子）でできている。**
> ＜具体的な到達目標としての科学認識＞
> 1．身の回りの物質の状態は、おもに固体、液体、気体にわけられる。
> 2．物質の状態は温度によって変化する。
> 3．同じ物質の状態が変わるときには体積が変化する（それらを粒子モデルで考えられるようにする）。
> 4．粒の重さの違い、また、粒の集まり方の状態で、体積当たりの重さ（密度）が変化する。純粋なものの場合、それで物質の種類を決めることができる。
> 5．それぞれの物質が状態変化する境目の温度は、物質によって決まっている（融点、沸点）。
> 6．氷には0℃以下のいろいろな温度の氷があり、水蒸気には100℃以上の水蒸気もある。

粒子の考え方は「状態変化」から

　1年生の授業で粒子モデルを使うかどうかは、議論のあるところであるが、
・粒子概念は一朝一夕で形成されるものではない、
・状態変化の現象を説明するときに粒子モデルを使うと、生徒がうまく現象を説明できる、

・予測をたてて実験でき、発展性もある、

などの点で、1年生のこの部分すなわち「状態変化」から粒子の考え方を入れた方がよいと考える。

特に、2年生の「物質と原子」、(旧課程)3年生の「イオン」などを粒子で説明するときには、「状態変化」で粒子概念を導入したかどうかで理解度に差があると思う。イオンの部分は、理解と定着が悪いということで、新指導要領では高校に移行されたが、2年生で、初めて「原子・分子」を導入し、十分にその概念を使い切らないうちに高校まで間があくのでは、さらに「化学」の苦手な生徒を増やすことになるのではないだろうか。

粒子概念が定着しない原因の一つは、生徒が実験の現象を粒子概念を使って説明するなど、「自分で使ってみる」ことをさせる部分が弱いからではないかと思う。状態変化に関する実験は、これまでにも十分に良い実験があり、開発されつくされているといってもいい部分かもしれない。だからこそ、そういう良い実験をどう使っていくかがポイントになる。

本章では、実験の説明を粒子の概念を用いて行わせた事例をいくつか紹介したい。

● 物質の状態変化に関する生徒の認識の現状

(1) 水の沸騰を粒で表したときの生徒の考え方(例)

水の沸騰という現象を、生徒は、

　ア　水の粒がふくらむ
　イ　水に溶けて入っていた気体がふくらんで出てくる
　ウ　水と水の間の空間がふくらむ

と説明することが多い。

沸騰についての生徒のイメージ

　ア　粒がふくらむ　　　　　イ　水に溶けていた気体がふく　　ウ　水と水の間の空間がふくらむ
　　　　　　　　　　　　　　　　らんで出てくる

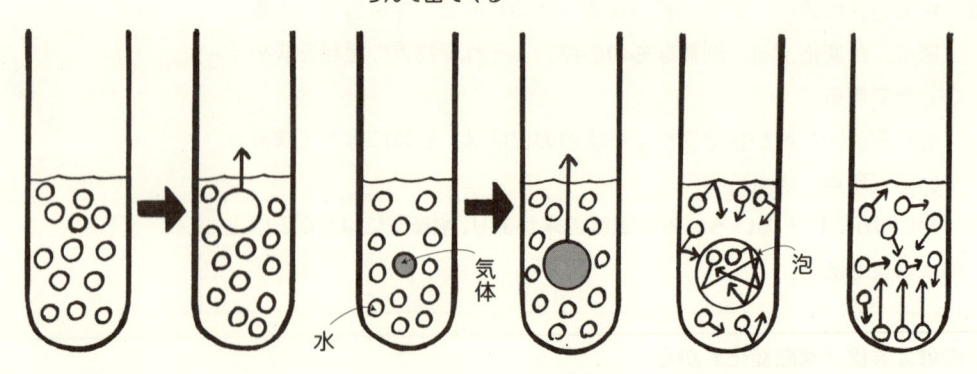

＜誤答に対する対応＞

アだとすると、沸騰によって水の粒1粒が水蒸気になると目に見えることになる。また、泡の大きさがさまざまであることから、ふくらんだ粒の大き

さもさまざまであることになる。粒がこのように熱で徐々に大きくなるとすると、加熱している水も徐々に体積が増えるはずであるが、加熱中の水の体積が目に見えて増加しないことから、「水の粒がふくらむ」とは考えにくいことを説明する。イと答えた生徒には、水に溶けている気体の量は少ないこと、沸騰しているときに最後まで泡が出続けていることから、中に入っているものが出ているだけでは説明がつかないことを説明する。ア、イの説明より、ウの、熱による「水の粒のあばれる空間の増加」で考えると、最も合理的であることを納得してもらう。ウの考えには、いろいろな表現方法があるので、代表的なものを紹介しておく。

(2) 状態変化を説明するときの、生徒の誤認識の例

ア　やかんの口から出ている白い湯気は「水蒸気」（気体）である。
イ　ドライアイスから出る白いけむりは、ドライアイスの気体である。（正しくは、ドライアイスの気体にふれて冷えた小さな水滴や氷の粒だから液体か固体の粒）
ウ　気体はすべて「空気」、液体はすべて「水」。
エ　水の沸点は100℃で、それ以上にはならない。氷の温度はすべて0℃。
オ　状態変化をするのは水などのわずかな物質で、酸素や二酸化炭素、鉄などは状態変化しない。

以上を踏まえ、生徒の誤認識が科学的な認識に変わるようなおすすめ実験を以下に紹介し、到達目標に向けての授業を提案したい。

3-1 状態変化と粒子モデル

到達目標に向けての授業の提案

おすすめ実験3-1-1　ビニールを通り抜ける水！？

ジエチルエーテルなどの気化と凝結。
＜到達目標としての科学認識＞
ジエチルエーテルの状態変化を粒モデルで説明する。

＜方法＞
① ジエチルエーテルをビニール袋に入れ、それを湯につけて気化させ、袋をふくらませる（アセトンやメタノールでも可）。
② その上に氷を置くと、氷の下から透明な雫が滴ってくる。ビニールを通して、氷から水が滴っているように見える。実際、この結果をレポートに書かせると、「氷の下から水が滴った」と書く生徒も多い。
③ ビニールの上に水をのせ、水を通さないことを再確認させてから、「本当にその雫は「水」なのか」、と聞くと、生徒ははっとした顔をして、「ジエチルエーテルの液体だ！」と叫ぶ。このように、考えて納得したときに、生徒はその概念を使えるようになるのだと思う。

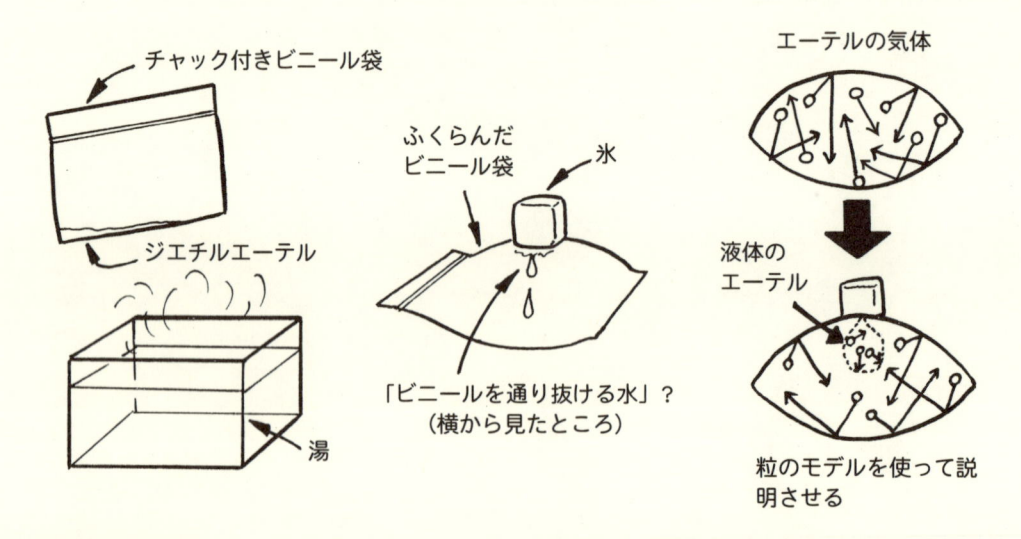

＜その他の材料で＞
　このほかに、次図のようにヨウ素を気化させ、上の丸底フラスコに入れた氷水で再び固体にする実験なども行うのだが、丸底フラスコの底で固体になったヨウ素を見て、「すすがついた」と表現する生徒が多い。状態変化の概念を繰返し使わせ、その間違いを直していかないと、「同じ物質が状態を変化

させる」という見方は、できていかないものだと思う。使って初めてイメージ化ができるのが粒子概念ではないだろうか。

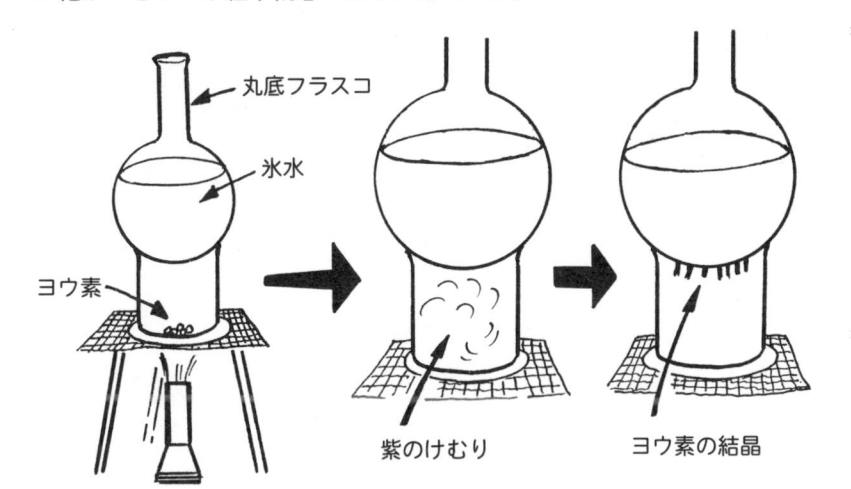

＊注意…換気に十分気をつけること。

丸底フラスコ
氷水
ヨウ素
紫のけむり
ヨウ素の結晶

＊ガスバーナーの代わりにホットプレートを使うのもよい。

粒の図を使って説明させる

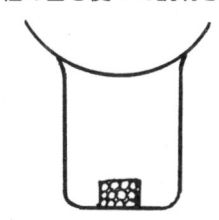

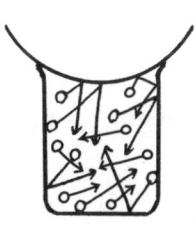

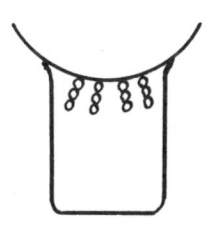

おすすめ実験3-1-2　液体窒素は八面六臂！

液体窒素を使って状態変化を観察する。
＜到達目標としての科学認識＞
酸素や二酸化炭素も状態変化する。状態変化は粒子モデルで説明することができる。

　常温下での三態の変化が見せられるのはおもに「水」であるが、水は液体の変化が特殊であり、粒子モデルと対応させるのが難しい。液体窒素で、多くの物質の変化を見せれば、その特殊性も示せる。また、我々の身の回りにあるのに無視しがちな「空気」の状態変化も見せることができるなど、常識を打ち破った現象を見せることができる。
　また、気体のところでは「酸素」「二酸化炭素」などを扱い、状態変化では「水」「メタノール」などを扱うので、生徒は気体のところで扱う酸素や二酸化炭素が状態変化するとは考えず、状態変化は水やメタノールに固有のもの、ととらえがちになるが、液体窒素を使えば、それらの状態変化も見せることができ、「気体」の学習との関連性も高めることができる。
　液体窒素のインパクトは大きく、生徒を引きつける実験ができ、日常の常

識と違った世界を見ることで、生徒の粒子概念が大きく変わる部分でもある。導入として使ってもよいと思うし、ある程度状態変化について学ばせてから予想をさせてから見せるのもよいと思う。どこにもってくるかで、展開も違うが、どの場面でも使える教材であると思う。

<材料の入手>
　液体窒素は教材店に頼むと1ℓあたり500～800円で手に入る。容器も貸してもらえる。今回の演示実験では、ロスも含めて1クラスあたり3ℓで実験した。(10ℓ買って2日くらいで使いきるように計画する。)

　その他の材料
　　□ロング風船（普通の風船でもよいが、ビーカーに入りにくい）
　　□実験用酸素
　　□実験用二酸化炭素
　　□油
　　□アルコール
　　□強力磁石（イリジウム磁石かアルニコ磁石）

<液体窒素を使った授業の流れ>
(1) 液体窒素は、－196℃という日常にはない低温であることを実感させる。
① 机の上にこぼしてみる（次図左）。
　　熱したフライパンの上をころがる水のような動きになる。窒素も気化していることが実感でき、水とは違った温度で気化することがわかる。

液体窒素を机の上にこぼしてみる（少量！）
コロコロ
人がそばにいないように！

液体窒素に手を入れる！
（注意：2秒程度！）

② 液体窒素に手を入れてみる（上図右）。
　　体温は液体窒素に対しとても高温なので、周囲に気体の窒素の膜ができ、液体窒素と手が直接接触しないので手は凍らない。生徒は手から液体窒素が逃げていくようだ、と表現する。沸騰の感触が手に伝わってきて、沸騰＝熱い、とは限らないことを実感する。（注意：瞬間に限る。3秒以上手をつけないこと、ぬれた手を入れないこと、怖がって急に手を引くと容器をひっくりかえすので、落ちついてやるように指示する。）

(2) 状態変化による体積変化を見せる

① ＜実験＞風船を液体窒素の中に入れる。＜結果＞しぼむ。＜課題＞生徒に理由を考えさせる。

＜実験からわかること＞風船の中に液体になった空気が見られる。状態変化と同時に体積変化も見せられる。液体窒素から出すと、すぐにふくらんで、液がなくなっていくのが観察できる。

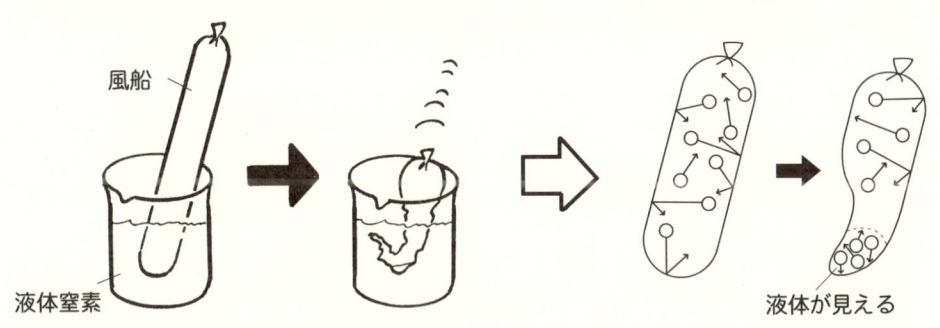

② ジッパーのついたビニール袋に液体窒素を入れて空気をぬいてチャックを閉め、それをあたためて、体積がどうなるか見る。

→液体から気体への体積変化により袋がはじける。このようすも粒子で説明させるとよい。（**注意**：飛び散った液体窒素が生徒にかからないように注意する。）

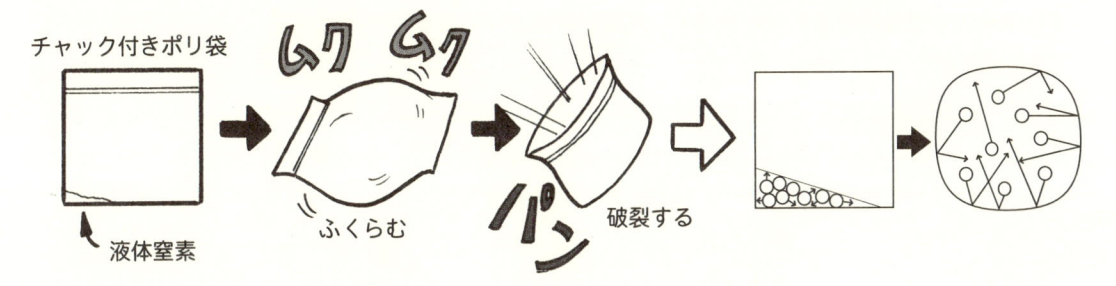

③ フイルムケースに少量の液体窒素を入れて素早く蓋をする。

体積変化によって、フイルムケースの蓋が勢いよく飛ぶ。（**注意**：蓋が勢いよく飛ぶため、上からのぞかないこと。また、蛍光灯などにぶつからないように注意する。液が多すぎると飛び散って危険なので、液体窒素の量は多すぎないようにする。）

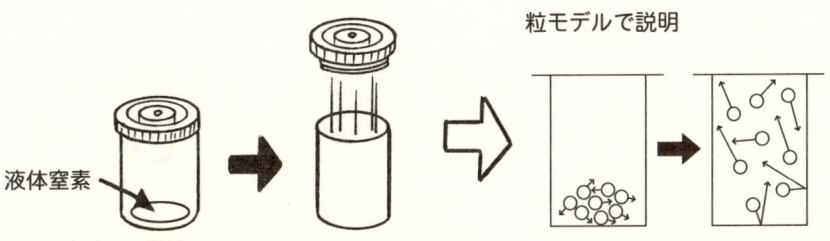

（**注意**：演示する教師は安全めがねを着用する。）

(3) 酸素と二酸化炭素の状態変化を見せる。

両方とも気体のときには見分けがつかないが、液体窒素に入れて状態変化するとすぐに見分けがつく。

① 酸素→青い液体になる。磁石を近づけると、液が引きつけられるのがわかる。酸素は常磁性体であるが、液体にならないとその性質がわかりにくい。

② 二酸化炭素→ご存じのとおり、白いドライアイスになる。

①、②より、酸素や二酸化炭素も状態変化する物質であることに気づかせる。

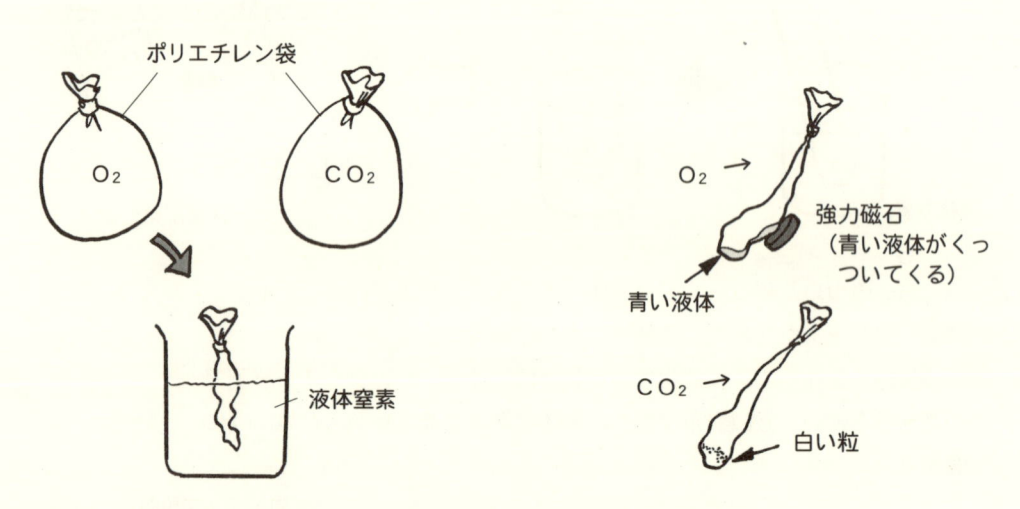

(4) 液体より固体の方が密度が大きく、液体に固体が浮くのが一般的であることを見せる。

生徒に最も身近な物質である水では、氷が水に浮くので、状態変化による密度の変化の証明がしづらい。油、エタノールなどを凍らせて、液体の中にその"氷"を入れてみる。わかっていても生徒は見ると驚く。

- 固体の水は、————液体の水に————浮く
- 固体のロウは、————液体のロウに————沈む ┐
- 固体の油は、————液体の油に————沈む ├ 一般的には固体の方が密度が高いことがわかる
- 固体のエタノールは、液体のエタノールに——沈む ┘

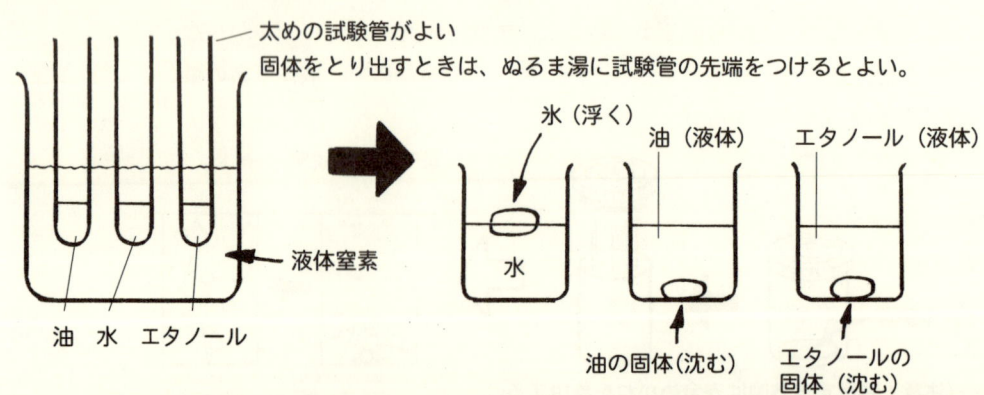

<発展・探究実験>
　実験する物質を生徒に考えさせ、用意させてみる。
　例　「空気が物質であること」を見せる。
　空の試験管を液体窒素に入れてどうなるかを考えさせる。空の試験管の中の空気が液体になった状態が見られる。風船のときは空気が中にあることが推測しやすいが、空の試験管は閉じていないので、より思考力を必要とする。しかし、中の液体が空気であることを実感したときに、空気が物質としてとらえられてくる。

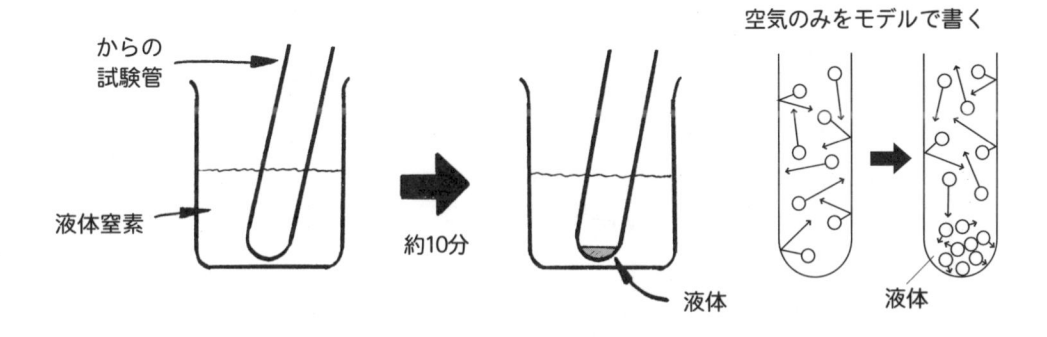

<生徒のレポートから>（1）～（4）の実験に関する感想
○液体窒素の実験はとても楽しかった。空の試験管だったのに、取り出したら水のような液体が入っていてなんか手品みたいだった。
○この実験で生まれて初めて液体窒素をさわったとき、驚きました。さわったときは、冷たい水をさわった感触があったのに、手を離してみると手には何もついていなくてびっくりしました。フィルムケースの実験は、ものすごい音でびっくりしました。
○すごく楽しい実験だっただけでなく、いろんなことも知った。風船を液体窒素に入れたらしぼんだのには一番おどろいた。しぼむのは速かったけど、それ以上にふくらむのが速かった。なぜあんなに速くふくらむのか、わからなかった。
○液体窒素の実験は初めてだったので、液体窒素そのものがめずらしかったです。この実験で、酸素の液体というのも初めて見ました。風船の中に入った空気を液体窒素で冷やす実験は体積の変化が一番よくわかりました。液体窒素のような超低温では、自分たちが普段感じてる温度は高温になるというのがとても不思議でした。

おすすめ実験 3-1-3　なんでも状態変化！

> 身近な物質を状態変化させる。
> ＜到達目標としての科学認識＞
> 身近な物質のほとんどは状態変化する。

　液体窒素などの実験で見られる状態変化以外にも、いろいろな状態変化を見せることで、すべての物質が状態変化することを実感できるようにする。以下の実験は、日常的な物質の状態を変化させる例である。

(1) 食塩の液化

　試験管に食塩を少量入れ、ガラス細工用バーナーなどの強力なバーナーで熱すると、食塩が液体になったものが見られる。その液体を金属盆の上にこぼすと、固体の食塩が見られる。

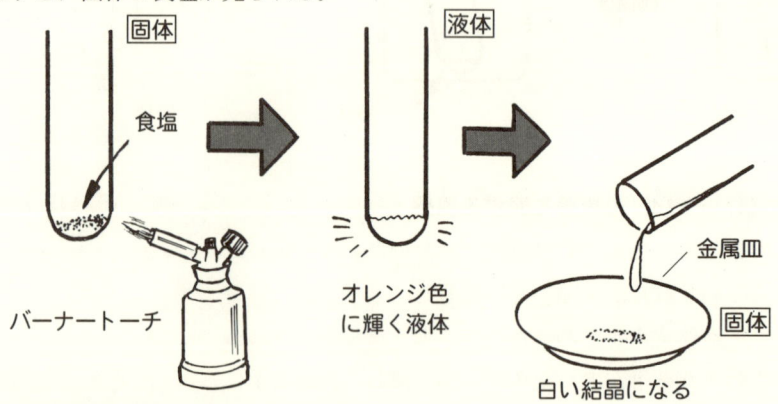

固体 → 液体 → 固体
食塩／バーナートーチ／オレンジ色に輝く液体／金属皿／白い結晶になる

(2) 二酸化炭素の液化

　透明なビニールホースの片側を熱して封じたものの中に、長さの半分くらいの量のドライアイスを細かく砕いて入れる。もう一方の口を万力でおさえ、しばらく置く。中で気圧が高くなり、ドライアイスが液化するのが見られる。液化したら、少し万力を緩めて中のガスをぬく。ドライアイスは一瞬にして固体に戻る。これを何回か繰り返して見せることができる。

ビニールホースの先端をとかす（こがさないように注意！遠火で熱する）

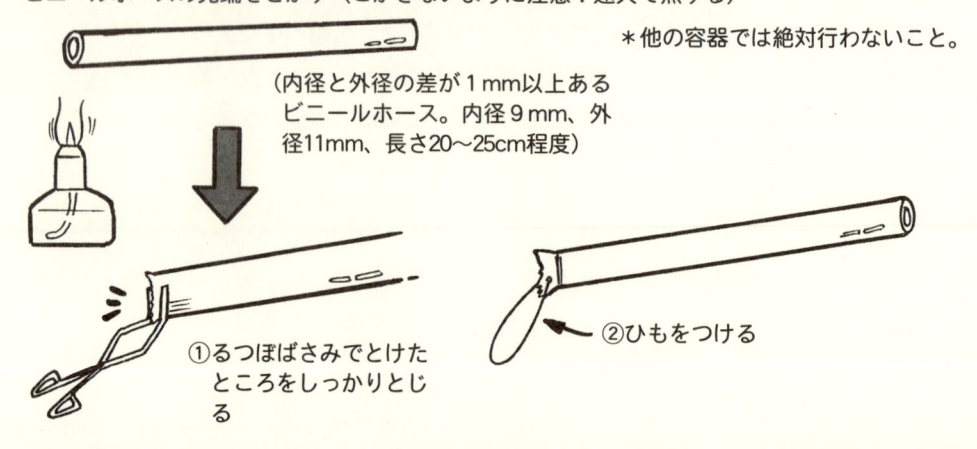

＊他の容器では絶対行わないこと。

（内径と外径の差が1mm以上あるビニールホース。内径9mm、外径11mm、長さ20～25cm程度）

①るつぼばさみでとけたところをしっかりとじる
②ひもをつける

3章 物質の状態変化　49

＊大量のドライアイスを使わないこと。

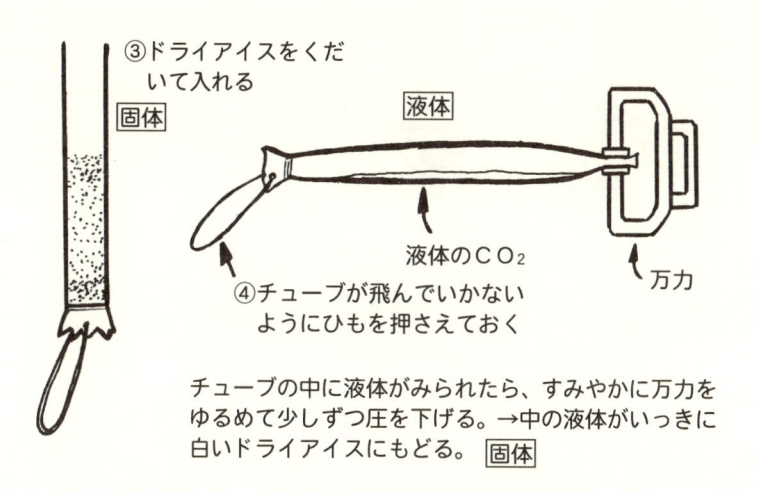

③ドライアイスをくだいて入れる
固体
液体
液体のCO_2
万力
④チューブが飛んでいかないようにひもを押さえておく

チューブの中に液体がみられたら、すみやかに万力をゆるめて少しずつ圧を下げる。→中の液体がいっきに白いドライアイスにもどる。　固体

(3) ハンダの液化

金属は状態変化しない、と思い込んでいる生徒は意外に多い。ハンダは簡単に液化⇔固化がくりかえせるので、金属も状態変化する、という例を水銀などより安全に見せられる。(下図左)

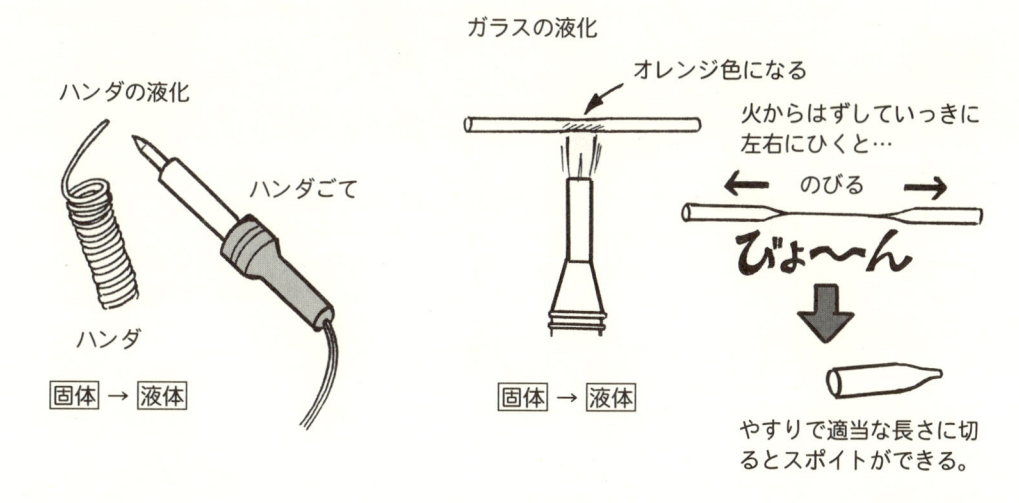

ハンダの液化
ハンダごて
ハンダ
固体 → 液体

ガラスの液化
オレンジ色になる
固体 → 液体

火からはずしていっきに左右にひくと…
← のびる →
びょ〜ん
やすりで適当な長さに切るとスポイトができる。

(4) ガラスの液化

ガラス棒をガスバーナー中で熱すると、オレンジ色になり柔らかくなって液体になるのが実感できる。ガラス管を使ってスポイトを作らせてみてもよい。(上図右)

(5) 砂糖の液化

いわゆる「べっこうあめ」作りがこれになる。ただし、砂糖は液化したあと、ある温度を超えると化学変化をおこして炭化してしまうものがある。しかし、べっこうあめなど、暖めると甘いいいにおいがする。砂糖が気化してにおいがするのだ。

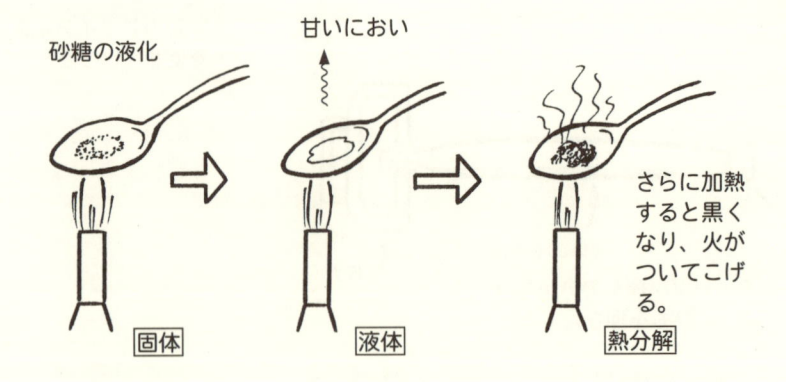

図：砂糖の液化 → 甘いにおい → さらに加熱すると黒くなり、火がついてこげる。
（固体 → 液体 → 熱分解）

(6) 酢酸の気化

氷酢酸を試験管に少量取って加熱する。すぐに酢酸が沸騰し、酢酸が気化する。気体の酢酸は眼には見えないが、火をつけると試験管の上で炎が広がり、酢酸が気化したのがわかる。匂いがすごいので、換気を十分にしながら演示で行う方がよい。また、安全めがねを着用する。

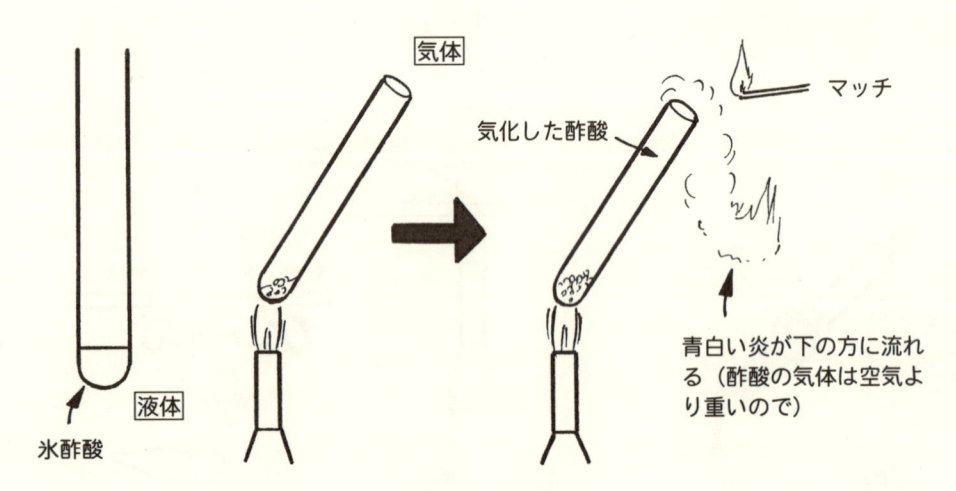

図：氷酢酸（液体）→ 気化した酢酸（気体）→ マッチで点火、青白い炎が下の方に流れる（酢酸の気体は空気より重いので）

● おすすめ実験3-1-4　ブタンガスを状態変化させる！

ブタンガスを押し縮めるとどうなるか
＜到達目標としての科学認識＞
気体を圧縮すると、粒がよりあい、液体になる。→ワークシート（P.52）

粒のモデルで考えることが慣れたところで、気体のモデルを示し、これを押し縮めるとどうなるか、生徒に予想させる。モデルで書いてみると液体や固体になるが、実際にそうなるとは思っていない。

予想したあとブタンガスをプラスチック注射器の中に入れ、ガスが気体になっていることを確認させる。次に、それを押し縮めて中を観察させる。注射器の壁面に液体になったブタンガスがでてきて、予想どおりになったのが

観察できる。

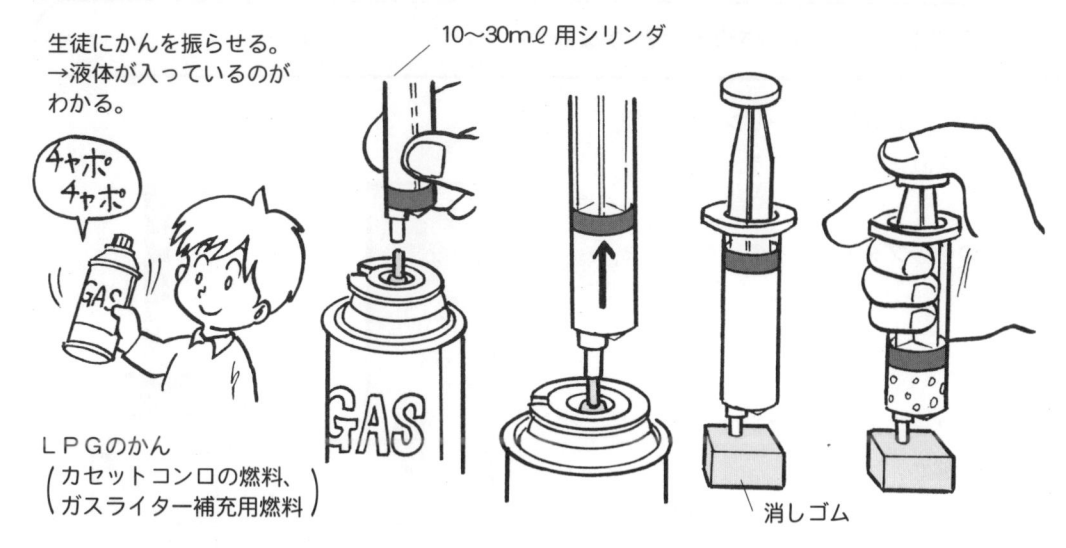

生徒にかんを振らせる。
→液体が入っているのが
わかる。

10〜30mℓ用シリンダ

ＬＰＧのかん
（カセットコンロの燃料、
ガスライター補充用燃料）

消しゴム

🔵 チャレンジ実験

新指導要領では、熱と温度の項目は削除された。しかし、分子運動で状態変化を説明するときには、熱による分子の運動の状態を説明するので、次のような実験を行って、生徒に分子モデルで考えさせるのもよいと思う。

＜課題＞

ピストンの中に　気体のブタンガスを入れ、押し縮めると液体のブタンガスに変化した。このとき、ピストンの中の温度は上昇するか、下降するか。予想を立てて実験してみよう。（ワークシートの６、７の課題）

（結果としては、断熱圧縮が起こるので、温度は高くなるが、生徒は液体＝冷たい、というイメージがあるので、ほとんどは温度が下がると予想する。）

＜実験＞

温度の変化を見るのに、手の熱でも色が変わる「液晶折り紙」を使う。ピストンの中に小さく切った折り紙を入れ、ガスを入れる。（ガスは入れなくてもよいが、後で生徒に説明させるとき、混乱を招かないためには入れた方がよい。）ピストンを押すと、折り紙の色が変化する。ピストンを素早く引いて元に戻すと色はもとにもどる。

注：生徒の手の熱でピストンが暖まっているときは、ピストンの中に折り紙を入れただけで色が変化してしまうことがあるが、そのときはピストンを水や氷水などで冷やすなどするとよい。

| ワークシート | ブタンガスを押し縮めるとどうなるか | 組 番 | 名前 |

1．先生のところへ行って、シリンダーにブタンを入れたものをもらう。

2．かんの中のブタンは、どのような状態だったか。
　　　　　　　（　　　　体）

3．シリンダーに入れたブタンは、どのような状態か。
　　　　　　　（　　　　体）

4．ピストンを図のように押したとき、シリンダーの中のブタンはどのような状態になったか。
　　　　　　　（　　　　体）

5．そのようになるわけを、粒のモデルで書いて先生のところへ行って説明しなさい（わからないときにはヒントを聞きに行って考える）。

6．4．のとき、中の温度は
　ア．変わらない。
　イ．高くなる。
　ウ．低くなる。
　この問題について予想を立て、答えをア～ウから選びなさい。また、その理由を、先生のところへ行って説明しなさい。

7．先生に説明できたら次の実験をする。先生のところで実験用具をもらう。

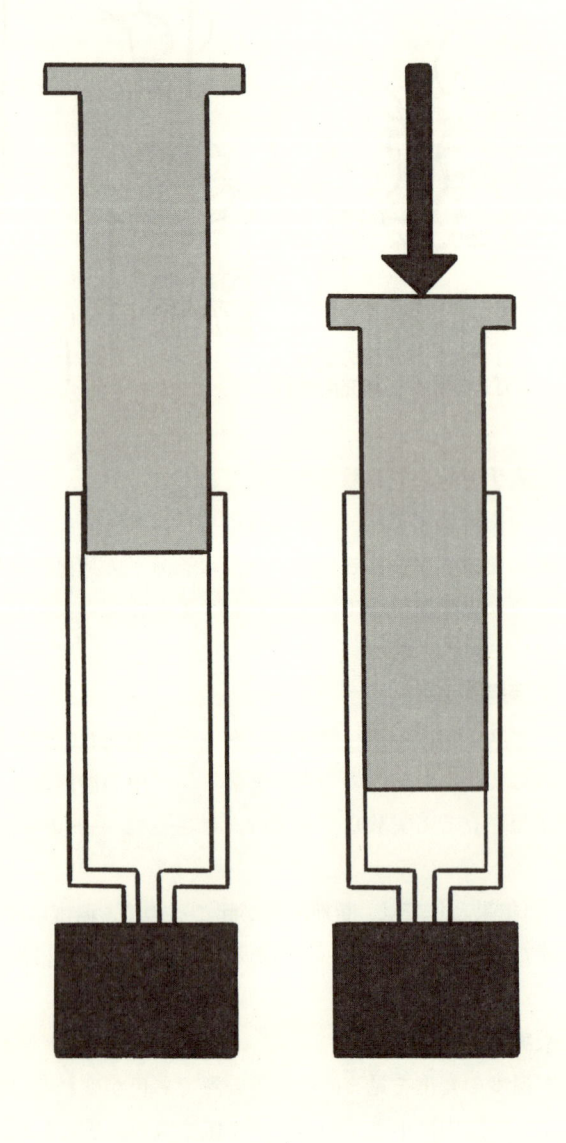

<参考>

温度で色の変わる折り紙の販売元　(株)トーヨー　製品名「まほうのちよがみ」

製品番号007005　12cm×12cm　6枚入り　150円程度

<考察>

　予想が外れたことで、生徒は意外に思い、疑問を持つ。おすすめ実験3-1-4の実験のときに、気体が液体になったモデルを書くのはそれほど困難ではない。しかし、液体になったときのモデルで、液滴以外の空間には、粒が書いてあることはほとんどなく、「真空」で示してあるだろう。この実験では、その空間にまだ気体になったガスが存在し、そのガスの粒が、狭い空間で暴れ回っているイメージを説明したり、気体の粒の存在に気づくように誘導したりすると、生徒の視野が広がり、実際の現象を粒モデルで説明する合理性を納得させられる。実際のエネルギーの動きは、空間にあるガスの粒の動きだけによる物ではないが、あまり複雑になると生徒の混乱も大きくなるので、温度の上がる原因が他にもあることにふれるだけにしたほうがよいと思う。あくまでも、この段階では粒モデルで現象を説明するおもしろさを感じてもらえればよいと思う。

<ワークシートの解答>

2．液体（チャプチャプ音がするのでわかる）
3．気体（目に見えない）
4．液体（かべに液体が見られる）
5．右図（この時点では気体の存在に気づかなくてもよしとする）
6．イ（生徒の答えは、「液体」になるので冷えて「ウ．低くなる」という答えが最も多くなる。「粒が押し縮められて激しくあばれている」イメージ図を書き、そのあばれている状態が「温度上昇」であることを説明する。）
7．色紙の色が変わることで、温度が高くなることが説明される。

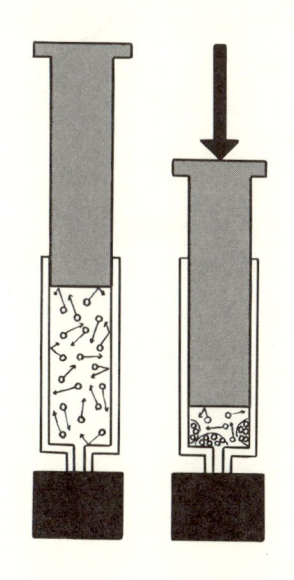

おすすめ実験 3-1-5　決まっているのかな？氷の温度、水蒸気の温度

> 氷の温度、水蒸気の温度を測定する。
> ＜到達目標としての科学認識＞
> 状態変化の境目の温度は物質によって決まっているが、冷たい水や熱い湯があるように、固体や気体にもさまざまな温度が存在する。

融点、沸点の学習をすると、融点や沸点の温度が頭に残り、水蒸気はすべて100℃であると思い込みやすい。次のような実験でその思い込みを覆してはどうだろう。

(1) −20℃の冷凍庫内の氷の温度は？

融点や沸点のグラフを出して予想させるようにする。予想をさせてから、デジタル温度計などで氷の温度を測定する（右図）。

(2) 水蒸気は全部100℃か？

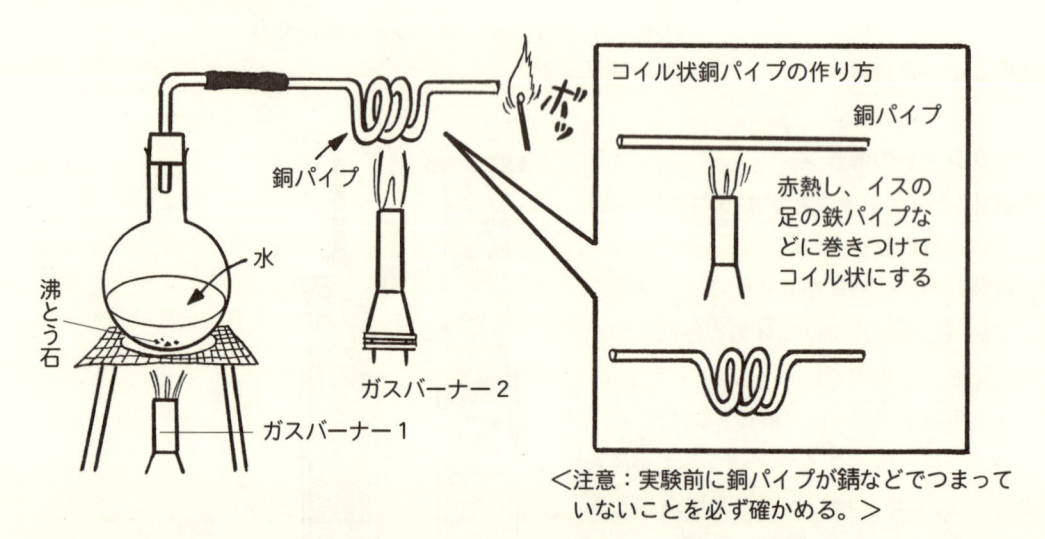

(1)を行ってから予想させると、ほとんどの生徒が水蒸気も100℃以上になると予想する。図のような装置を用意して、水蒸気をさらに加熱する。200℃まで測れる温度計で水蒸気を測ってみると100℃以上の水蒸気が存在する事がわかる。マッチに火をつけたり、紙をこがしたりすると、生徒はやはり驚く。

4章　気体の性質
到達目標と誤認識

（気体）
気体には重さがない。密度もない。

泡という気体？

🔵 到達目標としての科学認識

> 気体にも重さと体積がある。気体は、物質である。
> ＜具体的な到達目標としての科学認識＞
> 1．気体は、重さと体積をもつ物質である。
> 2．気体にはさまざまな種類があり、その特徴によって気体の種類を調べることができる。
> 3．発生のさせ方が違っても、特徴が同じであれば、同じ気体である。

目に見えないものはわかりにくい

　生徒にとって、電気、力、原子など、目に見えないものほどわかりにくい内容となる。物質の状態のうち、固体や液体は目に見えるので、観察したときに実感があるが、気体はともすると「何もない」「いままであったものが消えてしまった」などの考えが生徒から出てくる。気体を物質としてとらえることができるようにすることが、状態変化や化学変化の学習につながると考える。

　気体の発生方法の学習や、気体の性質各論に重点を置きすぎると、「気体とは何か」という全体像が見えにくくなる。また、「状態変化」で扱う気体が、水やメタノールやエーテルなど常温での変化が見やすいものに限定されているので、この章で扱う気体とは違うことが多くなり、生徒にとっては、気体が物質の状態の一つであるという認識がしにくいのではないだろうか。

そこで筆者は、
- 気体には質量がある
- 気体は、種類によって重さが違う

などの実験を必ず取り入れるようにしている。また、状態変化のところで、液体窒素を使って、二酸化炭素や酸素の状態変化も見せ、また、それを粒子で説明するようにして、気体を物質としてとらえられるようにする工夫をしている。

● 気体の性質に関する生徒の認識の現状（誤認識例）

＜気体の重さ、体積に関して＞
① 気体はすべて軽い物質で、たくさん集めると軽くなる。
② 気体には重さがない。
③ 気体には形がないので、体積がはかれない。
④ 目に見えないものは存在しない。
⑤ ヘリウムのように「軽さ」のある気体がある。

＜気体の種類に関して＞
① 酸素や二酸化炭素のほかに、空気、泡という気体の種類がある。
② 物質と物質を混ぜて発生する気体は、何もないところから突然現れたもの。気体は突然現れたり、消えたりする。
③ 貝殻に塩酸をかけて発生させた二酸化炭素と、じゅうそう（重曹）に酢をかけて発生させた二酸化炭素は、別の二酸化炭素である。

以上を踏まえ、生徒の誤認識が科学的な認識に変わるようなおすすめ実験を以下に紹介し、到達目標に向けての授業を提案したい。

4章 気体の性質

4-1 気体の密度を比較する

到達目標に向けての授業の提案

● おすすめ実験4-1-1　　いろいろな中身のシャボン玉！

シャボン玉で気体密度を知る。
＜到達目標としての科学認識＞
気体には重さがある。気体の種類によって重さが違う。

＜方法＞
① ポリ袋の端にストローを取り付ける。
② 気体をポリ袋につめ、ストローの先にシャボン液をつけて、中の気体をゆっくり出して、気体入りのシャボン玉を作る。

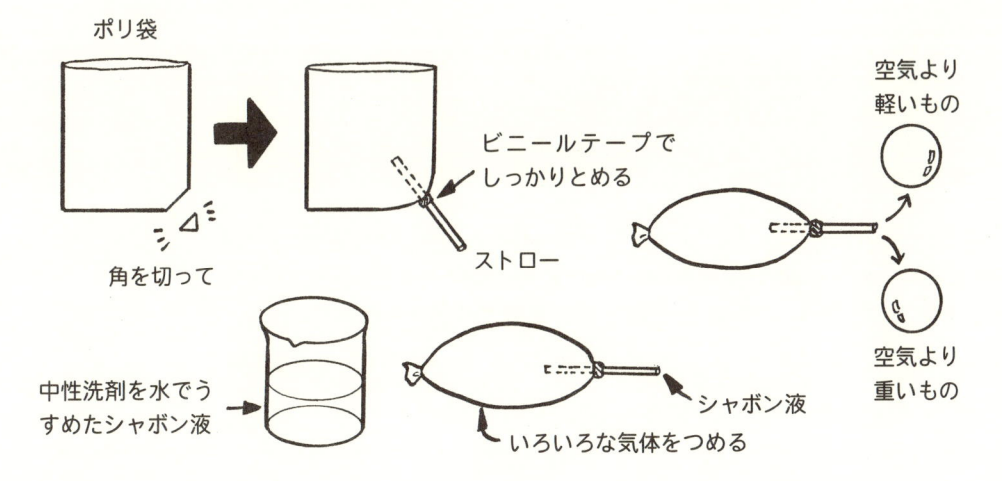

ポリ袋／角を切って／ビニールテープでしっかりとめる／ストロー／空気より軽いもの／空気より重いもの／中性洗剤を水でうすめたシャボン液／いろいろな気体をつめる／シャボン液

＜生徒実験の工夫＞
① 最初に息を入れてシャボン玉を作り、作ったシャボン玉が落ちていくことからシャボン玉の中に入った気体（ヒトの呼気）と空気の重さの違いを考えさせる。

生徒の答えの例
・シャボン玉が落ちるのだから、中に入った気体（ヒトの呼気）は空気より重い。
・シャボン玉液の分だけ重くなるから落ちるが、気体だから空気より軽いはず。

　シャボン玉液の重さを問題にする生徒がいると思うが、それもこの実験の一つの条件になるのでかまわない。なるべくシャボン玉を大きくすることで誤差が小さくできることに言及すればよい。

ここでは、中の気体と空気との重さの違いを、いろいろ考えさせることに重点を置き、「結論」は出さない。

② 次に、酸素や二酸化炭素などの気体を入れたらどうなるか予想させる。

生徒の答えの例
- 気体は軽いので、すべて浮く。
- シャボン液の重さの分、すべて重くなって落ちる。
- 気体によって違う（この場合は、どう違うのか説明させると教科書の資料や資料集などをみて、気体ごとの予想がたてられることが多い）。
- シャボン玉の大きさによって違うのではないか。

＊「軽さ」と「重さ」があるという生徒の誤認識はなかなか破ることができない。

③ 気体の発生から実験までを班ごとに担当し、実験して結果を発表させる。
＜実験結果例＞

気体	シャボン玉の動き
酸素	→落ちる
二酸化炭素	→落ちる
水素	→上がる
ヘリウム	→上がる
アンモニア	→できない
空気	→落ちる
プロパンガス	→落ちる
都市ガス	→上がる

空気、プロパンガス、都市ガスは単体ではなく、混合気体である（空気は、窒素、酸素、二酸化炭素ほか。プロパンガスは、プロパン、ブタンなど。都市ガスはメタン、一酸化炭素など）。物質を明確にするのなら、扱わないほうがよいかもしれない。ただ、生徒にとって、いずれも身近な気体なので、混合気体であることを話してから実験するのもよいだろう。

④ この実験で気体の種類による性質の違いを実験するのなら、作ったシャボン玉に火をつけてみる。水素やプロパンなどはよく燃え、生徒の興味をひけるだろう。酸素は圧倒的に「激しく燃える」という生徒が多いが、燃えないので、驚くだろう。燃える物がなければ、酸素自体が燃えないということを印象づける実験となる。

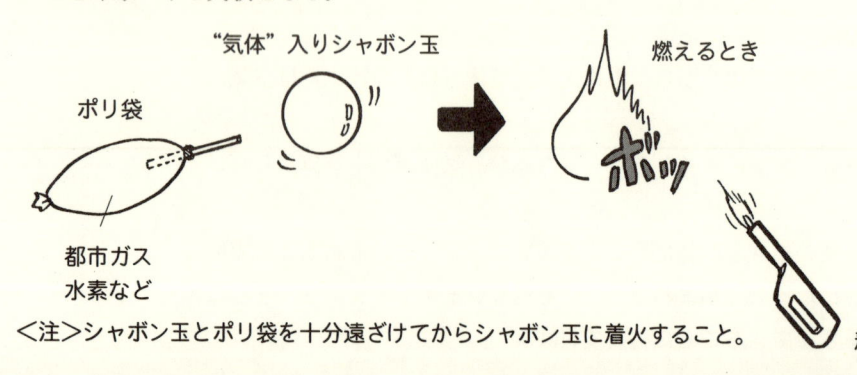

＜注＞シャボン玉とポリ袋を十分遠ざけてからシャボン玉に着火すること。

＜その他の実験方法＞

① ペットボトルにフィズキーパー（炭酸飲料を気が抜けないようにボトルに空気を詰めて保存するためのもの。大きなスーパーなどで手に入る。500円程度）などで空気をたくさん詰める。空気を詰め込む前の重さと詰め込んだ後の重さを比較すると、詰め込んだあとのほうが重くなっている。さらに次のようにして空気の体積を求めれば、空気の重さを求めることができる。（参考：滝川・石崎「ガリレオ工房の身近な道具で大実験」大月書店 1997. p70）

①ペットボトルにフィズキーパーをつけて重さを測る。

②ピストンを100回くらい上下させて空気を入れ、もう一度重さを測る。

メスシリンダーがいっぱいになったら、いったんせんをして、くりかえす。

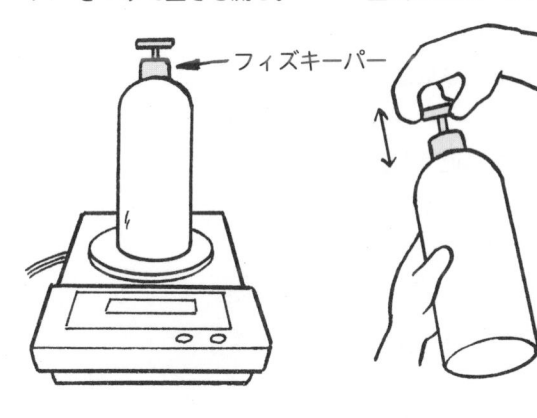

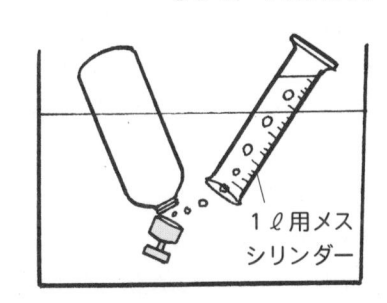

③水の中でせんをあけて、出てくる空気の量を測る。

1ℓあたりの空気の重さは、$\dfrac{①と②の重さの差（g）}{出てきた空気の体積（ℓ）}$ で求める。

② 風船2個に空気を詰め込んで天秤をつりあわせたあと、片方をピンでついて割る。天秤は空気の入っているほうが重くなる（答えは仮説C）。

初めの状態
バランスをとる

片方を割ったときは？

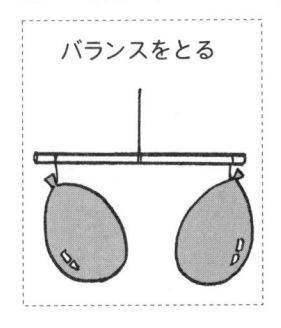

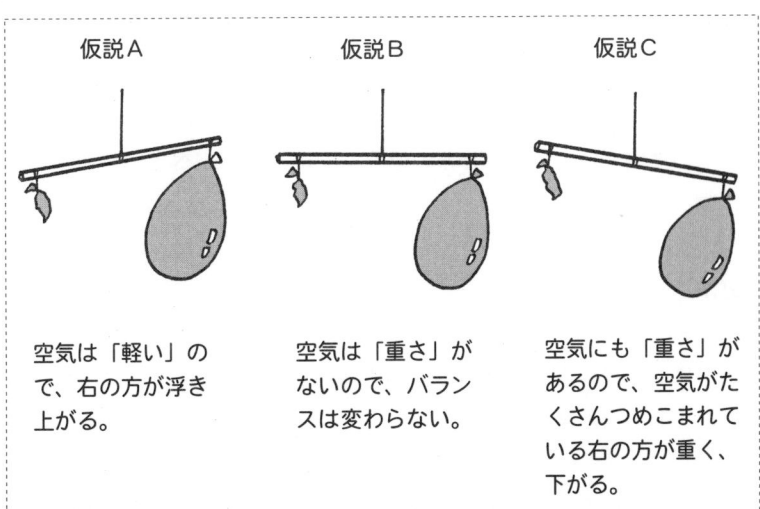

仮説A　空気は「軽い」ので、右の方が浮き上がる。

仮説B　空気は「重さ」がないので、バランスは変わらない。

仮説C　空気にも「重さ」があるので、空気がたくさんつめこまれている右の方が重く、下がる。

4-2 二酸化炭素の性質調べ

到達目標に向けての授業の提案

○ おすすめ実験4-2-1　生まれは違っても性格は同じ！

> いろいろな方法で二酸化炭素を発生させ、性質を調べる。
> ＜到達目標としての科学認識＞
> ・気体にはさまざまな種類があり、その特徴によって気体の種類を調べることができる。
> ・発生のさせ方が違っても、特徴が同じであれば同じ気体である。

　前述したように、二酸化炭素でも発生のさせかたが違うと、違う二酸化炭素であると思う生徒がいる。「同じ性質をもつものは同じ物質である」という物質観ができていないためだろう。
　気体のなかで、生徒にとって最も身近なものの一つであり、発生方法がたくさんあり、しかも身近な物で発生させることが可能な二酸化炭素を使って、上記の内容を納得できる実験をしてみよう。
　二酸化炭素の性質として、下記のような性質が挙げられる。
ア　石灰水の中にこの気体を入れると白くにごる。
イ　コーラやサイダーの中に見られる泡は、この気体。水に溶けやすく、水に溶けると炭酸になり、酸っぱい味のもとになる。液は酸性になる。
ウ　ろうそくの火を二酸化炭素の中に入れると消える。二酸化炭素は燃えない気体。
エ　二酸化炭素は空気より重い。
　二酸化炭素の性質をすべて調べるのは時間がかかりすぎるので、上記の**ア**が酸素、水素、アンモニアなどの気体にはない性質であることを確認したのち、この性質が、発生のさせ方の違う二酸化炭素のすべてに共通するかどうか、調べてみる。

＜方法＞
① 酸素、水素、アンモニアの気体を発生させ、石灰水の中に導いて、石灰水がにごらないことを確かめる。「石灰水をにごらせる」のは二酸化炭素の特徴であることを確認する。

② さまざまな方法で二酸化炭素を発生させ、それに石灰水を入れてにごりを確かめる。
二酸化炭素の発生方法

- 紙やロウソク、石油、油、アルコールなど、炭素を含むものを燃やす。
- じゅうそう（重曹）に酢を入れる。
- 発泡入浴剤（商標名「バブ」など）を水の中に入れる。
- 石灰石や貝殻、卵のからなどに酸を注ぐ。
- コーラやサイダーにラムネか塩を入れるか、火で熱する。
- ドライアイスを気化させる。

<発展>

上記の方法の中に、他の気体を発生するものを混ぜ、二酸化炭素を発生させる方法を選ばせてもよい。

例

- オキシフルにレバーを入れる（酸素）
- 塩酸にスチールウールを入れる（水素）
- 濃い水酸化ナトリウム液にマグネシウムリボンを入れる（酸素）

● おすすめ実験4-2-2　発泡入浴剤で火を消せるか？

> 発泡入浴剤を使って、ろうそくの火を消す。

二酸化炭素は空気より重く、燃えない性質があることを調べる方法として次のような方法がある。二酸化炭素は色も匂いもないが、確かに存在することを印象づけられる実験である。

<方法>

① 発泡入浴剤を砕いて水を入れる。湯だと上昇気流ができ、二酸化炭素はたまらない。

② たまったかどうかは目で見えないが、二酸化炭素がたまっているところで、ろうそくの火が消える。

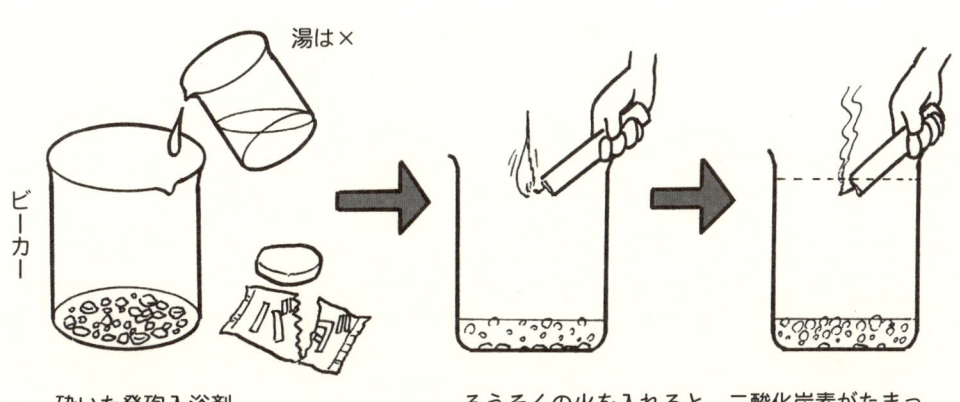

湯は×

ビーカー

砕いた発砲入浴剤
に水を注ぐ

ろうそくの火を入れると、二酸化炭素がたまったところで、火が消える。

③ 水そうに発泡入浴剤を砕いて入れ、水を注いで、二酸化炭素をためる。
　別の300～500mℓ・ビーカーに入れたろうそくに、水そうの二酸化炭素を注ぐと、手品のようにろうそくの火が消える。

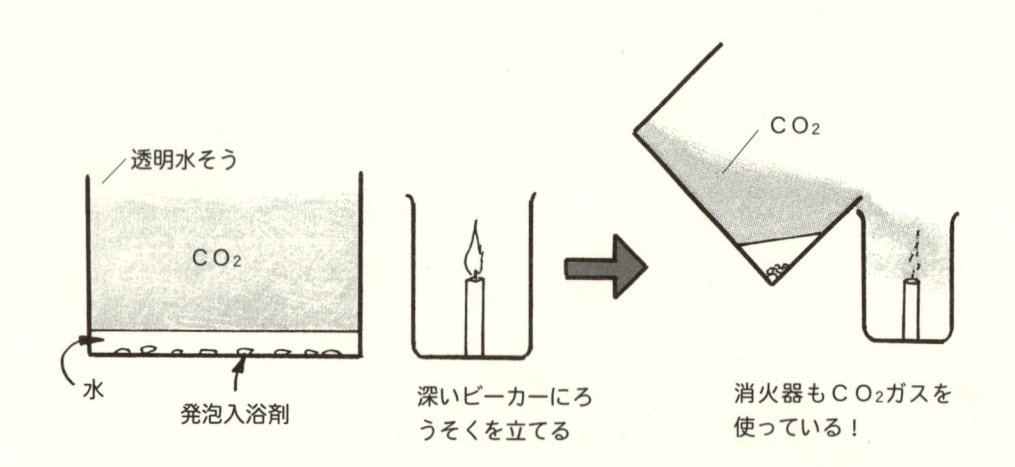

透明水そう
CO_2
水
発泡入浴剤
深いビーカーにろうそくを立てる
CO_2
消火器もCO_2ガスを使っている！

（注意）　右のような装置でろうそくに火をつけると、「発生した二酸化炭素で火が消える」という実験をやってみたことがありますか？ろうそくに火がついていると、その熱による上昇気流の方が空気と二酸化炭素の密度差による力よりも大きくなり、「下の方から順に消える」という結果にはならない。上記の、発泡入浴剤で作った二酸化炭素で消火すると、下の方から火が消えていくので、「二酸化炭素が空気より重い」という実験としては印象的なおもしろいものができる。

●おすすめ実験4-2-3　空中で、はずんで止まるシャボン玉！

二酸化炭素のシャボン玉を使って、二酸化炭素が空気より重いことを確かめる。

「二酸化炭素が空気より重い」という実験として、生徒に大変好評で、内容がよく定着したのは、シャボン玉を宙に浮かす実験だった。

＜方法＞
① 前述のおすすめ実験4-2-2で二酸化炭素がたまったことを確認したビーカーの上から、シャボン玉を落とす。シャボン玉液はうすい中性洗剤でよい。シャボン玉は、ビーカーの中に吹き入れないように注意する。上から落ちてきたシャボン玉がうまくビーカーに入るようにする。

4章　気体の性質

シャボン玉
をふく方向

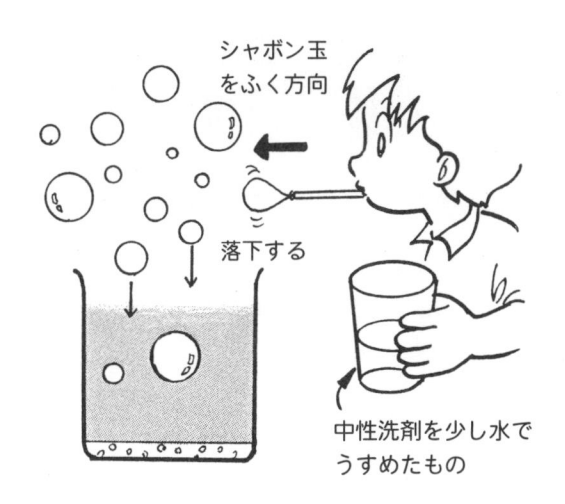

落下する

中性洗剤を少し水で
うすめたもの

ビーカーの中に入ったシャボン玉は、見えない二酸化炭素の上で、床に落ちてはずむゴムボールのようにポンポンとはずみ、「何かがある」ことを印象づける。

宙に浮いているシャボン玉。止まるときに少しポンッとはずむ。

5章　水溶液

到達目標と誤認識

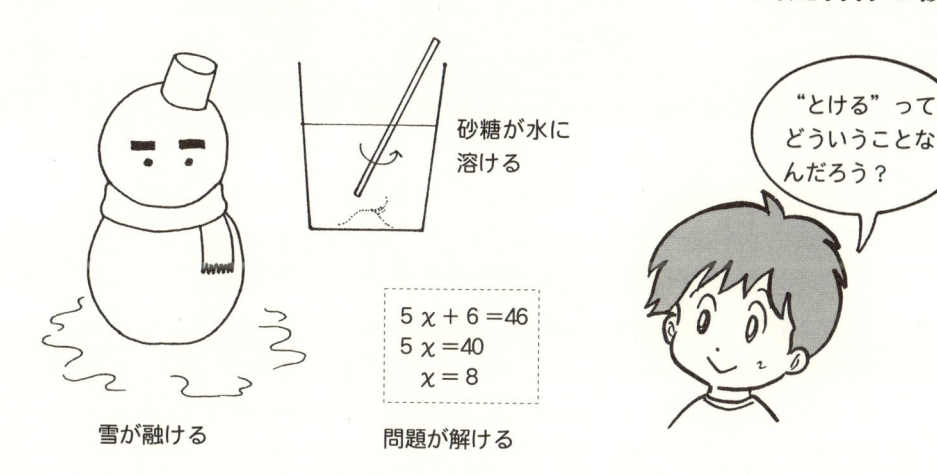

雪が融ける

砂糖が水に溶ける

$5x + 6 = 46$
$5x = 40$
$x = 8$

問題が解ける

"とける"ってどういうことなんだろう？

🔵 到達目標としての科学認識

「水に溶ける」ということは、目に見えない粒子がバラバラになって広がることである。
＜具体的な到達目標としての科学認識＞
1．水溶液の中で、溶質は分子の大きさでバラバラになっている。顕微鏡を使っても見えないほど細かい粒子になっている。
2．水に「溶けている」と「溶けていない」はどう区別するのか。
・水溶液は、透明な液体である。
・水溶液は、その濃さが水に均一に広がり、溶質が沈まない。
3．水溶液とは、水が溶媒の溶液である。水に溶けている物質を溶質といい、本章では固体を扱う。一般的には、気体や液体の溶媒もある。
4．水溶液に溶けている溶質を、蒸発させたり、温度差によって分けて取り出すことができる。このとき溶質は、溶ける前の物質と同じ状態で取り戻せる。物質としては保存されている。
5．一定量の水に溶ける溶質の重さ（質量）には限度がある。溶解する量の限度は、溶媒の温度、溶質の種類によって異なっている。

「溶けなくなる」のはなぜか

　だいぶ昔であるが、私は、水溶液の実験は基本操作を習得するのが主たる目標と考えていて、その原理についてはあまり詳しく考えていなかった。実験も簡単な器具でできるので、私自身の問題意識はあまり大きくなかった。

しかし、そのようなときの授業で今でも憶えている光景がある。
「物質が溶ける量は温度に比例している。物質の種類によって違う」という解説の後で、生徒からつぶやきが聞こえてきた。
「それじゃあ、どうして溶けなくなるの。何が限度になっているの？」
言われてみて困った。水溶液は、物質の粒子概念を扱うのにはたいへん良い教材である。固体がだんだん崩れて、溶けていくようすを観察できるので話題にしやすく、実験の後、粒子モデルも生徒には理解してもらっていると思っていた。しかし、改めて振り返ってみると、あの固体が水の中でバラバラになることに限度があるのは不思議なことである。そうなると溶けやすさ、溶けにくさを考えるのは、分子間の力、分子の構造などを考えなければならない。でも、分子や原子の授業はまだしていない時期なので、そのときは簡単に説明したように憶えている。溶けることを教えてはいるが、溶けなくなることまではなかなか考えが及ばないものだと感じている。
さて、そんな問題意識もありながら、なかなか授業を改善できないことを嘆いてばかりはいられない。本章では、新学習指導要領によって授業の内容が削られる中で、「溶けること」と「溶けないこと」について探求的な課題をつくり、生徒が自発的に取り組み、学習の内容を深めるような授業を提案したい。

環境の視点が加わった

「水溶液」に関する、新しい学習指導要領の要点は以下のとおりである。
1．水溶液中の溶質は、均一に分散する。
2．水溶液中に溶けている溶質を再結晶させるには、温度によるものと溶解度によるものとがあるから、それぞれの溶質にふさわしい取り出し方を見い出させる。
3．溶解度については、定量的には扱わないように留意する。
4．水溶液から溶質を分離するのは簡単ではないことに着目させ、水質の保全にはどうしたらよいかといった視点に関連づける。
5．実験後の廃液の扱いには十分配慮して、体験を通じて環境保全の態度を養うようにする。

新しい指導要領では、①濾過による混合物の分離は行わないことになり、②溶解度の違いについては、定性的に取り上げるが、溶解度を定量的に計算で求めることはしない、とされた。

学習内容が大幅に削減され、溶解度を計算によって求めることは、すべての生徒には取り組めないと思われる。溶解度の概念を教える際に、計算を伴わなくても済むように十分留意したい。そのためには、グラフを使って飽和水溶液について考えるなど、指導上の工夫が必要だ。また水溶液の濃度を、計算だけで求めないよう留意しつつ、探究的に実験を行うようにして、生徒の実態に応じて自発的に濃度を計算するように導きたい。

そこで次頁以降に紹介するおすすめ実験で、生徒にとって探究的な学習に

組み替え、生徒の認識を科学認識に導きたい。

● 水溶液に関する生徒の認識や誤認識の現状

　生徒からは次のような"つぶやき"が聞かれる。
・溶ける量は温度に比例している。──砂糖はそうだ。食塩もたぶんそうだ。
・水に溶ける量は、物質の種類によって違わない。どの物質も水の量と温度が同じならば同じだけ溶ける。
・水に溶けるとき溶質が粒のようにバラバラになるなら、いくらでも溶ける。
・砂糖を溶かしてみると、砂糖水の方が沈んで底にたまるように思う。だって、アイスコーヒーを作ったら、甘い部分が下になっているもの。ジュースだって、飲む前によくかき混ぜるよ。

＜生徒からも出てくる疑問＞
・固体は、溶媒の温度が上がるとよく溶けるけど、空気は温度が上がると溶けなくなる。どうして反対になるのか。
・水に溶ける量は、物質の種類によって違う。それじゃあ、何が溶解度の条件になっているのか。

　以上を踏まえ、生徒の誤認識が科学的な認識に変わるようなおすすめ実験を以下に紹介し、到達目標に向けての授業を提案したい。

5-1 水溶液って何？　　到達目標に向けての授業の提案

以下のようなテーマをたて、「水溶液」の授業を生徒にとって探究的な学習に組み替える。

テーマ1　水溶液が均一になるかどうかを調べる。
　　　 2　水溶液の濃さを調べる。
　　　 3　早く物質を溶かす方法を考える。
　　　 4　塩化アンモニウム、食塩の再結晶。

授業では、特に以下の実験をすべて行わなくてもよいだろう。探究的な活動の中で、必要な概念を生徒自ら考えられるよう対応していればよいと思う。

● おすすめ実験5-1-1　本当に均一になるのか？

> 水溶液が均一になるかどうかを調べる。
> ＜到達目標としての科学認識＞　溶液の濃さは一様で、溶液自体は透明である。

水溶液が均一になるか、均一にならないか、実験で証明してみる。教科書などには、1か月かかって均一になった硫酸銅水溶液の写真などが載っている。これでは1か月後まで結果が出るのを待たなければならない。それに、硫酸銅は有毒で簡単には下水に流せない。それならば、均一になることを自分たちで証明できないだろうか。どのような実験で証明できるか、以下のような視点で実験の方法を考えてみる。

1．物質が水に溶けた状態はどんな状態かを考える。
2．自分の家で実験できる方法を考える。
3．溶かす物質を自分で選んでみる。
4．時間をかけて拡散させるか、沈殿しないことを確かめるか、あるいは別の方法があるか考える。
5．溶質が均一に溶けることを拡散で証明するときは、その物質によって拡散の速さに違いがあるか比べてみる。

これらの活動を通じて、水溶液とそうでないものについての基本的な知識を身につけていく。

＜準備＞
□無色の溶質…砂糖、塩、ホウ酸など
□有色の溶質…コーヒー砂糖、紅茶、コーヒー、トイレ洗浄剤、硫酸銅など
□溶けないもの…小麦粉、ココアなど
□水道水
□プラコップ

□割り箸

均一になるか（実験例）

水出し紅茶（つるして観察）または、ドリップコーヒーティーバッグなど

コーヒー砂糖または、ブルーレット（沈めておいて観察）

チョコレートやココア

<方法>
① 物質を水道水に溶かしてみて、食塩や砂糖水溶液をつくる。

　水溶液は、均一になるか、しばらくすると下に沈んでくるか考える。お互いに話し合えるときは意見を聞いてみる。沈殿してくる、濃さに差が出てくると考える生徒もかなりいる。また、物質によって異なっていて、「溶けても沈むときもある」と考える生徒もいる。

　均一でない理由としては、
・物質が溶けた水溶液は重いので沈む
・アイスコーヒー用のシロップやココアなどは下に沈んでいる
・ジュースなどを飲むときはよく振らないと下に濃い汁が残っている
などがあがる。

② 生徒一人一人に、どのようにしたら均一になるかあるいは均一にならないかを証明することができるか、考えさせる。そのとき、意図的に無色の砂糖水などを提示するが、その一方で、いろいろな物質で試してみるように提案してみる。思い当たる水溶液をできるだけ挙げさせ、おのおので証明できるかどうかを考える。

③ 条件として、無色の溶質と有色の溶質をなるべく１つずつは選ぶようにする。

🌑 おすすめ実験5-1-2　　"五感活用"で濃さを調べる！

> 水溶液の濃さ（濃い・薄い）を調べる。

　従来、「水溶液の濃さを考える」という授業の場面では、「目的の濃さの水溶液をつくる操作」が多かった。これは、将来、学校や会社の研究で科学実験を行うために必要な大切な操作・技能である。しかし、普段の生活で目的の濃さの水溶液をつくることはまれである。料理の味付けをする、コーヒーに砂糖を入れる、洗濯機に洗剤を投入する、といった場面では、必要とする濃さに調整するために、どれくらいの量にするか考えたりはする。また、味付けが濃いと、すでに溶けている溶質の量がどれぐらいか考えることが多い

であろう。また、減塩治療などの健康に関することであると、食塩の濃さがたいへん気になる。しかし、そのときでも、天秤で計って料理などはしないし、醤油の量を加減するぐらいであろうか。

その料理中の濃度調整の方法についても、大抵のことは官能試験つまり目分量や味覚で行うか、スプーンなど簡易化した容器で計ったりする。最近の砂糖はとても衛生的で、小袋に分けられていて、その袋を折り曲げることで入れる量を調整することができるものもある。科学を学ぶ以外ではおおよそでことが足りてしまうのである。

そこで、すでに溶質が溶けてしまっている水溶液から、味覚、色、目分量などで濃さや薄さを調べる方法を考えてみる。どれくらい溶けているかを調べる過程で、溶ける量にはおのおの限度があることや、温度でその度合いが変わることを、計算することなしに考えることができる。ただし、その過程で生徒が自発的に計算し、定量化するのを教師が支援するのはなんら支障がないので、そこまでできる生徒には意欲的に取り組んでもらう。

(1) 男と女はどちらが味覚に敏感・鈍感かを調べる。

＜準備＞
□濃さの違う薄い水溶液（砂糖水、食塩水、レモン水など）
□ガラス棒
□ビーカー

＜方法＞
① いろいろな濃さの薄い水溶液を作り、どれくらい薄いと味を感じないかを調べる。

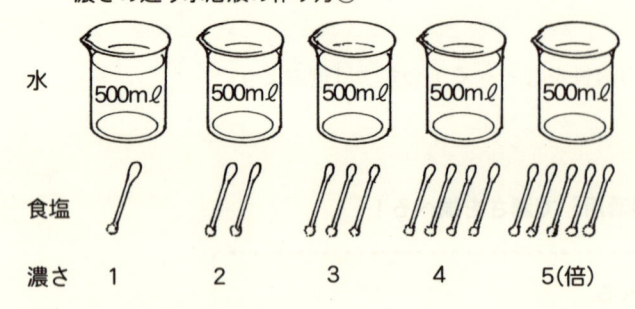

② 何が溶けている水溶液か味覚によって調べる。初めはたいへん薄く作るので、何が溶けているかわからない。そのあと段々濃くしていき、味を感じたところで、どの甘みか塩分かなど、味覚から溶質を当てさせる。

③ 女性と男性では塩分、砂糖の甘さについて感じ方に差がある。平均すると、女性の方が味覚に敏感な場合が多い。どれくらいの塩分だったら感じることができるかを、濃さに段階を作って調べてみる。

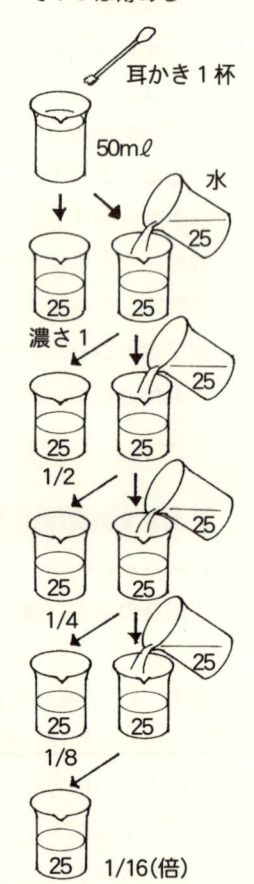

<注意>
- 味覚は個人差が大きいが、食塩水、砂糖水では女性の方が薄味に敏感である。→男女で比べると授業が大変盛り上がる。
- 水溶液の濃さを調整する方法について、グループでアイディアを出し合うようにする。
- 水温はなるべくそろえる。
- 1回ごとに口をゆすぐとよい。
- 甘味料は、いく種類も市販されているので、子どもの好きなもので試すとよい。
- 塩分より糖分に対する味覚の方が鈍感のようである。

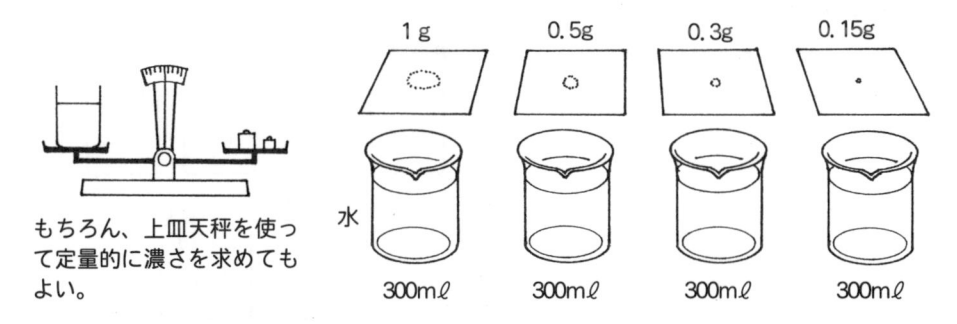

もちろん、上皿天秤を使って定量的に濃さを求めてもよい。

(2) いろいろな方法で水溶液の濃さを調べる。

考えられる方法としては、次のようなアイディアがあるが、生徒なりに考えて、実験を計画するとよい。

- 濃くなると味が強くなる。味が強いほど水溶液は濃い。
- 濃いと色が濃くなる。色が濃いほど水溶液の濃度は高い。
- 揮発性の溶質なら水溶液ににおいがある。においが強いほど水溶液は濃い。
- 水溶液を蒸発させると後に物質が残る。残った物質が多いほど水溶液の濃度は高い。
- リトマス紙で色が変わる。色の変わり方が激しいほど水溶液は濃い。
- pHの値を調べる（溶質が酸やアルカリの場合）。pHが7から離れるほど水溶液は濃い。

<準備>
- □無色水溶液…石灰水、砂糖水、食塩水　など
- □有色水溶液…硫酸銅水溶液、紅茶、コーヒーなど
- □試験管
- □pH試験紙
- □比重計
- □上皿天秤
- □ビーカー

□ レーザーポインター

<方法>
① 日常、濃さを調べるにはどのようにしているか、話し合う。水溶液の濃度を、五感を使って調べることを提案する。
② どのような方法が可能か、グループで話し合ってみる。次のような項目に着目させながら、方法を考えていく。
　・何が入っているかを調べなくてはならない。
　・濃さはどのように計るかを考える。
③ 溶けやすさ、溶けにくさについて考える。

水溶液の濃度を調べる方法

水溶液	考えられる試験項目の例
塩水	味、比重、屈折率
アンモニア水	におい、pH
硫酸銅	色、光の透過率
砂糖水	味、屈折率
酢酸	味、におい、pH
コーヒー	味、におい、光の透過率

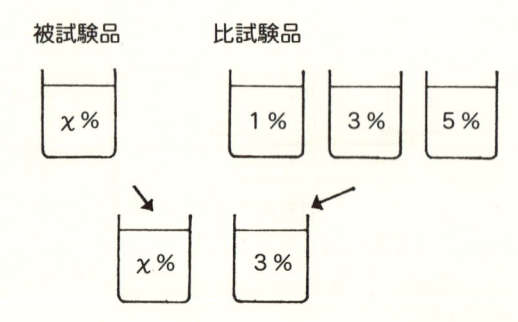

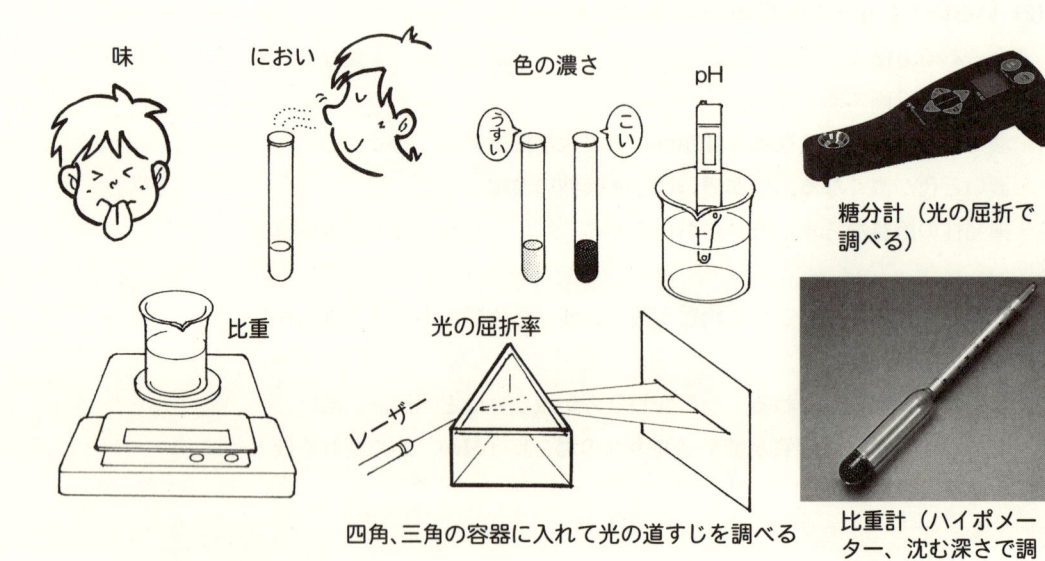

糖分計（光の屈折で調べる）

四角、三角の容器に入れて光の道すじを調べる

比重計（ハイポメーター、沈む深さで調べる）

おすすめ実験 5-1-3　早く溶かせ！

物質を早く溶かす方法を考える。

　決められた量の溶質をできるだけ早く溶かす方法を考える過程で、溶解度などの概念を獲得する。砂糖や食塩など、溶かす物質は各グループで決める。砂糖の場合、氷砂糖を使うといい。また、岩塩の粒や再結晶した食塩の粒を

できるだけ早く溶かす方法を考えるのもよい。その場合、水の量または温度については、各グループでパラメータを設定させて、そのパラメータごとの法則を見つけ出すように支援したい。

＜準備＞
□ビーカー
□ガラス棒
□ペットボトル
□料理用攪拌器
□時計
□水200ml
□砂糖
□食塩

＜方法＞
① 溶質をできるだけ早く溶かすには、どのような方法が考えられるか、グループで検討する。溶媒、溶質の量は生徒と相談しながら決めていく方が関心は高くなる。
（例）・溶質を細かく粉末にする。
　　　・溶液の温度を上げる。
　　　・よくかき混ぜる。
② かき混ぜ方で溶ける速さに差があるかを調べる。

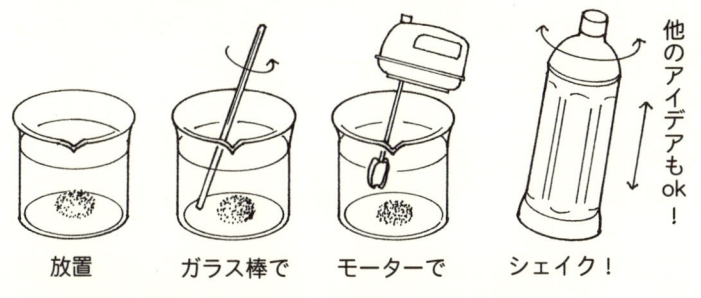

　　放置　　ガラス棒で　　モーターで　　シェイク！　　他のアイデアもok！

③ 水の体積を変え、同じ温度、同じ速さでかき混ぜる。

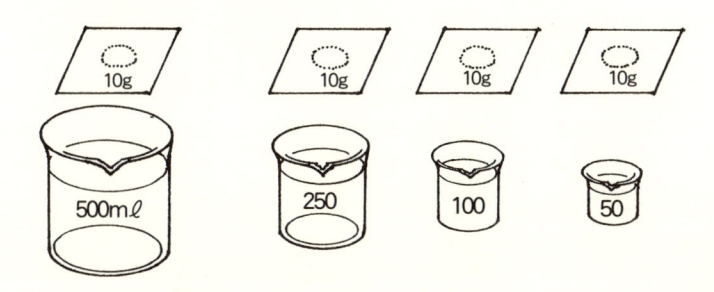

　10g　　10g　　10g　　10g
　500ml　250　100　50

④ 溶かす物質の粒の細かさを変えて、溶かしてみる。

同じ質量の砂糖と水で試す

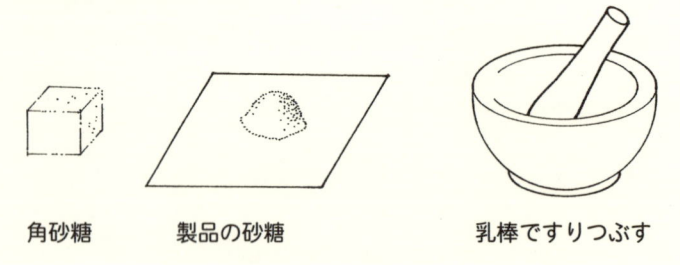

角砂糖　　製品の砂糖　　乳棒ですりつぶす

⑤ 溶かすときの水温を変えてみる（硝酸カリウムと食塩で比較）。

<発展> 食塩が溶けきった飽和食塩水に砂糖は溶けるだろうか、実験する。

おすすめ実験 5-1-4　これはきれい！塩化アンモニウムの再結晶

塩化アンモニウムの再結晶を作り、観察する。

　塩化アンモニウムの飽和水溶液をつくり、密閉できる容器に入れて、再結晶のようすを観察する。短時間に温度が下がって、雪のような結晶が見られるのでたいへん有意義である。

<方法>
① ガラス管で塩化アンモニウム水溶液のアンプルを作る。

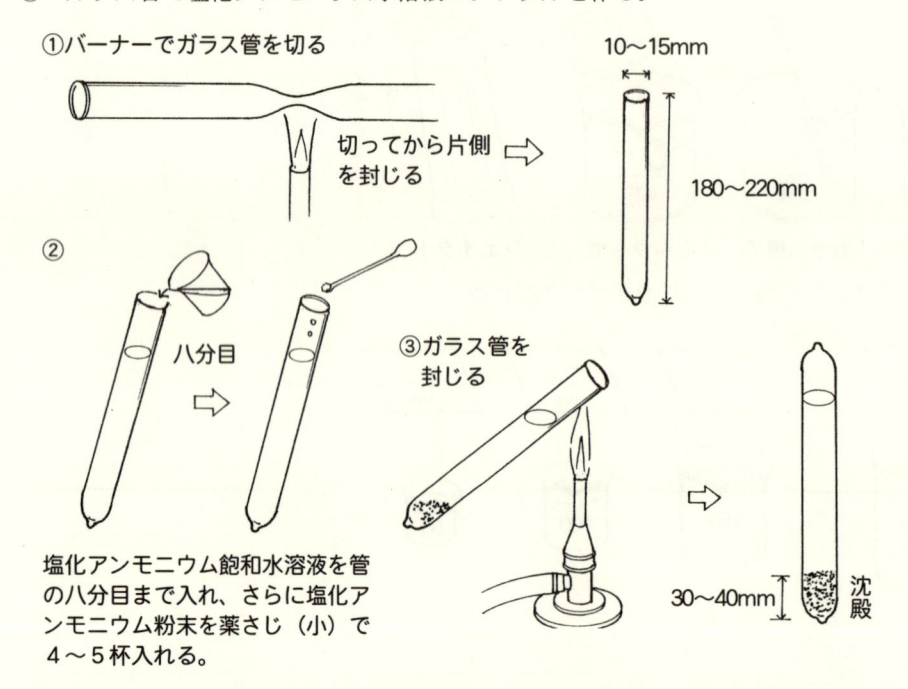

①バーナーでガラス管を切る
切ってから片側を封じる
10～15mm
180～220mm

②
八分目

塩化アンモニウム飽和水溶液を管の八分目まで入れ、さらに塩化アンモニウム粉末を薬さじ（小）で4～5杯入れる。

③ガラス管を封じる

30～40mm　沈殿

② 三角フラスコにアンプルを入れ、湯を注いで加熱し、アンプル中の塩化アンモニウムをすべて溶かす。溶けたら生徒に結晶ができるようすを観察させる。10分くらいすると1つ、2つと結晶が雪のように落ちてくる。たいへんきれいで印象的である。

水に溶けやすいもの

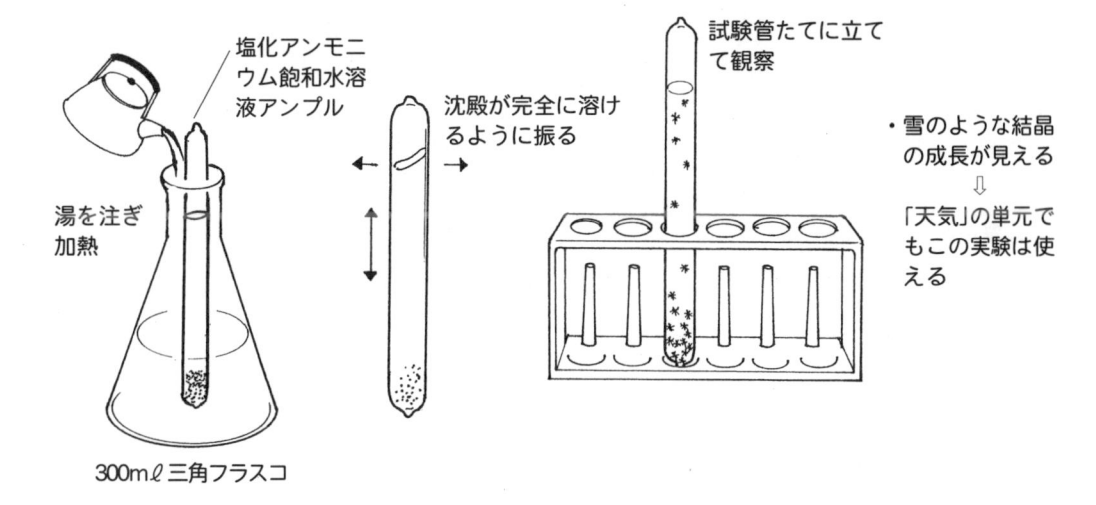

<参考>
1. 無機物の酸やアルカリ、塩類は水によく溶ける。水中でイオン性の結合の力が弱まる。
2. 有機物はその組成、分子構造に関係がある。
   - パラフィン、ベンゼン、ナフタレンのような、水素と炭素の化合物、つまり炭化水素は水に溶けない。
   - 炭化水素に酸素がついているアルコールや糖は水によく溶ける。しかし、アルコールや糖でも炭素が多くなって、分子量が大きくなると水に溶けなくなる。

水に溶けないもの

1. 単体は水に溶けない。塩素やヨウ素が微量溶けるが、金属単体は、塩からはイオンとして水中に存在するが、金属を純水に溶かしてみても溶けない。
2. 油と水は混ざりもしない。

「極性物質は極性物質に溶ける、無極性物質は無極性物質に溶ける」
  - 極性溶媒…水、アルコールは、イオン性物質や極性物質を溶かす。分子性物質でも-OHや-NHなどを持っているものは水に溶ける。
  - 無極性物質…石油、四塩化炭素は分子性物質（ロウ、油）を溶かす。

溶液・溶媒・溶質の定義

1．**溶液**…物質が溶けている液を**溶液**という。溶媒が水のとき、「**水溶液**」という。エタノールのときは「**エタノール溶液**」となる。

2．**溶媒**…物質を溶かすようにはたらいた液のことを**溶媒**という。溶媒は、固体だけではなく気体や液体を溶かした場合も溶媒である。アンモニアのような気体を水が溶かしても、**水**が溶媒である。「媒」とは「なかだちをするもの」「さそい出すはたらきをするもの」という意味がある。例えば、媒介、媒体（メディア）、媒酌、媒鳥（他の鳥をおびき出すためのおとり）、触媒、風媒（風媒花・虫媒花）、霊媒…などと使われる。

　　エタノールと水を混ぜ合わせた液体のように、お互いが液体で溶ける場合は、その混ざり合う量を比べて、量の多い方を溶媒という。

3．**溶質**…溶けている物質。

6章 酸・アルカリ・中和

―― 到達目標と誤認識

酸っぱいから"酸性"。

梅干

レモネード

でも、アルカリ性食品っていわれてるよ

◯ 到達目標としての科学認識

酸とアルカリの水溶液は、混ぜると互いの性質を打ち消し合い、塩をつくる。

＜具体的な到達目標としての科学認識＞

1. 酸とアルカリには強さがある。酸やアルカリが強ければ、他の物質と強く反応する。酸性でもアルカリ性でもないちょうど中間の状態を中性という。
2. 酸性の水溶液は金属を溶かす。アルカリ性の水溶液は生物を溶かす。
3. 酸性の水溶液とアルカリ性の水溶液を混ぜると、互いの性質を弱め合う。このお互いに弱め合うことを中和という。
4. 酸性の水溶液とアルカリ性の水溶液を混ぜると、反応して熱を出し、生成物の塩をつくる。ときには有害な物質、塩素の気体が出てくる。
5. 水で薄めてもなかなかpHは変わらない。もしも下水に流すと、水質保全には大量の水が必要になる。

◯ 酸・アルカリに関する生徒の認識の現状

＜味で認識＞　酸は酸っぱい、アルカリはよくわからない（変な味がする）。

＜アルカリの別の使われ方＞　アルカリ電池があるけれど、何がアルカリなのかわからない。酸性の電解質に電極を入れると酸性電池だね。
＜テレビや広告の影響＞　アルカリと酸ではどちらが人体に影響するのだろうか。アルカリの方が体にいいのではないか。
＜アルカリ食品＞　食品に酸性食品とアルカリ食品がある。アルカリ食品の方が体にいいのではないかな。でも何がアルカリ食品なのかわからない。
＜アルカリといったら水酸化ナトリウム＞　アルカリというと水酸化ナトリウムぐらいしか知らない。
＜小学校で酸といったら塩酸＞　酸といえば、塩酸ぐらいしか知らない。
＜見た目に影響される＞　こんにゃくを作るときに石灰を入れるの！？そんなことを知ると急に食欲が減退する。グラウンドに引くあの白い粉でしょ。なぜあの粉を入れているの。
＜薄めればいい＞　下水に流すときは酸やアルカリはどれくらい薄めるといいだろうか。少し薄めれば流しに捨てていいと思う。酸を倍に薄めると、pHは半分くらいに弱くなると思う。

身近でも遠い酸とアルカリ

　酸やアルカリは大変身近な物質であり、小学生の段階からリトマス紙などで実験をして学習する楽しい内容である。それは、多くの人にとって記憶に残っている実験の一つであろう。
　「アルカリ」ということばも、一般の方々には汎用的に表す「塩基」という表現よりも普及している。おそらく、小学校・中学校で学習していることや、テレビなどのメディアでは「アルカリ」ということばがよく使われているためであろう。
　以前は、小学校でリトマス紙の実験、中学校では粒子概念を導入しイオンまで習い、中和や塩の生成も扱った。また、高校でもほとんどの高校生が化学を履修し、塩基や酸の電離度やpH、中和滴定など、酸・アルカリにまつわる内容を繰り返し習う項目である。しかし、小学校から積み上げてていねいに何度も習うにもかかわらず、実際の生活の中で使われる酸性やアルカリ性の食品や衛生用品での社会的な認識と、学校で学習する内容とが対応していないことが多く、これほど定着がよくない、あるいは、日常と科学のギャップを感じることが多い内容は少ない。
　新しい学習指導要領では、中学3年生に学習していた内容の一部が高校に移行され、中学1年生で習う内容は、一部小学校から持ち上がってきたことになる。イオンはまったく中学校では扱われなくなり、「酸・アルカリ」は原子や分子を習う以前に学習することになり、電解質としても考えることはない。

　そこで、本章ではまず水溶液の性質を調べることから始める。水溶液の性

質として、酸性とアルカリ性があり、その中間に中性があることを知る。身のまわりの水溶液をできるだけ調べてみるのがいい。素材が多ければ多いほど家庭に帰ってからの探究に使える可能性が高まる。

　アルカリについては、ことばは知られているがどんな性質なのかはあまり知られていない。身のまわりにある有機物でアルカリであるものはたいへん限られており、むかしから生活に身近ではないのかもしれない。しかし、昨今の健康ブームによって、アルカリ食品、酸性食品として知られるようになったり、高性能のアルカリ電池の普及で、水溶液とは異なった形でよく知られるようになってきた。

　筆者は、「身のまわりの物質で電池をつくる」といった授業で、酸性の電解質に電極を入れたときに、「酸性電池もできるのですね」と生徒が思っているので、どう考えていいか窮してしまったことがある。

　本章では、アルカリは決して体に良いことばかりではないことを、ハムなどを用いて実験し、その効果について生徒に考えさせたい。有機物のアルカリとしては、アルカロイド（ニコチン、カフェインなど生体に対しては活性の強いもの）、ＤＮＡなどは塩基性を示す。しかし、とても弱いアルカリであり、その性質は電子のやりとりぐらいで示すしかないので、生徒にとってはアルカリの例としては好ましくないだろう。

　また、環境問題を考える一環として、水質の保全や塩素の発生など、社会生活で必要な基礎的な知識や態度を身につけておきたい。

　以上を踏まえ、生徒の誤認識が科学的な認識に変わるようなおすすめ実験を以下に紹介し、到達目標に向けての授業を提案したい。

6-1 酸性とアルカリ性
到達目標に向けての授業の提案

● おすすめ実験6-1-1　　判定しよう！酸性・アルカリ性

> 水溶液を調べる。酸性の水溶液とアルカリ性の水溶液を区別する。
> ＜到達目標としての科学認識＞
> ・水溶液には酸性、中性、アルカリ性がある。

＜授業のねらい＞
・pH指示薬を用いて酸性とアルカリ性を見分けられるようになる。
・酸性でもアルカリ性でもないちょうど中間の状態を中性という。
・酸とアルカリには強さがある。酸やアルカリが強ければ、他の物質と強く反応する。

＜準備＞
☐試験管
☐ガラス棒
☐試験管立て
☐純水
☐ビーカー
☐試料（希塩酸、希硫酸、水酸化ナトリウム、水酸化カルシウム、食塩水、砂糖水、アンモニア水など）
☐試薬（pH指示薬、ＢＴＢ液、リトマス紙、フェノールフタレイン）

＜方法＞
① それぞれの試薬の水溶液について酸性になるか、アルカリ性になるか予想をしてみる。
② 各試料の水溶液を試験管に5分の1ほどずつ採る。各試料は、試薬の種類の数だけ用意する。
③ 各試料の性質を、試薬を使って調べる。

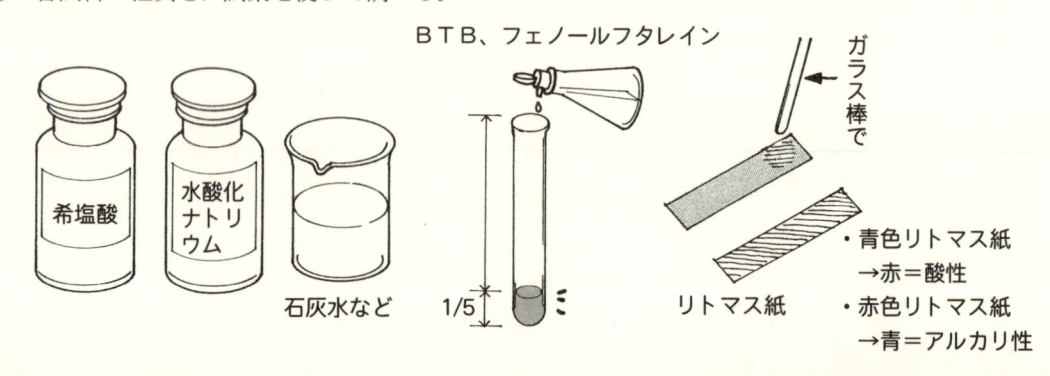

・青色リトマス紙
　→赤＝酸性
・赤色リトマス紙
　→青＝アルカリ性

6章 酸・アルカリ・中和

おすすめ実験6-1-2　強さを調べよう！酸性・アルカリ性

いろいろな水溶液の酸性の強さやアルカリ性の強さを調べる。

＜授業のねらい＞
　同じ種類の水溶液でも、酸性やアルカリ性の度合いに強い・弱いがある。その指標がpHで、pH 0 からpH14まで15段階ある。pH 7 は中性、7 より小さいと酸性、7 より大きいとアルカリ性である。

＜準備＞（ワークシート次ページ）
☐万能pH試験紙
☐純水
☐塩酸
☐硫酸
☐水酸化ナトリウム
☐水酸化カルシウム
☐身のまわりの水溶液（酢、梅干し、リンゴ、ヨーグルト、ジュース、石鹸、中性洗剤、塩素系漂白剤、キンカン、洗濯柔軟剤、食塩水、ソース、しょうゆなど）
☐ガラス棒（または綿棒）
☐フィルムケース
☐保護めがね

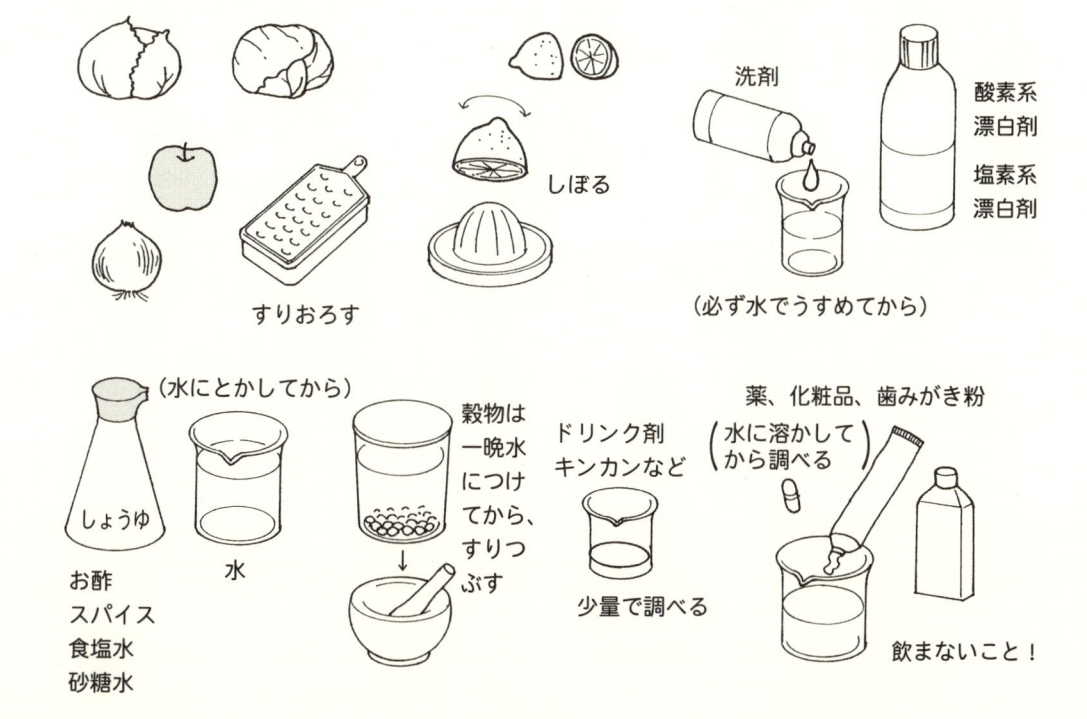

ワークシート　いろいろな水溶液の性質を調べてみよう

組　番　名前

	身のまわりの水溶液	予想 (酸性かアルカリ性か)	結果	pH	酸・アルカリの成分は何か (製品の表示を見て調べる)
野菜 くだもの					
肉 魚 血液					
穀物					
調味料					
乳製品					
飲料					
洗剤					
薬 ドリンク剤 化粧品					

<方法>
① いくつかの薬品を少量ずつフィルムケースに入れる。
② ガラス棒（または綿棒）で水溶液をとり、万能pH試験紙につける。被試験の水溶液の種類が多い場合は、綿棒は使いやすく、安価である。
③ 指示薬の色の見本と比べて、pHの値を調べる。
④ 表に万能pH試験紙をならべ、水溶液の名前も記しておく。
⑤ 水溶液のpHの値を直線上にまとめてみる。

　できたら、インスタントカメラかデジカメで撮影し、レポートにまとめられるようにする。また、自分の家庭に持ち帰って、調べられなかった水溶液を調べてくるようにする。リトマス紙またはＢＴＢ液を少量与えていろいろ試してくるように指導する。ＢＴＢ液は持ち帰るときには、しょうゆさしなどを使うと便利である。

おすすめ実験6-1-3　　生物を溶かしてしまうアルカリ性！

> 酸性の水溶液は金属を溶かし、アルカリ性の水溶液は生物を溶かすことを観察する。

<授業のねらい>
・酸、アルカリの性質を知る。
・酸が金属を溶かすこと、アルカリがタンパク質を溶かすことに着目する。

　便利で長持ちな電池としてアルカリ電池、健康ブームによってアルカリ水など、アルカリという言葉は広く知られることとなっている。しかし、アルカリやアルカリ性について正しい理解がされているとは思えないことが多い。特に健康にいいと漠然と思っている生徒にとって、アルカリがどんなものであるかを考える機会になる。
　酸が金属を溶かすことは、「気体の性質」の水素を発生させる実験で生徒は学習しているだろう。そこで、アルカリは何を溶かすかを考えてみる。ふくらし粉や入浴剤の重曹や石鹸などを話題にしながら考えてみる。

<注意>
　加熱した水酸化ナトリウム水溶液、希塩酸はたいへん危険なので、注意を促しておきたい。保護めがね、ゴム手袋は絶対着用するべきである。
　希塩酸と水酸化ナトリウム水溶液を用意したので、終わったら混ぜて中和させてから、廃液処理する。食塩が析出するので、片づけのときに観察させるのもいい機会である。

<準備>
□三角フラスコ（100mℓ）

- □水道水
- □水酸化ナトリウム水溶液（5％）100mℓ
- □5％希塩酸100mℓ
- □ハム（細切れ）
- □チーズ（安いプロセスチーズでよい）
- □ピンセット
- □保護めがね
- □ゴム手袋
- □電気保温プレート（または電気プレートときれいな砂）

<方法>

① 200mℓの三角フラスコを3つ用意する。5％水酸化ナトリウム水溶液、5％希塩酸、水道水をそれぞれに50mℓ程度入れる。ハムやチーズが浸る程度でよい。

② 反応を促進させるために、低温の電気プレートまたは砂を入れたホットプレートで3つのフラスコを加熱する。60℃くらいで十分である。

③ 塩酸、水酸化ナトリウム、普通の水の中で、どれがチーズ、ハムが溶けやすいか、また、フラスコの中がどうなるか考えて話し合う。

④ 生徒から「胃酸はタンパク質を溶かすと聞いている」という意見も出ることがある。胃酸がタンパク質を溶かすことを知っている生徒は、三者の中で希塩酸が最も早く溶かすと考える。本来、胃酸はたいへん薄い水溶液だが、希塩酸を水酸化ナトリウムと比較するため濃さは5％くらいにしておく。

⑤ ハムの細切れを3センチ角くらいで1g、チーズを5gくらい、それぞれ三角フラスコに入れる。時間を計りながら、ハムやチーズがどのように変化していくか観察する。

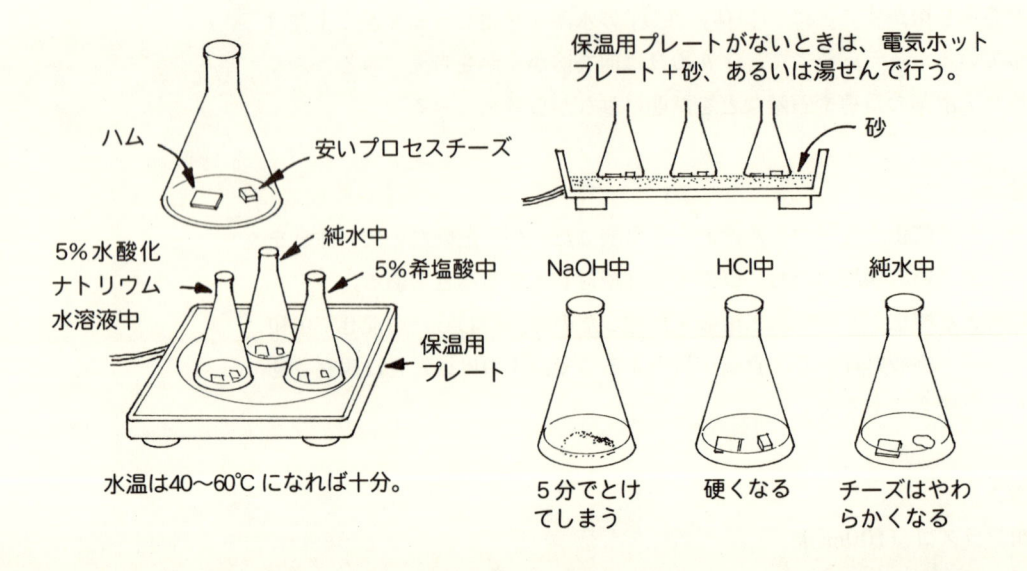

<結果>
① 水酸化ナトリウム水溶液中では、チーズやハムが1分程度で黄変し始める。ハムは3分で崩れて、完全に溶けてしまう。チーズは外側からだんだんドロドロに溶けていく。5分もすると崩れてしまう。
② 希塩酸中では、タンパク質が固まってしまう。牛乳に食酢を入れるとチーズ状の固形物ができるように、加熱した水溶液中でもチーズの形が崩れない。
③ 水道水のお湯の中では、チーズはだんだん形が崩れる。しかし、黄変したり、バラバラに溶けたりはしない。スイス料理のチーズフォンデュのようにとろけてしまう。

<補足>
　時間があれば、温度を変えて実験できるとなおよい。水溶液の温度を高くすると性質が強くなることが比較できる。水温を20℃で実験してみると、反応がたいへん遅くなる。水酸化ナトリウム水溶液中でハムが黄変し始めるまで30分近くかかる。また水道水の中では、お湯のときのようにチーズが溶けてくれない。

<生徒の生活との関連>
1．石鹸は弱アルカリ性である。手を洗う石鹸でだいたいpH8.5。シャンプーも弱アルカリ性か中性に調整している。石鹸で顔や髪の毛を洗っていて、目に入ると痛いという経験がある。石鹸もアルカリ性であることから、目の粘膜などを痛めたりしないか考えてみる。石鹸が目に入ったらとにかく早く、よく目を洗うことが大事である。
2．セーターを洗うことのできる洗濯用洗剤は中性洗剤である。セーターに使われている毛糸や、下着やシャツ、和服などの絹は、動物性の繊維でタンパク質である。セーターの縮みの原因として、アルカリ性の洗剤を使うことに着目できる。また、アルカリ性の塩素系漂白剤もウール、絹に使えない。

繊維の種類と適する洗剤

	繊維の種類	耐酸性	耐アルカリ性	適する洗剤	塩素系漂白剤
天然繊維	綿	濃い液体におかされる。	概して強い	弱アルカリ性洗剤	適
	麻	濃い液体におかされる。	概して強い	弱アルカリ性洗剤	適
	毛	概して強い	弱アルカリ性でおかされる	中性洗剤	不可（黄変）
	絹	概して強い	弱アルカリ性でおかされる	中性洗剤	不可（黄変）
合成繊維	ナイロン、アクリル、ポリエステルなど	強い	強い	弱アルカリ性洗剤	ナイロン不可、他は適

（参考：ライオン家庭科学研究所資料より）

3．プールの水も、消毒のため次亜塩素酸ナトリウムを使用しているのでアルカリ性になっている。水泳のあとはしっかり眼を洗わないと、炎症を起こす可能性もある。できることなら、プールの水も塩素消毒をしないで済ませたい。

4．レモン水や食酢を使ってタンパク質を固めるカテージチーズは、生徒に経験があるかもしれない。なお、豆腐作りに使われる苦汁(にがり)はマグネシウム塩で、酸性ではない。

　　（※都立光丘高等学校関登先生から実験についてご指導をいただいた。）

おすすめ実験6-1-4　なぜ「アルカリ食品」と呼ばれるの？

> 植物由来の物質の灰を使って、アルカリがどのような物質か考える（演示実験）。

<準備>
□キッチンペーパー
□集気びん
□ピンセット
□マッチ
□フェノールフタレイン
□二酸化炭素

<仮説を立てるためのヒント>
1．野菜や果物といった食べ物は植物からできている。それらは一般にアルカリ食品といわれている。一方で動物の肉は酸性食品などといわれる。なぜだろう。
2．御存じ「梅干し」は、そのままの状態でリトマス紙をつけてみると、酸性を示す。食べれば酸っぱくて酸性であることがわかる。レモン、リンゴなどほとんどの植物は酸性になっているものが多い。ではなぜアルカリ食品と呼ばれるのだろう。

<方法>
① キッチンペーパーを取り出し、燃やしてみる。「紙を燃やすと何が残るでしょう。灰です。」
② 採れた灰を集気びんに入れて、フェノールフタレインと混ぜて振ってみる。<結果>フェノールフタレインがピンク色に変わる。これはアルカリ性であることを示している。
③ ②の集気びんに二酸化炭素を入れて振ってみる。<結果>ピンク色が消えていく。中和して酸性に戻った。

キッチンペーパー
(何でもよい)

よじる

火をつける

集気びん

灰を中に入れる

フェノールフタレイン

入れると赤い呈色

アルカリ性

炭水化物は、燃えるとCO_2とH_2Oになり、空へ逃げる。

光合成では、デンプンができる。つまりCとHとO(炭水化物)である。

土からは、水と微量のミネラルをもらう。N、P、K、Caなどの無機化合物。灰として残るのは土からのミネラル。これがアルカリなのだ!

<解説>

　植物を燃やしてみると水と二酸化炭素に"戻って"しまう。それは、植物のからだをつくる物質のほとんどが光合成によって合成されているからである。植物の光合成では炭素、水素、酸素しか使われないからだろう。デンプンなどは、栄養学では炭水化物といわれることがあるが、炭酸ガスと水が化合した物質なのだ。

　しかし、燃えかすをよく見ると、少しだけ灰が残る。それはどこから来たのだろう。土からである。土の中からは、植物の根を通して窒素、リン、カリウムなどの無機化合物が吸収されてくる。植物からつくられた紙の燃えかすには、土から得られた微量の物質が燃えずに灰の中に残っている。これがアルカリ性を示す原因なのだ。

　食品を大胆に分けてみると、植物からとれる食品はアルカリ食品、動物からとれる食品は土の中のミネラルを吸収していないので酸性食品なのだそうだ。生のままの食品にBTBをつけてみても、多くの宣伝に使われている

「アルカリ食品」とは結果が食い違うことになるのだ。

(※この実験は盛口襄先生の実践を参考にさせていただいた。)

夜話

石鹸の歴史はたいへん古い。古代ローマ時代から、石鹸は英語でソープという。石鹸は、木の灰（アルカリ成分）といけにえになった羊を焼いて出た脂が混ざって、自然に土の中に生まれたという。そのいけにえの場所がサポー(Sapo)といわれた丘で、ソープ(Soap)の語源となっている。アルカリの語源もアラビア語で灰（kali）から来ている。もともとは海や陸の植物を燃やしたときの灰（海草ではNa_2OH、陸の木や草ではK_2CO_3）であった。

おすすめ実験6-1-5　どれくらい薄めればよいだろう？

酸とアルカリを水に流して廃棄するにはどれくらい薄めればよいか、確かめる。
＜到達目標としての科学認識＞
・酸性・アルカリ性の水溶液は、水で薄めてみても、なかなか酸性・アルカリ性が弱くならない。

まずは環境問題への関心を高めるため、酸性・アルカリ性の水溶液を水で薄めていき、どれくらいで酸性、アルカリ性が弱くなるかを試してみる。水を水溶液の何倍も入れてもなかなか弱くならないことから、どのように環境に配慮して性質を弱めたらいいか考える（おすすめ実験6-1-6への橋渡しにもなる）。

＜準備＞
□ビーカー（300mℓ）
□純水
□氷酢酸（レモン水、酢でもよい）
□pHメーター（または万能pH試験紙）
□ガラス棒
□保護めがね
＜方法＞
① 10％の酢酸のpHを計る。（だいたいpH＝2～2.5となる）
② 1mℓの氷酢酸をビーカーに用意する。
③ 生徒と予想する。「このpHの値が2増えるにはどれくらいの水が必要だ

生徒からは2倍、5倍などの返事があることもあるが、「知らない」あるいは黙っていることが多い。しかし、ノートに書かせたりすると、黙っている生徒もそれなりに予想はしていることがわかる。

④ グループで考えて、実際に試してみる。水の加え方はグループに任せておいても大丈夫である。たいてい生徒は、初めは慎重に加える水を増やしていくので、なかなかpHの値が変わらないからである。やがてどこかのグループがだんだんpHが増えたことに気付き、水の量の多さを発見し始める。そうしたら、pHを＋2にするにはどれくらい必要か続けて試させる。

⑤ どれくらい水が必要だったか、報告させる。どこのグループもだいたい100倍くらいは水が必要なのだと確認できればいい。生徒たちに自分の予想より、たくさんの水が必要なのだと実感してもらえればいいと私は思っている。

⑥ もし仮に、pH1の水溶液があったら、少なくとも弱酸といわれるpH4にするにはpHを3上げなくてはならないので、結果として水溶液の1,000倍の水が、薄めるために必要になる。うっかり下水道に濃い酸性、アルカリ性の水溶液は流せないことに気付かせたい。

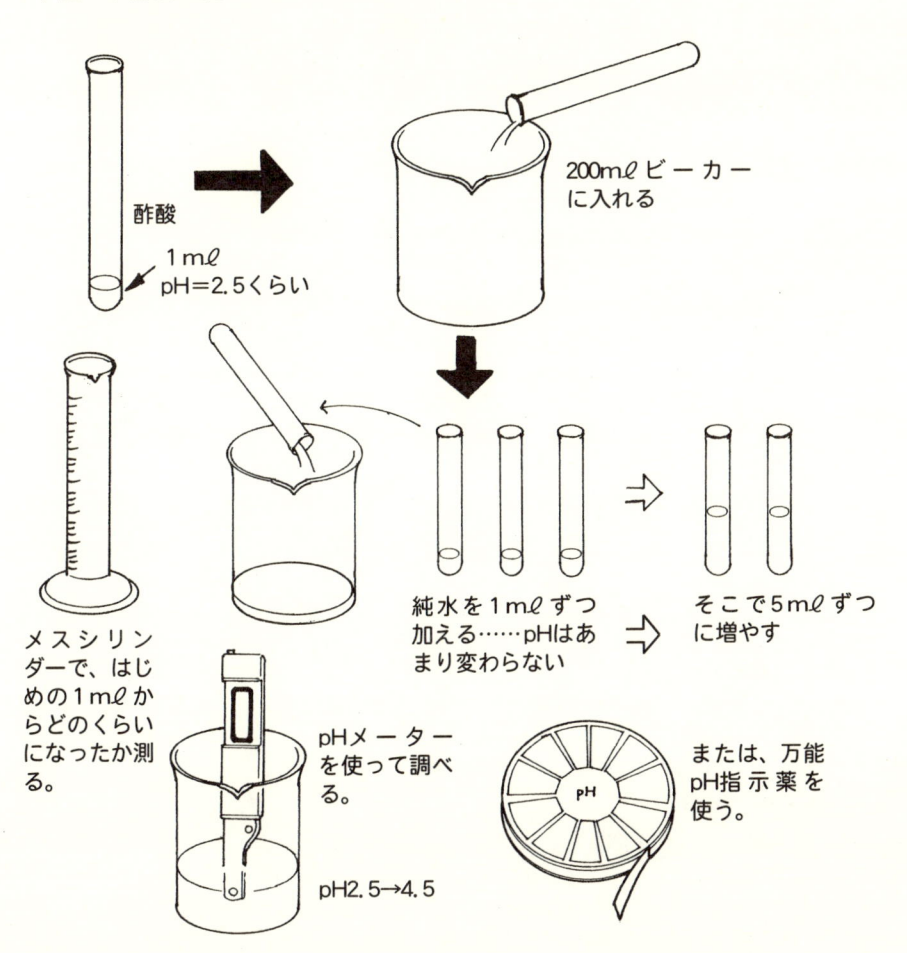

酢酸 1mℓ pH＝2.5くらい

200mℓビーカーに入れる

メスシリンダーで、はじめの1mℓからどのくらいになったか測る。

純水を1mℓずつ加える……pHはあまり変わらない

そこで5mℓずつに増やす

pHメーターを使って調べる。 pH2.5→4.5

または、万能pH指示薬を使う。

おすすめ実験6-1-6　勇気ある者はなめてみよ！塩

酸性、アルカリ性の水溶液を混ぜ合わせて中和し、塩を析出させる。
＜到達目標としての科学認識＞
・酸、アルカリをお互いに混ぜ合わせてその性質を弱めることを中和という。
・酸とアルカリを混ぜて中和させると、その生成物として塩ができる。

　酸性の水溶液とアルカリ性の水溶液を混ぜると互いの性質を弱め合う。このお互いに弱め合うことを中和という。酸性の水溶液とアルカリ性の水溶液を混ぜて中和させると、反応して熱を出し、生成物の塩がつくられる。

　希塩酸と水酸化ナトリウム水溶液を用いた実験では、そのままでは食塩が沈殿しないので、水を蒸発させて食塩の生成を確認するが、ここで紹介する実験は、蒸発もなく沈殿が出てくるので、しくみが簡単でわかりやすいのがポイントである。

　少量の濃塩酸に水酸化ナトリウムを入れて、中和反応を観察する。それと同時に、食塩が生成するが、水を加えていないので、食塩はすぐに飽和水溶液になって試験管内に沈殿してしまう。その溶液を中性まで調整して、少しなめてみて食塩であることを確かめる。濃塩酸からつくる食塩なので生徒はたいへん驚き、怖がりながら味わうことになる。

＜準備＞
□試験管
□濃塩酸（1mℓ）
□希塩酸（1％）
□駒込ピペット
□水酸化ナトリウム（20粒くらい）
□ピンセット
□試験管立て
□保護めがね
□ＢＴＢ溶液
□薬包紙

＜方法＞
① 濃塩酸を駒込ピペットで1mℓほど試験管に入れる。軽くにおいをかいで、刺激臭があることを感じる。
② ①を試験管立てに立ててから、水酸化ナトリウムを1粒ピンセットで静かに入れる。
③ 中和反応が起きて、泡を吹きながら、激しく反応する。静かになると白

い沈殿物が試験管内にできているのがわかる。
④ 試験管を手でさわって、発熱反応があることを確認する。少々時間をおいて、もう1粒水酸化ナトリウムを入れる。同じような沈殿を生じる反応が起こる。反応がおさまったら、においを確かめ、刺激臭が薄くなっていることを確かめる。
⑤ そのあとは1粒ずつ、5粒まで水酸化ナトリウムを入れてみる。試験管内には白い沈殿物（食塩）がたくさん出てきている。
⑥ 水を2mlほど入れて振ると、沈殿物は消えていく。水溶性の沈殿物であることを確認してから、ＢＴＢ溶液を入れる。たいがいピンク色をしている。さらに1粒ずつ水酸化ナトリウムを入れては試験管を振る。7～8粒を過ぎるとＢＴＢ溶液が黄色になり、10粒くらいでだいたい中性になる。
⑦ 若干アルカリ性になったら、色がブルーに変わるので、そこで水酸化ナトリウムを入れるのをやめる。少量の希塩酸を入れて、ほぼ中性にもどしておく。
⑧ 希望者は、試験管の中身をガラス棒で少量味わってみる。塩分が強いことを知り、沈殿したのは食塩であることを確かめる。すぐに口をゆすぐこと。

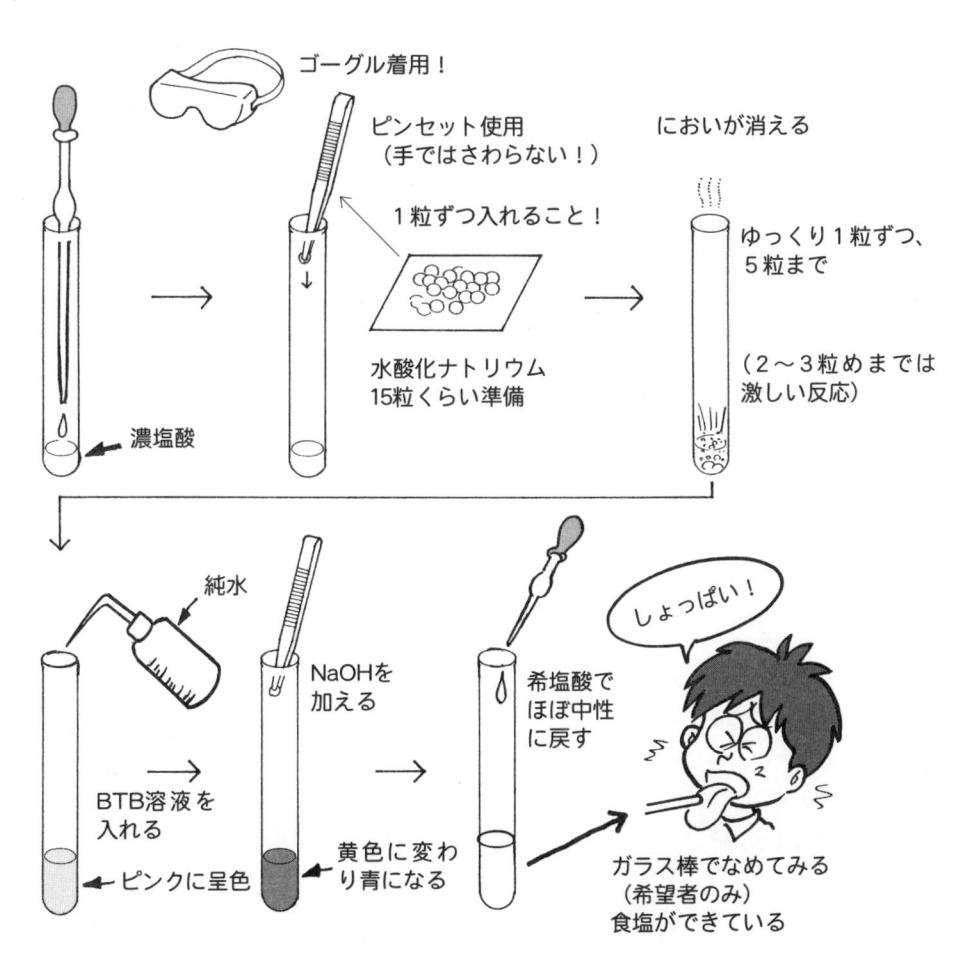

＜注意＞
・1粒めの水酸化ナトリウムの粒を濃塩酸に入れるときは、予期していない激しい音がする。少し驚くから、あわてないように。
・必ず試験管を試験管立てに立ててから粒を入れ始めるようにする。
・発熱が激しくなるので、いっぺんに大量の水酸化ナトリウムを入れないようにする。
・保護めがねは必ず着用する。

7章　物質の分解

到達目標と誤認識

2つの物質が生じればすべて分解か？

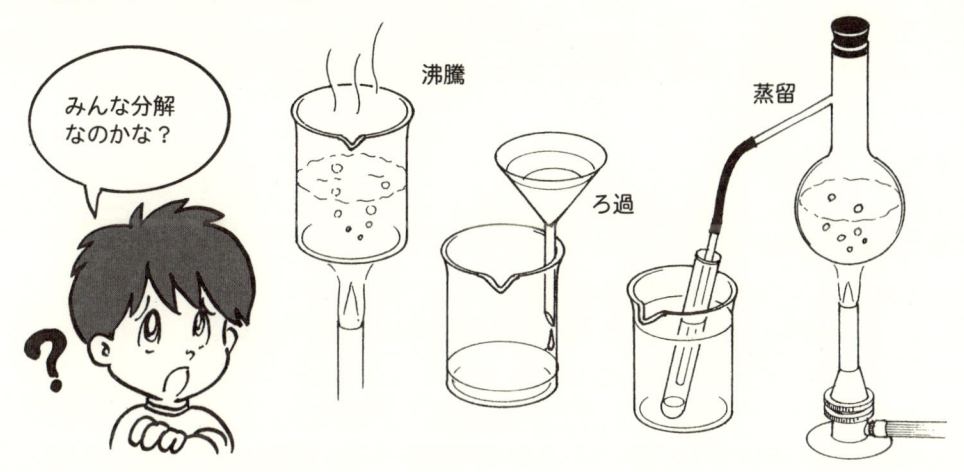

みんな分解なのかな？

沸騰　　ろ過　　蒸留

🔵 到達目標としての科学認識

1. 物質に高いエネルギーを与えると分解できる。
2. 一つの物質を分解すると2種類以上の異なった物質になる。
3. 分解であらわれた生成物は元の物質の成分である。
4. あらゆる物質は原子という粒子できている。
5. 分子は原子の組み合わせでできている

＜具体的な到達目標としての科学認識＞

1. 何らかの高いエネルギーを物質に与えると、物質は分解して二つ以上の異なった物質に分かれる。
2. 巨視的に見た物質の分解は、微視的にも分子の分解という現象である。分解は状態変化のように、何もしないでもとの物質の状態に戻ることはない。また混合物のように、混ぜると元に戻ることもない。
3. 分解にも限りがあって、どんなに高いエネルギーを与えても分解しない状態になる。この物質を元素という。
4. 元素をさらに細かく分けていくと考え、最後には粒子の状態として考える。この粒子は原子といい、100あまりのわずかに限られた種類の粒子である。
5. この原子はなくなったり、別の種類の原子に変わったりはしない。原子や分子はそれぞれ固有の質量や性質をもつ。
6. 原子を記号で書くときは、2文字までのアルファベットで表す。この

> 表現は世界共通である。
> 7．あらゆる物質は、この原子という粒子でできている。原子は組み合わせることができ、組み合わされたものを分子という。分子は、元の原子とは別の性質を示す。分子は組み合わせによってできているため、できる物質（化合物）の種類は無限である。

　この単元は、化学反応という現象をミクロな原理でとらえる入り口の部分である。まずミクロのモデルを導入しつつ、実験そのものはマクロでしか行うことができないが、生徒の素朴概念を大切にして、ミクロのイメージを形成したい。

ものを壊す実験と原子論

　物質の分解のイメージは、実験で示せる部分もあるが、原子モデルを早期に導入して、ある程度考え方をつくってから、改めて分解や化合の実験を行い、平行して原子や分子、化学反応の概念をつくりたい。

　原子の導入を生徒に受け入れてもらうには、分解反応の学習から始めるのがよいだろう。本章で取り上げるのは、原子の根本原理を「これ以上細かくすることができない粒子」であるとするものである。

　ほとんどの物質は、必要な高いエネルギーを与えることによって、二つ以上の物質に分解することができる。このとき、これまで一つの物質に見えていた物質から別の物質が現れる。本章では、いくつかのエネルギーと関連させながら、実験やモデルによって、「物質を壊す＝小さくする」ことを現実的に体験させて、物質が粒子からなるというイメージをつくっていくのがポイントである。

二つの物質が生じればすべて分解か

　分解の実験に際して子どもの考えでよく見受けられるのが、物質の分解と、分解ではないが二つの物質が生ずる化学反応とを混同してしまうことである。それが、分解なのか、沸騰、蒸留なのか、ろ過なのか、生徒は、先入観なしにそれぞれを観察したら、区別がつかないようである。反応前とは異なった物質が生成する実験は、たとえ別種の反応でも同じ実験のように見えてしまうのだ。

　翻って考えると、分解とその他の反応は、どこが違うのだろうか。つまり、ここで必要なのは、分解の実験結果は他の実験とどこが異なるのか、その特徴を示せればいいだろう。もっともよくわかる特徴は、分解前と分解後で物質を比べると、必ず分解後に軽い物質が出てくることだ。質量保存則がまだあやふやであったり、実際に生成物の密度を比較するのは難しいのだが、あとの質量保存則の単元できちんと触れることを前提に、「分解後はそれぞれの物質が軽くなっているはずだ」としておく。また、分解が起きていることに関

連して、分けた物質を元に戻そうとして、混ぜ合わせてみても簡単には元に戻らないということは、生徒とともに考えておきたい。

物体→物質→元素→原子

　さて、原子の導入である。まず、分解をくり返して物質を細かく分けていってもいつかは限界があって、最後には、その物質に含まれている、それ以上分解はできないもっとも軽い物質までたどり着く。つまり、元素である。この元素をミクロでとらえなおして、究極的には「粒子」の考え方にたどりつくようにしたい。元素をつくる物質を構成している粒子を原子と考える。そうであれば、原子は各々固有の質量や密度をもちうるのだという考えを導入できる。固有の質量をもつことは、質量保存則を導入する前ではあるが、モデルとしては受け入れやすいようである。抽象的なので、深入りすることには注意がいる。

＜原子・分子について＞

　現在でも、粒子は特殊な装置がないと見えない。2000年あまり前からルクレチウスなどが原子の存在を考えていたが、それはあくまで哲学的だった。その後18世紀まで続いた元素変換論──その考えの基本にあったのは、「物質は相互に変換可能である」という、錬金術からの夢であった。それが時を経て200年前に、なぜ物質を究極の粒子（原子・分子）として考えるようになったか。この原子や分子で考えることが広く認められたか。それは妥当性と利便性があったからだろう。ドルトン（Dalton, John 1766〜1844）の原子論の特徴は、

1. 原子はそれ以上分割することができない。
2. これ以上分解ができない元素にはそれぞれの原子がある。ある元素の原子にはそれぞれ固有の質量と性質がある。
3. 原子は突然できたり、消えてしまったりはしない。化学反応はすべて原子の組み合わせの変化である。

いろいろな手段によって、元素が発見されてきたが、その種類は100を少し超えたぐらいで、この世界にある豊富な物質の種類に比べたら、たいへん少ない。その上、100種類あまりの元素で、実際に地球を構成しているのはごくわずかな種類の元素だけである。生徒にどのような元素を知っているかをたずねるのもよい。名前を聞いたことのある元素はとても少なく、生活の中ではどのようなところで使われているかとなると、さらにあやふやになる。ここでは元素の比率をグラフで示すとよい（資料集などを使用）。

　「なぜ、100あまりの元素から無限の種類の物質が生まれることができるのか」──それは、物質の多くは原子で組み合わせをつくり、その細かい組み合わせの違いにより、全くちがう性質の物質ができるからである。この性質の異なる原子の組み合わせを分子と考えられるように生徒には理解させたい。

「物質の分解」に関する生徒の認識の現状

1. 「原子や分子でできているのは、理科で取り扱った物質だからじゃないか」

   - 「人間も原子でできているの？」——生きているものが分子や原子であるという考えを、授業が終わった後でも受け入れにくい。ある中学3年生から卒業前に、「人間も原子でできているの？」といきなり聞かれた。生体である人間が原子や分子であることはなかなか想像できないのだろう。あくまで、実験で反応が起きた現象でしか原子をとらえられないようだ。実験を行ったあとでなら、理科の授業のこととして原子であると考えられる。それは試験管の中の現象でしかない。生きている私たちがあの実験の無機質的な感じの原子であるとはなかなか受け入れがたいようである。

   - 「食品に使われている物質は、理科の薬品とは違う」「炭酸水素ナトリウムがあのホットケーキに入っているの？」——理科室にある試薬が食べ物に入ると、不快に思えるらしい。同じものでも、実験に使う物質と食品とはイメージが違う。ホットケーキミックスを電気パンで焼いて、食べると旨そうに思えるが、それが試薬瓶から取り出したものだと、違ったものに見えるらしい。カルメ焼きの実験が終わった後でも、炭酸水素ナトリウムの分解で二酸化炭素が出ているとは直観的には思えないらしい。泡が出ている砂糖が沸騰して、水分が飛んで固まってしまったと思っていることがある。

     また別の例では、こんにゃく作りをするとき、生石灰を入れて固めるが、「石灰を入れるの？あのグラウンドに引く白い粉でしょう。気持ち悪いので食べません」となってしまう。これらの生徒の認識は、授業の中で知識として原子や分子をミクロで考え、身の回りの物質が原子でできているとは理解できても、感情的に受け入れられないことの現れだろう。そうなると、せっかく身につけた知識も自分では利用できないことになる。原子や分子は生徒にとっては理科の授業だけにある別世界のようである。

2. 粒子として考えているが、あくまでモデルとして考えている。

   - 「原子は見えないの？ほんとにそれより小さいものはないの？」——この類の質問は多い。イメージの世界では、原子は単なる球であるため、実態を考えるのが難しい。学習しているのはあくまでモデルなので、それより小さい物体があっても不思議ではないのだ。

   - 化合すると原子と原子が結びつくけど、原子と原子の間は何がある？——「空気！」——意地が悪い質問である。モデルを考えているとき、物質を取り囲む雰囲気は考えていない。そのようなときは普段の生活の感覚で答えて、まわりにあるのは空気になってしまう。究極の大きさ（小ささ？）として原子とそのまわりを真空と考えることができるようにな

には、また別のアプローチが必要だ。
　分子モデルは、一つですべてを表せるものでもない。また「これだけ小さいよ」と数字で示してみても、何億分の1といわれても、私自身が想像できない。個々の実験や解説の場面で対応していくことで、徐々に概念が形づくられるのではないだろうか。学習する内容に応じていくつかのモデルを用意しておくとたいへん便利である。

3. **化合するとき、二つ結びつく原子と一つしか結びつかない原子があるが、見分けがつかない。**──原子の名前や結びつきは、どうしても少し覚えなければならないところがある。パズルや語呂合わせなどがいろいろあるので、それを使うのもいい方法である。

　以上を踏まえ、生徒の誤認識が科学的な認識に変わるようなおすすめ実験を以下に紹介し、到達目標に向けての授業を提案したい。

7-1 物質の分解

到達目標に向けての授業の提案

到達目標としての科学認識

> 1．何らかの高いエネルギーを物質に与えると、物質は分解して二つ以上の異なった物質に分かれる。
> 2．巨視的に見た物質の分解は、微視的にも分子の分解という現象である。分解で生じた物質は、状態変化のように何もしないで元の物質の状態に戻ることはない。また、混合物のように混ぜると元に戻ることもない。
> 3．分解にも限りがあって、どんなに高いエネルギーを与えても分解しない状態になる。この物質を元素という。

もうひと工夫してみたいとき

中学校の「物質の分解」の単元でよく使われるのが次の実験である。
1．炭酸水素ナトリウムの熱分解（重曹を用いてカルメ焼きをつくる実験はおなじみ）
2．酸化銀の熱分解
3．酸化水銀の熱分解（ラボアジェ由来の科学史的な実験）
4．水の電気分解
5．炭酸アンモニウムの熱分解

これらの実験は、すでに教科書や指導書、資料集に取り上げられている。熱による反応、電気による反応は、エネルギーのイメージとしてなじみやすく、これ以上の実験を考えることは難しいかもしれない。しかしながら、「泡」が出ることは、分解以外の化学反応でもよく観察されることで、子どもにはその区別ができないことが多い。

そこで、あえてここでひと工夫を入れてみたい方には以下の実験をおすすめしたい。

壊れる＝分解が起きる

ドルトン以来の基本的な考えを活かして、これ以上壊れない存在として、原子をとらえるようにする。そのため、分解の導入については、なるべく直接的にミクロの世界に構造があることを認識してから、エネルギーを加えることによって分解が起こり、分子が離れていくような、物質に対するイメージをつくり、それを大切にしていきたい。ここでは、いくつかの必要な物理的なエネルギーを加えることで、多くの物質は壊れる（＝分解が起きる）のだということを中心に考えていく。おすすめ実験としてのポイントは次の3点である。

1．分解とは物質を壊すことであると、はっきりさせる。そこで、分解を起こす。このとき、エネルギーを軸に授業を展開する。
2．どのようなものでどのように壊すかを考えてみると、壊すことのイメージは力学的エネルギーの印象が強い。簡単にいうと「ハンマー」である。
3．力学・熱・電気・電磁波（光）の四つの異なるエネルギーと関連した実験を通して、分解を考える。

環境や美容・健康に対する関心も高いことから、光のエネルギーとして紫外線を取り上げた。すでに消化の単元を終えているので、分解の身近な例として消化と排泄、呼吸を取り上げるのもいいのではないだろうか。

●おすすめ実験7-1-1　分解の原点「たたいて壊す」！

エネルギーで物質を壊してみよう－①－フェライト磁石をたたいて壊す
――分解のイメージを大切にしながら学習を進める――

ここでは、マクロの実験からミクロの世界へ認識を切り替えることを象徴する実験を紹介したい。この実験そのものは化学的分解とは異なるため、違和感をもつ生徒もいるだろう。しかし、子どもは「分解」を「壊すこと」という素朴概念としてとらえていることがある。そのイメージにあわせて、子どもたちに物質の分解を予感させる実験にしたい。

実験では、フェライト磁石をたたいて壊し、細かくしていくが、結局は化学的な分解には至らない。それでも磁力が消えたり戻ったりで、物質には目には見えない世界にも、細かい構造があるということを考える手がかりにしていく。当たり前のようではあるが、振ったりたたいたりしても、簡単には分解反応が起きないことも話し合うことができる。化合物と混合物の違いがはっきりしないことが多いので、あえてわざとらしく行うことで化合の授業にもつながる。

＜準備＞
□フェライト磁石（小）
□ハンマー
□金床
□バーナー
□マッチ
□ネオジウム磁石
□クリップ
□ビニール袋

＜方法＞
① 磁石であることを確認してから、フェライト磁石をビニール袋に入れ、金床の上に置く。置いた磁石をハンマーでたたいて粉々にする。
② その粉にゼム・クリップをつけてみる。つかない。
③ 再び、ネオジウム磁石をつけてみる。
④ フェライト磁石の形が変わる。その磁石にゼム・クリップをつけてみると、弱いけれども磁力は戻る。
⑤ なぜ、このようなことが起きるか話し合う。

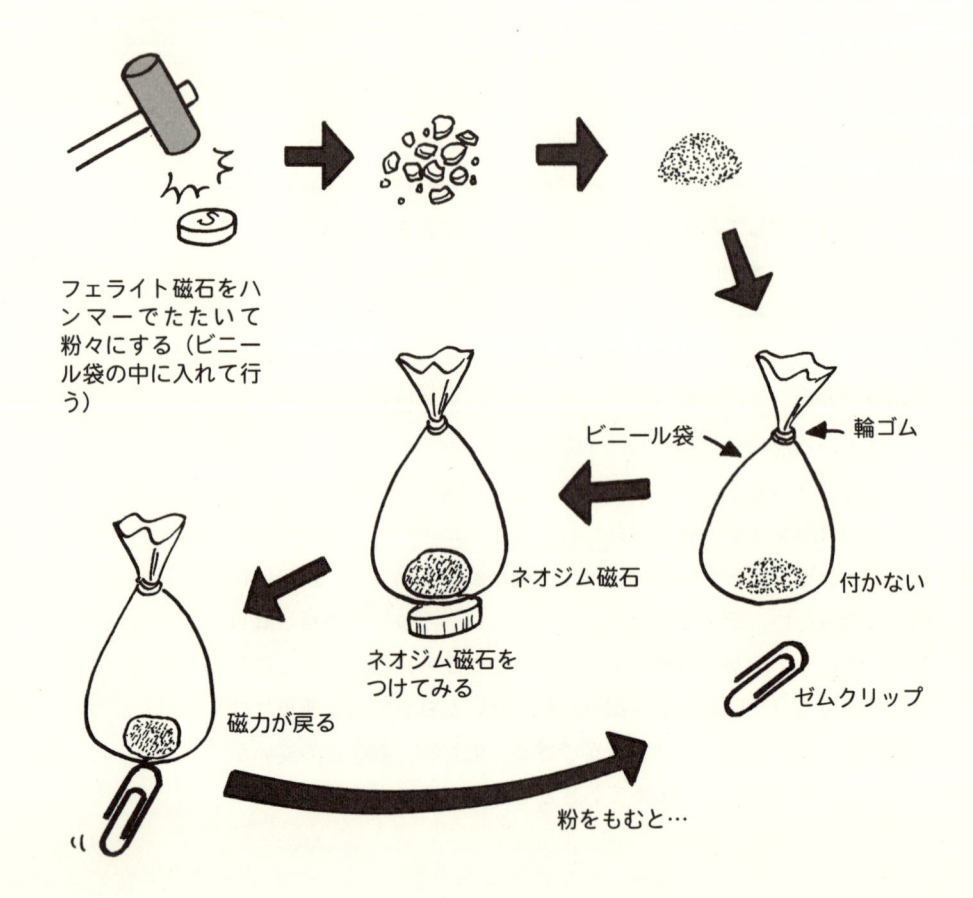

⑥ ミクロの世界では、細かい磁石が磁力をうち消しあっているから、磁力が消えることを説明する。
　永久磁石の力については、小学校で学習してなじみがあり、よく知っている。その磁石がくっつくしくみや、磁石の中にミクロの世界があることを通して、物質にはミクロの世界があることを認識させたい。

おすすめ実験 7-1-2　熱エネルギーで分解！

エネルギーで物質を壊してみよう−②−熱エネルギーで物質を分解する

エネルギーを力学的エネルギーから熱エネルギーに替えてみる。子どもの素朴概念では、エネルギーといえば燃やすことであり、最初に取り上げたい実験だ。すべてのエネルギーは熱＝分子運動によって分解が起きている。炭酸水素ナトリウムを熱してどのような物質に分かれたか、どのような成分からできているかを推論する。

<準備>
□炭酸水素ナトリウム（2g）
□石灰水
□水槽
□集気瓶
□試験管3本
□スタンド
□ゴム栓つきガラス管
□ゴム管
□ガラス管
□ガスバーナー
□ろうそく
□ろうそくたて
□塩化コバルト紙
□電子天秤

<方法>
① 実験装置を組み立てる。
② 炭酸水素ナトリウムが入った試験管の質量を量る。
③ 炭酸水素ナトリウムが入った試験管を弱火の炎で加熱する。
④ 発生した気体を水上置換で集気瓶、試験管に集める。

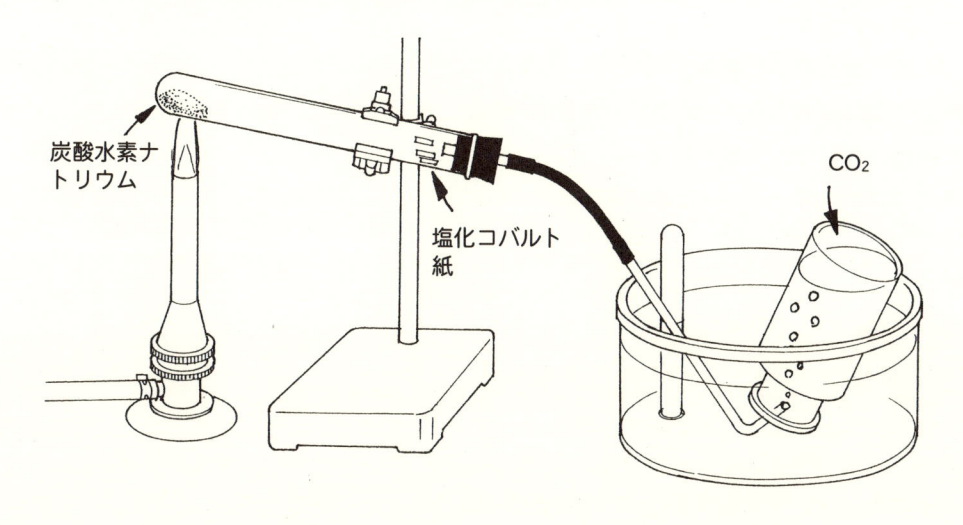

⑤ 気体の発生が止んだら、試験管の中に水が逆流しないように、ガラス管の先を水槽の水から取り出す。そのあとバーナーの炎をはずして、加熱をやめる。
⑥ 発生した気体を調べる。
→石灰水を試験管に入れてみる。
→ろうそくに火をつけて、集気瓶に入れてみる。マッチに火をつけて、集気瓶に入れてもよい。
⑦ 試験管の管口付近に液体が付着していれば調べてみる。塩化コバルト紙を使って色の変化を見る。
⑧ 加熱した試験管の質量を再度量る。
⑨ 試験管が冷えたら、試験管に残っている物質を取り出して、残りの2本の試験管にほぼ同量の加熱前の物質（炭酸水素ナトリウム）を入れる。
→試験管に5mℓ程度の水を入れてよく振る。溶解度を見る。
→フェノールフタレインでアルカリ性かを調べる。

＜操作などの注意＞
① 加熱する試験管は、乾いているものを用意する。
② 加熱する試験管は、少し管口を下げて支持する。発生した水が加熱部に戻ることを防ぐ。
③ 試験管内の炭酸水素ナトリウムにむらなく炎があたるようにする。場合によってはバーナーの炎を少し移動させる。

＜結果＞
① 発生した気体によって次のことが確認される。
・石灰水が白濁する。
・集気瓶に入れた炎が消える。
② 加熱した試験管の管口の液体は、
・塩化コバルト紙が赤くなる。
・試験管の管口に水滴がたまる。
③ 試験管内の炭酸水素ナトリウムは、加熱後に白い粉となって残る。残った物質は炭酸ナトリウムである。
・炭酸水素ナトリウム　→あまり水に溶けない。
・薄い赤色　　　　　　→弱アルカリ性である。
・炭酸ナトリウム　　　→水によく溶ける。
・濃い赤色で強い　　　→アルカリ性を示す。
④ 試験管は加熱後に質量が小さくなっている。

＜考察＞
① 炭酸水素ナトリウムが分解すると水と二酸化炭素になる。

② 残った粉末の固体は炭酸ナトリウムであった。
③ よって、炭酸水素ナトリウム→炭酸ナトリウム＋二酸化炭素＋水。

おすすめ実験 7-1-3　電気エネルギーで分解！

> エネルギーで物質を壊してみよう－③－電気エネルギーで水を分解する

　水の電気分解は、分解した物質がきれいに分かれる実験であり、その分解した物質の比率まで確認できる重要な実験である。この実験をもとにどのような物質に分かれ、水がどのような成分であったかを考えることができる。

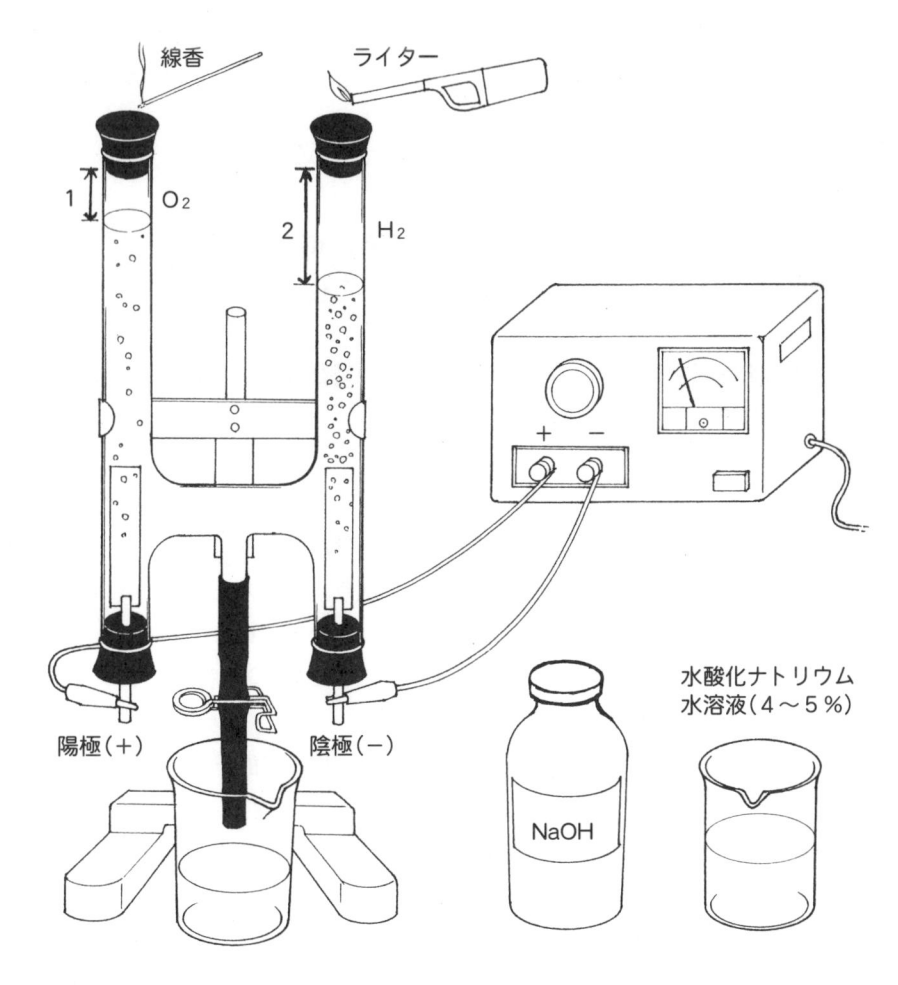

<準備>
□電気分解装置
□ビーカー
□電源装置（乾電池でもよい）
□わにぐちクリップ付き導線
□水酸化ナトリウム水溶液（4～5％）

- □コンロ用ライター
- □線香
- □ピンチコック
- □定規
- □安全めがね

<方法>
① 水酸化ナトリウム水溶液を用意する。この実験は濃度に厳密ではないので、水100mℓに水酸化ナトリウムを薬さじに軽く1杯でちょうどよい。教師があらかじめ用意しておくとよい。
② 実験装置を組み立てる。現在はさまざまな形の電気分解装置がある。電極は白金片やニッケル板電極が望ましい。
③ 電圧は直流10Vぐらい。
④ 発生した気体の体積を、定規を用いてH管の長さで測り、二つの気体の比を調べる。体積比でほぼ2：1になる。
⑤ 陽極（＋極）に集まる気体の性質を調べるときは、中の気体は酸素なので、火のついた線香を素早く入れる。少量で逃げてしまうが、あわてないで行いたい。
⑥ 陰極（－極）では水素を確認するので、コンロ用ライターの炎を使う。爆発の音は小さいので恐れず、落ち着いて行いたい。

<操作などの注意>
① 水酸化ナトリウムはタンパク質を溶かすので皮膚や衣服につけないように気をつける。ついてしまったときは、かならず流水でよく洗う。目に入ることは、もっとも危険であるから安全めがねを着用する。ゴム栓をとるときは、手を使うので必ず水酸化ナトリウム水溶液に触れることになる。手袋の着用が望ましい。またゴム栓はたいへんすべりやすい。
② 電極の条件によるが、酸素の発生が少ないときは思うような操作は可能ではない。
③ 電極の種類や状況によっては、水素と酸素の発生量が2：1にならないことがある。
④ コルク栓の方がゴム栓よりもすべらない。
⑤ 電源装置の交流・直流の切り替えを忘れないように。

<結果>
発生した気体は、体積比で「陽極（＋極）：陰極（－極）」は「2：1」になる。陽極（＋極）には酸素が集まり、陰極（－極）には水素が集まる。

<考察>
　水が分解すると、体積比で「陽極（＋極）：陰極（－極）」＝「２：１」の気体が発生する。陽極（＋極）には酸素が発生して、陰極（－極）には水素が発生する。

夜話

　物質は、分解できるものと分解できないものに分けることができる。分解できるものを化合物、分解できないものを元素という。
　たとえば、水を例に考えてみる。実験では電気を用いて水素と酸素の気体に分けることができた。電気だけではなく、熱エネルギーを必要な分与えれば電気と同じように水を分解することができる。約1500℃で水は分解し始め、水素と酸素に分かれる集団と、酸化水素と水素に分かれる集団が現れる。そして3000℃付近では完全に分解して、酸素、水素に分かれてしまう。

温度によって変わる水の分子

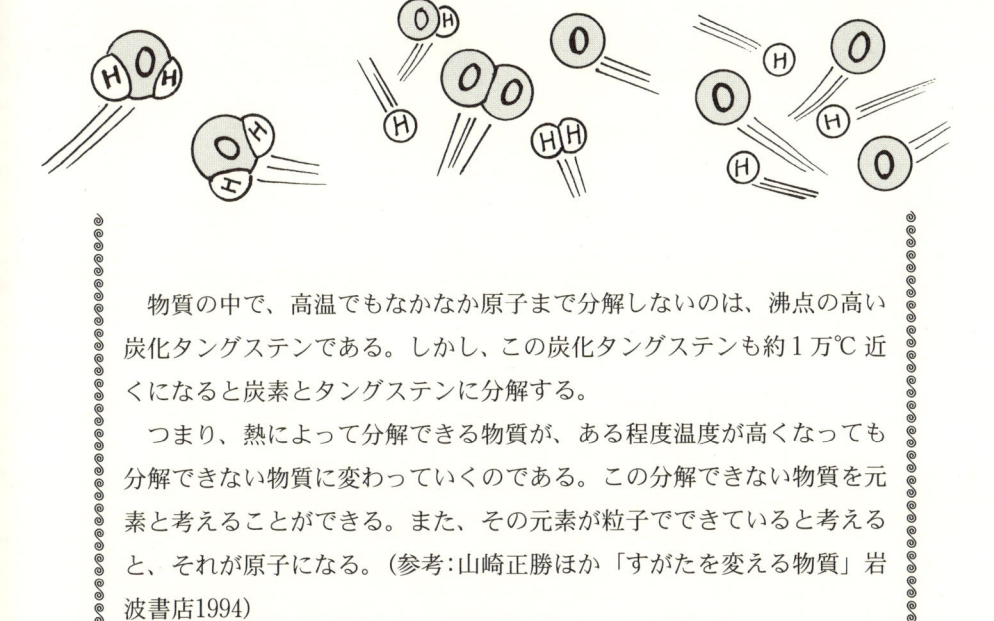

　物質の中で、高温でもなかなか原子まで分解しないのは、沸点の高い炭化タングステンである。しかし、この炭化タングステンも約１万℃近くになると炭素とタングステンに分解する。
　つまり、熱によって分解できる物質が、ある程度温度が高くなっても分解できない物質に変わっていくのである。この分解できない物質を元素と考えることができる。また、その元素が粒子でできていると考えると、それが原子になる。（参考：山崎正勝ほか「すがたを変える物質」岩波書店1994）

● おすすめ実験７-１-４　　紫外線で分解！

エネルギーで物質を壊してみよう－④－紫外線で物質を分解する（紫外線促進暴露テスト）

光のエネルギーは、光電池などで子どもにも知られている。その光を使って物質を分解できるかを子どもと考える。子どもにとっては、光でモノが壊れると聞くことだけでも相当関心が高くなる。それは映画やアニメ、ゲームを通じて、レーザーや光線銃を欲しがる子どもがいつの時代にも絶えないことからもわかる。

　光エネルギーについての素朴な概念として、子どもはエネルギーの強さを「明るい」ことと考える。波長とエネルギーの高さの関係を子どもが理解してから、と難しく考える必要はない。「紫外線が体に悪い」という社会的に話題になる知識を手がかりに、紫外線のもつエネルギーが高いことを実験を通して改めて知り、分解が起きることを観察する。

<準備>
□ブラックライト（10W）
□蛍光灯（10W）
□殺菌灯（10W）
□蛍光灯用ソケット
□遮蔽用段ボール箱
□蛍光物質が入っていない画用紙
□粘着テープ
□各種油性・水性マーカー
□各種蛍光マーカー
□はさみ
□輪ゴム

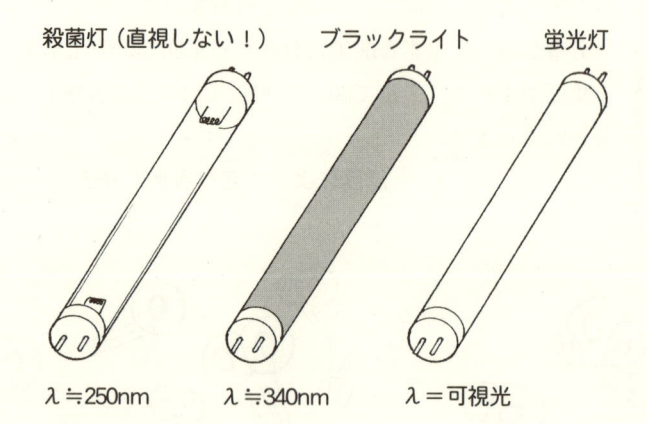

殺菌灯（直視しない！）　　ブラックライト　　蛍光灯
λ≒250nm　　　　　　λ≒340nm　　　　λ＝可視光

<方法>
① 同じ大きさの遮蔽用の段ボール箱を二つ用意して、一つの箱には殺菌灯、一つの箱にはブラックライト（または蛍光灯）を入れる。ブラックライト

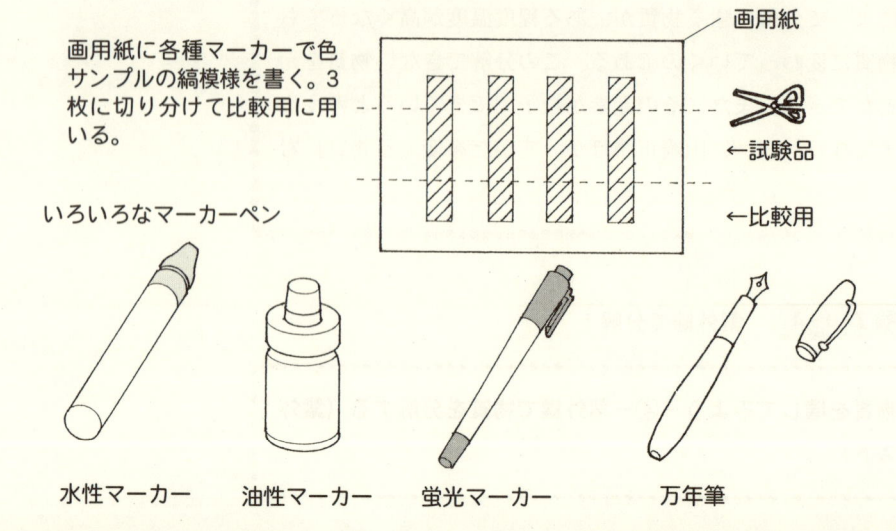

画用紙に各種マーカーで色サンプルの縞模様を書く。3枚に切り分けて比較用に用いる。

画用紙
←試験品
←比較用

いろいろなマーカーペン

水性マーカー　　油性マーカー　　蛍光マーカー　　万年筆

を使うのは比較のためである。なくても構わない（二つの光源は紫外線の波長が違う）。殺菌灯の紫外線の波長は約250nm、ブラックライトの紫外線の波長は約340nmである。

② 画用紙に各種マーカーで色サンプルの縞模様を書く。蛍光マーカーは必ず使いたい。変化がはっきりしている。その他の色は生徒が興味あるペンで書いてみる。万年筆、えんぴつ、ボールペンでも興味深い。

③ 縞模様を書いた画用紙をはさみで3枚に切り分ける。1枚は殺菌灯用、1枚はブラックライト用、1枚は比較保存用にする。

④ 段ボール箱の内側に③の画用紙を貼る。殺菌灯の光がよく当たる位置に貼る。光源からサンプル画用紙までの距離は殺菌灯、ブラックライトとも同じにする。

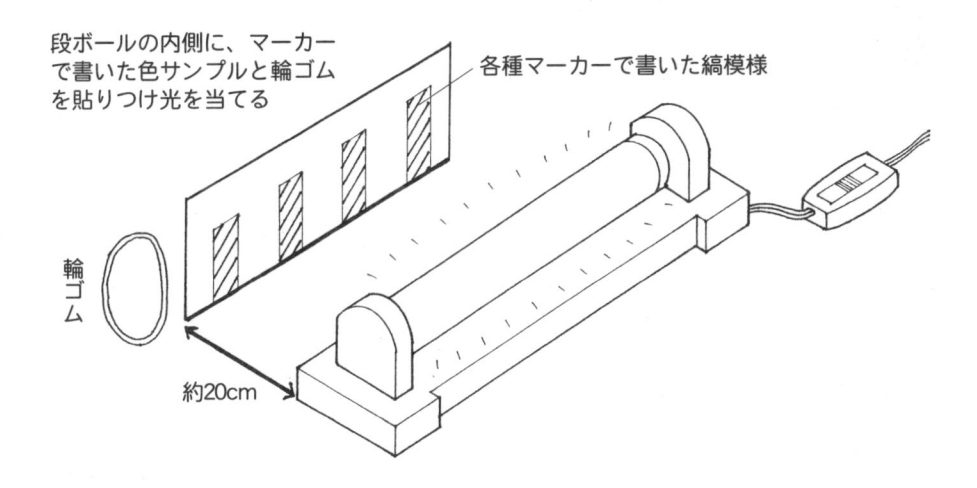

⑤ 輪ゴムを箱の内側に貼る。画用紙と同じ位置に貼る。
⑥ 段ボール箱のふたをして、電源を入れる。箱には紫外線注意の警告をする表示をする。
⑦ 1、2日の間、紫外線を照射して、マーカーの色の変化を比較して調べる。
⑧ 保存サンプルと比較して、マーカーの色素に対する紫外線の影響を調べる。
⑨ ブラックライトのサンプルと比較する。波長の違う紫外線で比べてみる。
⑩ 輪ゴムを取り出して、伸ばしてみる。ゴムの表面に変化がないかを観察する。

＜操作などの注意＞
① 殺菌灯から出る紫外線は有害（生体とりわけ目にはきわめて危険）である。直接目で見ないこと。
② 段ボール箱で遮蔽するので、蛍光灯による過熱などに注意する。必要な場合には、適切な措置を行う（アルミはくを貼る。穴を上下2か所あけて熱をにがす。黄色のフィルムで紫外線を遮蔽する）。

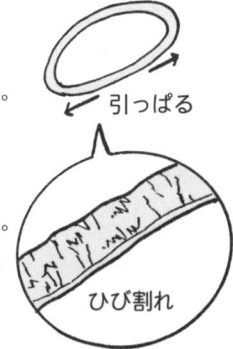

<結果>
① マーカーの色素によっては、激しく退色していることが確認できる。
② 蛍光ペンの蛍光が衰えていることもわかる。
③ 輪ゴムの表面にひびが入っている。

<考察>
① 退色によって、色素が分解されている。
② 紫外線の強い殺菌灯は多くの色素を分解した。
③ 輪ゴムの表面にひびが入っている。ゴムが分解されて劣化している。人の肌もゴムと同じようにも紫外線によって刺激をうけて日焼けや皮がむけるやけどを負うことがある。

夜話

★タイヤの劣化を防ぐ

自動車のタイヤは、屋外で使うゴムの代表的なものである。ゴムが紫外線によって劣化しないようにカーボンブラックを入れている。これによってゴムの内部で紫外線が吸収されないようにしている。

自動車用タイヤの配合比

天然ゴム	100に対して
カーボンブラック	50
老化防止剤	1.0
硫黄	2.5
その他	12

★ブラックライトを使用してポリ乳酸（PLA）の促進暴露試験から

ブラックライトは、おもに300～400nmの波長を出しています。これは95～72kcal/molに相当し、通常の有機化合物の結合解離エネルギーに相当します。輪ゴムは天然ゴム（ネオプレンゴム）ですので、C-C結合が83.1kcal/molで、またC-H結合は98.8kcal/molが結合解離エネルギーです。したがって、300nmの光を吸収すればC-Cなどの結合は切れる可能性があります。（金沢工業大学院生　城殿氏より）

8章　物質の化合

到達目標と誤認識

「化学反応が起きているのは炎が出ているときだけ。」

「鉄は燃えない。」

🌑 到達目標としての科学認識

> 限られた種類の粒子（＝原子）の組み合わせで、さまざまな性質をもった物質が生まれるが、原子の結びつき方には規則性が見いだされる。
>
> ＜具体的な目標としての科学認識＞
> 1. 粒子どうしが結びつく「化合」は、粒子がお互いに密着できる状態でエネルギーを加えることで起きる。
> 2. 化学変化が起きると、反応前の物質とは性質の異なる物質が生じる。
> 3. 物質を構成する原子の種類は非常に限られている。
> 4. 単体の物質どうしでも、反応しやすい組み合わせと反応できない組み合わせがある。

マクロの現象、ミクロの視点

　物質の化合について、学習指導要領では、「2種類の物質を化合させる実験を行い、反応前とは異なる物質が生成することを見いだすとともに、化学変化は原子や分子のモデルで説明できること…を理解すること」（内容の（4）のイの（ア））とあり、また、「各一種類の原子だけからなる2種類の物質」（＝単体からなる物質）「同士を化合させる実験を行い、…化学変化は原子、分子のモデル」（＝粒子概念）「で説明できること…を理解させることがねらい」としている（文部科学省「中学校学習指導要領解説－理科編－」）

　従来から、下記①～③のような思想を基盤に授業は展開されてきた。この

授業の展開は、基礎基本の徹底を重視し、ミクロの視点を生徒にもたせるため、化学反応式を早期に導入し実践の中で理解を深めているのが特徴である。

① マクロな事実を感覚的にしっかりとらえられる実験を示しながら、ミクロな事実（原子論）へと誘うこと、つまり、マクロな物質とその変化の中に原子・分子の振る舞いを明らかにしていくことが、中学化学教育において必要なことであろう。

② 一貫して、化学変化の事実と、その変化の担い手としての原子・分子の結合と分離、化学反応式とを結びつけるようにして授業を構成しなければならない。

③ 化学反応式も早期に導入し、たえず使わせる中で理解を深めさせていくようにする。

（参考：左巻健男「たのしくわかる中学校理科の授業」第一分野（下）p2－3. 1983 あゆみ出版、左巻健男「中学授業のネタ」第一分野化学 p102. 1996 日本書籍）

生徒の理解は教師しだい

今回の学習指導要領の改訂によって理科の授業時数が削減され、多くの単元で内容は精選されることになったが、化学変化の項目は実質的に減ってはいない。この「化合」を扱う単元では、平均配当の6時間という限られた時間数になっている。実験数については演示実験を含めて、多くても4項目ぐらいではないだろうか。材料については、「単体どうしの反応」という指導要領の条件によって、使えるのはほとんど限られた物質となり、どの教科書を見ても同じ実験が並ぶようになっている。代表的な実験は次の三つに絞られている。

1　硫黄と銅の化合→硫化銅
2　鉄と硫黄の化合→硫化鉄
3　水素と酸素の反応→水

また、粒子概念を導いたり、反応速度のちがいを知るのには、スチールウールの燃焼など、酸化の実験が必ず取り上げられたが、酸化・還元は3年に先送りになったため、その優先順位が下がってしまった扱いになっている。

化学反応はとりわけ、中学校の理科で取り上げられる実験はたいへんシンプルで、鮮やかな反応が好まれる。それゆえ、「この単元で扱う実験もまた実験そのものよりも、実験後の生徒と教師とのやりとりに妙味がある」と考えられている。（参考：盛口襄「たのしくわかる化学実験辞典」p178. 1996 東京書籍）

これは、ある見方をすると、教師の力量によって同じことを教えても生徒の認識には差が出てしまう、つまり、同じ実験をしても生徒の理解は教師しだいというようにも考えられる。理科の実験の場合には、現象は同じであったり似ていても、その原理は異なることがあるので、同じ実験をしても生徒

が誤って理解することも多分にありうるのである。

「限られた種類の原子」という自然観

　この単元では簡単な操作で必ず反応が起きて、実験がほとんど成功するような方法が選ばれている。より少なくなった授業時間では、限られた種類の実験で生徒に理解させることが優先されるべきかもしれない。しかし、多くの物質がほんの限られた種類の原子の組み合わせから生まれているという自然観を身につけることが、この粒子概念を学ぶ意義と考えることもできる。その意味で、これからは、化合が起きるかどうかを生徒が探究的に実験する時間を設け、生徒が主体的に実験の条件も考えるようにしたいところである。

　実験を行う前には、生徒はどの物質が反応するかわからないから、選んだ物質が反応し、化合がうまくいくかわからない。いくつかの実験条件の中で、化合という化学反応が起きる場合と、起きない場合があることを認識し、その理由を考えていく過程で、マクロから原子へのイメージをつくっていき、生徒たちは自らミクロの世界へ考えを馳せるようになる。そこで教師も生徒の考えを深めるために、適切な支援をすることを大切にしたい。特に実験方法が適切であるか、操作が安全であるかといった注意を払うことが大切になっていく。

　さて、実験の条件として用いる物質は単体とするので、あまりに多くの物質を扱わずに済む。周期律表から、手に入りやすい物質を選ぶことも、実験を始める前の学習として考えてみると重要に思える。ここで酸素を取り扱うかどうかだが、酸化という概念は、還元とセットで扱うことで深められるゆえ、この単元では酸化を広い意味で化合ととらえ、化学反応の実験に使える単体の一つに入れることにする。

● 「化学変化」に関する生徒の認識の現状

(1)「粒子どうしが結びつくには、お互いに密着できる状態が大切である」に対し、
・炎であぶってみたら小麦粉は焦げることはあるかもしれないが、鉄は燃えない。
・化学反応が起きているのは炎が出ているときだけだ。
・化学反応は火で熱して起きる。
・水溶液を混ぜたとき、沈殿が起こってもその反応は化学変化じゃないよ。
・ものが燃えるには、必ず酸素が必要だから、酸素がないと反応は起きない。
・化学反応が起きると煙が出たり、においがする。

(2)「物質を構成する原子の種類は非常に限られている」に対し、
・こんなにたくさんの種類の原子があるの。知らない物ばかりだ（なじみがない）。

- カルシウムは骨をつくっている物質でしょ。だから白くて粉みたいな物質じゃない。
- 「〜素」とか「〜ウム」という字のついている名前の物質が多いね。
- 臭素なんてホントに臭そう。
- 金、銀、銅ってちゃんとオリンピックの順番に並んでいる。

(3)「化学変化が起きると、反応前の物質とは性質の異なる物質が生じる」に対し、
- 化合物と混合物とのちがいを言えといわれても、困るよ。どちらも似たような感じ。
- はんだを作るときは、確か熱して溶かして混ぜているけど、反応しないのかな。
- 鉄はさびても、磁石がつくときがあるかもしれない。だって、切符やカセットのテープは金属じゃないけど、磁石の力をもっているでしょ。でも、あれはプラスチックかな。

(4)「物質には反応しやすい物質の組み合わせと反応できない物質の組み合わせがある」に対し、
- 物質の種類があまりにも多すぎて、物質のどれとどれが反応するかはわからない。
- 周期律表には100あまりの物質の名前が書かれていて、どんな原子の組み合わせもできるのじゃないかな。だからこんなにいろいろな物質があるんだ。

以上を踏まえ、生徒の誤認識が科学的な認識に変わるようなおすすめ実験を以下に紹介し、到達目標に向けての授業を提案したい。

8-1 物質が化合するイメージをつくる

到達目標に向けての授業の提案

　物質が化合するには、エネルギーが必要である。そのエネルギーは何に使われるのだろう。本書では「分解」の単元を、磁石を破壊し、物質には構造があることから考え始めた。生徒には、化合は分解の逆のイメージとして考えるように提案し、実験を通してイメージをつくっていきたい。すでに原子・分子の粒子モデルが導入されているので、「よく接触させる」「粒子をつなげる」というイメージづくりを大事にしたい。

　まず、単体どうしの化学反応を一つ二つ生徒実験で行う。原子が接触するミクロのイメージを大事にしたいので、置いたりこすったりするだけで反応が起きることを試してみる。接触していない場所には化合物ができていないことも強調しておきたい。

　また、特に混合物と化合物のちがいがなかなか見分けられない生徒が多い。反応の前後で物質の性質が変わることを示す方法も、いくつか示すとよい。

● おすすめ実験 8-1-1　こすりつけたら化合した！

硫黄と銅板をこすり合わせる（生徒実験）

＜準備＞
- 光沢のある銅板Cu
- 硫黄末S
- 薬さじ

＜方法＞
　耳かきいっぱいの硫黄を銅板の上にまいて、薬さじまたは指でこすりつける。時間としては数分で結果が出る。または、銅板上に放置していても、反応はゆっくり起きる。一日おいておくとよい。

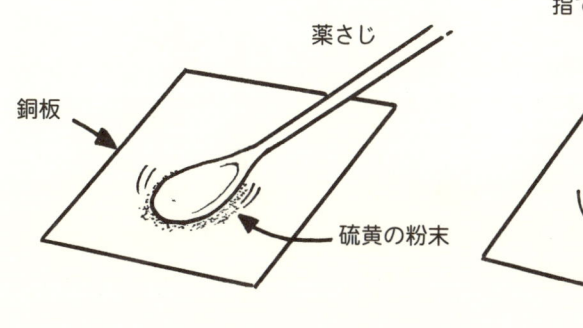

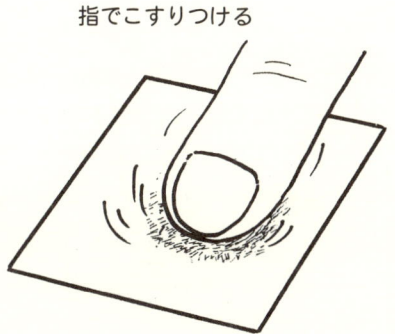

<結果>
銅板の表面から金属光沢がなくなり、鈍い灰色に変わっていく。

<考察>
できた化合物をミクロの粒子で考えてみよう。
　　$Cu + S \rightarrow CuS$
　　$2Cu + S \rightarrow Cu_2S$
反応後の生成物は金属光沢がなくなることが、観察によって簡単にわかる。
また、テスターを用意しておいて、電気の導通のようすを確かめてみるのもよい。

おすすめ実験 8-1-2　団子にしたら化合した！

鉄粉と硫黄を水で団子にして、発熱させる（生徒実験）

<準備>
☐還元鉄粉 Fe
☐硫黄末 S
☐薬さじ
☐ガラス棒
☐純水
☐フィルムケース
☐温度計

<方法>
① 各自のフィルムケースに鉄粉と硫黄を薬さじ1杯ずつ入れる。
② 水を少々、洗びんから入れ、ガラス棒でかき混ぜる。
③ よくなじんだら、まとめてかたまりにする。
④ 反応が起きて暖かくなる。温度計を入れておくと、温度が上がるようすが観察できる。

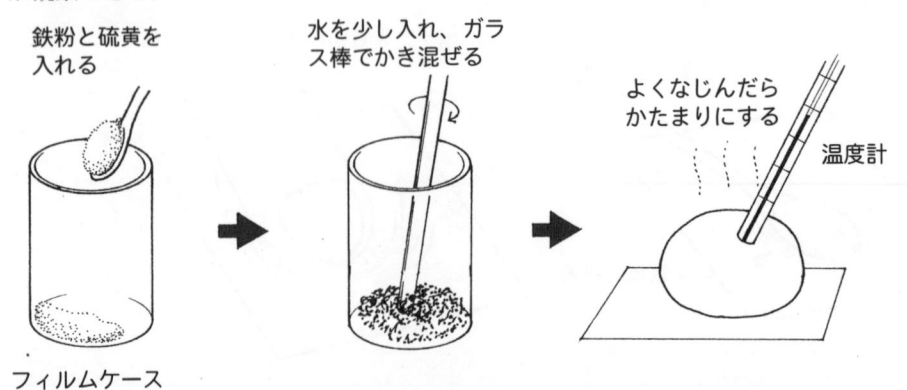

鉄粉と硫黄を入れる　→　水を少し入れ、ガラス棒でかき混ぜる　→　よくなじんだらかたまりにする　温度計

フィルムケース

おすすめ実験 8-1-3　これはくさいぞ！アンモニア

塩化アンモニウムと水酸化カルシウムをこすりつぶす（生徒実験）

　二つの薬品はアンモニアの発生に使う物質で、通常は混合物を試験管内で加熱することでアンモニアを発生させ、上方置換で集めている。1年生で行うおなじみの実験を、改めて乳鉢でこすってみると見事にアンモニアのにおいがするようになる。

<準備>
- 塩化アンモニウムNH_4Cl（1g）
- 水酸化カルシウム$Ca(OH)_2$（1g）
- 乳鉢
- 乳棒
- 安全めがね

<方法>
　乳鉢の中で塩化アンモニウムと水酸化カルシウムを混ぜて、乳棒でこする。すると、乳鉢からアンモニアのにおいがでてくる。

<操作の注意>
　刺激臭がするので、微量の薬品を用意する。

<結果>
　乳鉢からアンモニアNH_3のにおいがする。

<考察>
　物質が強く接触することで反応が起きる。

$$2NH_4Cl + Ca(OH)_2 \rightarrow CaCl_2 + 2H_2O + 2NH_3$$

おすすめ実験 8-1-4　カウントダウンで盛り上がる！

小麦粉の粉塵爆発

　物質が燃えることと空気がかかわっていることは、最近の子どもはあまり知らない。マンション住まいでは電熱ヒーターや電磁調理器を使っている。また、ガスも自動的に点火し、空気の調整がついていないコンロが多かったり、お風呂も沸かすときにスイッチしか押さなくなった。

　空気が反応にどのようにかかわっているかに焦点を絞るために事前の実験をしたい。粉塵爆発をする前に、小麦粉をステンレス皿に小さく山盛りにして、ハンドバーナーで上から強熱してみる。このとき生徒にこの小麦粉はどうなるかを考えさせる。「燃える、焦げる」などと思う生徒が多いが、わからないと答えるケースも目立つ。炎の温度が1,500℃ぐらいだと言いながら、実際にあぶりはじめる。

　表面は炎によって焦げるが数分焼いて黒くなったところで、ガスを止めて小麦粉をかき混ぜると、中から白い粉が出てくる。全く焼けていない。さてこれから、粉塵爆発の実験に取りかかりたい。

＜準備＞
□小麦粉
□ろうと
□ゴムホース（2m）
□ゴミ収集用透明ビニール袋
□コンロ用ライター
□針金
□脱脂綿
□エタノール
□鉄製実験スタンド（3台）
□安全めがね

＜方法＞
① スタンドを三角形の位置関係になるように置く。ちょうどゴミ収集用透明ビニール袋がすっぽり入るぐらいがよい。
② 鉄製実験スタンドに針金を巻いて次図のようにくくりつけ、脱脂綿を取り付ける。ろうとにゴムホースをとりつけて、脱脂綿の真下にろうとを固定する。
③ ろうとに小麦粉を入れる。エタノールを浸した脱脂綿に火をつけて、ゴ

ミ収集用袋を鉄製実験スタンドにすっぽりかぶせる。ここで何をするのか生徒は聞いてくることが多い。「何のために袋をかぶせるの」
④　このときカウントダウンをするとなぜか盛り上がる。いよいよ爆発となる。ゴムホースの一方の端から強く息を吹き込み、勢いよく小麦粉をまき散らす。
⑤　炎が上がり、袋が炎と一緒に上昇していく。

＜結果＞
　小麦粉が空気に触れやすい状態であったか、固まりになっていて空気に触れにくい状態であったことに注目して考えるようにしたい。

小麦粉の粉塵爆発

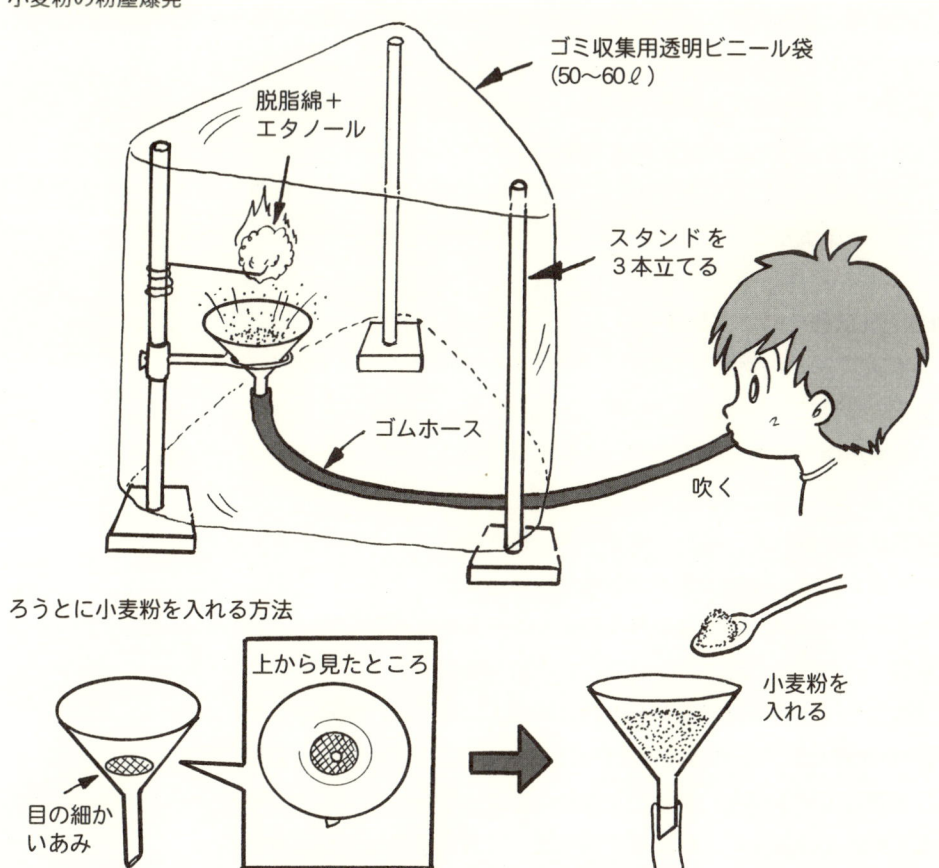

（図：ゴミ収集用透明ビニール袋（50～60ℓ）、脱脂綿＋エタノール、スタンドを3本立てる、ゴムホース、吹く）

ろうとに小麦粉を入れる方法

（図：目の細かいあみ、上から見たところ、小麦粉を入れる）

おすすめ実験 8-1-5　探究実験　化合するかしないか？

> 物質と物質を混ぜて加熱してみる。化合する物質の組み合わせ、化合しない物質の組み合わせを調べる。

(1) 周期律表の物質（単体）の中で、身の回りで手に入るものを考える。

＜考えられる物質＞

金属（粉体、箔）…銀、銅、亜鉛、鉛、錫、アルミニウム、鉄、マグネシウム、（金）

気体　　　　　　…酸素、窒素、ヘリウム、（塩素）、（水素）

非金属　　　　　…炭素、硫黄、赤リン、（ヨウ素）

　単体を選ぶときに、生徒の中には突拍子もない単体を取り上げる者もいるが、実際に生活の中で手に入るか考えさせると、現実的な実験に絞られていく。亜鉛、鉛、錫などの金属は、生活の中でよく使われているが、目立たないのであまり知られていない。実験であまり使われないことも関係している。

　改めて、ここで身の回りにある単体がどれくらいあるか気がついてくれれば、物質観がここで深まることになる。

(2) 実験計画と実験条件のコントロール

① 実験の基本は、2種類の物質を微量混ぜ合わせて、試験管などで加熱し、物質の変化を観察してみようというものである。生徒にとっては未知の反応もあり、危険が伴う場合もあるので、指導する教師は十分な注意を払い、実験条件をコントロールする必要がある。

② 簡単な実験計画を書いて、教師が確認する。特に材料はなるべく少量で行うように注意したい。最初は耳かき1杯くらいから試してみる。

③ 反応のエネルギーは熱によるものが予想される。実験に応じてステンレス皿、試験管、るつぼ、丸底フラスコなどの中で加熱するようにする。

④ 水素や塩素など、爆発の可能性がある物質や有害な物質は、危険が予想され、取り扱いが難しい。これらの物質や実験については、1年において生徒もすでに学習しているので、無理にしないことが予想される。生徒が適当な実験書を見るようにして、計画書を書いたら、安全についても記載があるか教師が適切な方法を確認する。この単元では実験が複雑になるので、気体の採取が必要な実験は生徒にはなるべく行わせない方がよい。

⑤ 反応させる物質の組み合わせについて、ガイドラインを設けてもよい。生徒の意欲によってレベルを変えてもよい。

(3) 実験

① これらの実験は、反応するようすを観察できるようにするのがねらいの一つなので、生徒は実験に使う材料について先生にいろいろ相談しながら

行うのがよい。
② 酸素の遮断が難しいので、教師の予想に反して酸素で燃えてしまう物質も出てくる。反応後の物質を教師が確認し、改めて酸素と化合させる確認実験を行えれば、比較ができる。
③ 中には溶液で実験しようとする生徒もいるかもしれない。これらの単体は水になかなか溶けないことに気がつく。

硫黄の燃焼は、亜硫酸ガスが出るので、換気には気をつける。生徒は、どんな物質が反応するか知らないので、実験を始める前は興味津々である。

(4) 結果

非金属どうし、気体どうしは反応することがある。金属どうしでは反応しない。亜鉛と錫のように低温でとける金属は、はんだのように合金になる場合がある。金属と非金属・気体とは反応する場合がある。最後に各グループから結果について報告してもらう。

9章 化学変化と物質の質量

到達目標と誤認識

「燃えるとみんな軽くなる。」

🔴 到達目標としての科学認識

> 1. 反応前と反応後で質量は保存される。
> 2. 原子と原子の結びつき方には、一定の規則性が成り立ち、化学反応によってできる物質が予測可能である。

　化学変化と物質の質量について、学習指導要領では、「化学変化に関係する物質の質量を測定する実験を行い、反応の前後では物質の質量の総和が等しいこと及び反応する物質の質量の間には一定の関係があることを見いだすこと」とある（内容の（4）のイの（イ））。

　ここでは、開放系、閉鎖系、分解の実験を通して、化学変化にともなう質量変化について規則性を見いだし、その規則性が原子論を支持するものであることを理解させ、物質を構成している単位は原子、分子であるというミクロな見方や考え方を養いたい。

🔴 「化学変化と物質の質量」に関する生徒の認識の現状

（1）「反応前と反応後で質量は保存される」に対し、
- 閉め切った容器の中で実験しても、中の物質が逃げたり入れ替わることがないから、質量が変わるわけがないよ。
- 油が燃えたときみたいに燃料が減ったときは、二酸化炭素が逃げてしまって、質量がどうなるか量ることができない。質量が変わるかどうかわからない。

（2）「原子と原子の結びつき方には、一定の規則性が成り立ち、化学反応によってできる物質が予測可能である」に対し、
- 一つの原子にいくつ原子がつくか決まっているのかな。ある物質が多く

含まれていると、化合するときも多く反応して、たくさんつくんじゃないかな。
・いろいろな物質があって、化合するとき、ある物質では2個つくし、あるときは1個しかつかないときもある。いろいろあって覚えきれない
・どうして、二つ付いたり、一つだったりするのか理由がわからないよね。ただ、試験に出るから覚えている感じ。
・気体の2体積の水素と1体積の酸素が反応すると、2体積の水ができると本に書いてあるけれど、水は水蒸気から液体になってしまうから、どうやって比べるのかな。

●「質量保存の法則」に関するおすすめ実験
子どもは「保存するのが当たり前」と思っている

　物質が原子・分子でできているという考え方は、化学反応の前後で質量が常に保存されている事実があったから支持された。そのため、質量保存の法則の実験は、原子・分子論を確認するための大切な実験である。これまでもこの実験は開放形、閉鎖形、分解の3つの実験例が示されていることが多い。しかしながら、細かい点で考えてみようと思う。

閉鎖系の実験

　子どもが「燃えると重さが減る」と考えがちなのは、開放系において二酸化炭素が、気がつかないうちに逃げてしまうからである。閉鎖系の実験ではもともと、逃げる気体を閉じ込めて、全体の質量を一度に量っている。それでは子どもは「保存するのが当たり前」と思ってしまい、関心が高くならないことが多い。そこでまず、使った気体や発生した気体の関係がどれほどか、量的な感覚をつかんでもらうため、化学変化が簡潔で、なじみのある木炭の燃焼を閉鎖系で行うことを提案したい。
　この閉鎖形の実験は、完全に密閉した容器ではなく、別の容器に発生した気体を集めるなどして、物質が移動したことを確認して別々にして質量が減った容器と増えた容器で比較して、それでもちゃんと質量は保存していたとする。これは操作や計算が必要であるが、すでに習った知識を使うなどの利点もあり、結果がうまくみると子どもには納得しやすく、関心も高くなるようである。

開放系の実験

　開放形の実験は水溶液を使い、沈殿を伴うことが多いのだが、生徒が化学反応であると考えているかが怪しい感じをもっている。化学反応と考えていない誤った認識を持った生徒が少なからずいるのに驚く。なぜか水溶液の混合による化学変化で物質の色が変わることが、それまでの実験方法からかけ離れている感じを受けるようである。印象に残る実験や実験らしい実験と化

学反応となると、加熱をともなう実験を中心に行うことが多い。反応することは加熱したり燃焼したりすると思いがちのようである。どちらかといえば燃焼することや加熱することで反応が起きる実験が分かり易いようである。考え過ぎかもしれないが、まず燃焼、加熱をともなう鮮やかな実験からはじめて、水溶液など開放形の実験にうつり、化学変化と質量保存則の両方の認識とを徐々に広げてくのがよいように思えるのである。

ラボアジェに学ぶ

さて、質量保存則を発見（1774）したのはラボアジェ（1743-1794）である。彼はひとつの化学反応に関係する物質の質量を反応の前後で量った初めての人だった。それ以前は目に見えない空気が反応に関わることを無視していた。発見の鍵となったことが二つある。気体をはかるために特別注文して精密な天秤を用いたこと。そして燃料となる物質のまわりの空気を物質として影響を無視せず、金属（水銀）と空気を密閉したガラス容器の中で加熱したことである。水銀を用いてることは酸素の化合、分解が比較的容易に行えたので、酸素を扱う実験では最適であった。授業では水銀の扱いが難しいので、木炭をつかうことで、質量保存則の発見の経過をたどってもらいたい。

以上を踏まえ、生徒の誤認識が科学的な認識に変わるようなおすすめ実験を以下に紹介し、到達目標に向けての授業を提案したい。

9-1 質量保存の法則

到達目標に向けての授業の提案

有機物が燃えると二酸化炭素が発生することは、小学校から習っている。二酸化炭素は、子どもたちにとっても環境問題などを通して、なじみの多い物質である。さて、この質量保存の法則でつまずきやすい理由は、紙や灯油などが燃焼すると軽くなったり、ろうそくが減ることから、「燃えると物質は軽くなる」という生活の経験による誤認識ができやすいからである。

できることなら、出てきた二酸化炭素を逃がさずに捕らえて、燃焼の前後で全体の質量が変わらないことを直接確かめてみたいものである。

● おすすめ実験9-1-1　暗室で見るときれい！踊る木炭の燃焼

> 木炭を酸素中で燃焼させ、質量保存の法則を確認する。

＜準備＞
- 木炭（デッサン用や備長炭などがある）
- 電子天秤
- 教材用酸素ボンベ
- 丸底フラスコ（500mℓ）
- ゴム栓
- ゴム風船
- 駒込ピペット（5mℓ。破損品を使う。割れた先を炎で丸める。）
- ガスバーナー
- マッチ

＜方法＞
① 木炭0.2gをフラスコに入れる。
② ゴム栓に駒込ピペットが通るくらいの孔をあけて、駒込ピペットの先の細い方がフラスコ内に入るように、差し込む。ゴム風船を駒込ピペットのふくらんだ部分にうまくはまるようにして、取り付ける。
③ フラスコの奥に酸素を送り込む。直接スプレーからフラスコに入れてもいいが、ついつい酸素のスプレーだと多めに入れてしまうので、次のようにするとよい。

　酸素ボンベから、いったんビニール袋に酸素を集める。ビニール袋の口にストローをつけ、ストローの先をフラスコの一番下まで入れて、500mℓの酸素をためる。ビニール袋の大きさを調整していけば、無駄なく酸素が入れられるようになる。

　火のついた線香をフラスコの口に近づけ、種火が炎に変わることで、酸素がフラスコの口に出てくるまでにたまったかを、確認できたらなおよい。

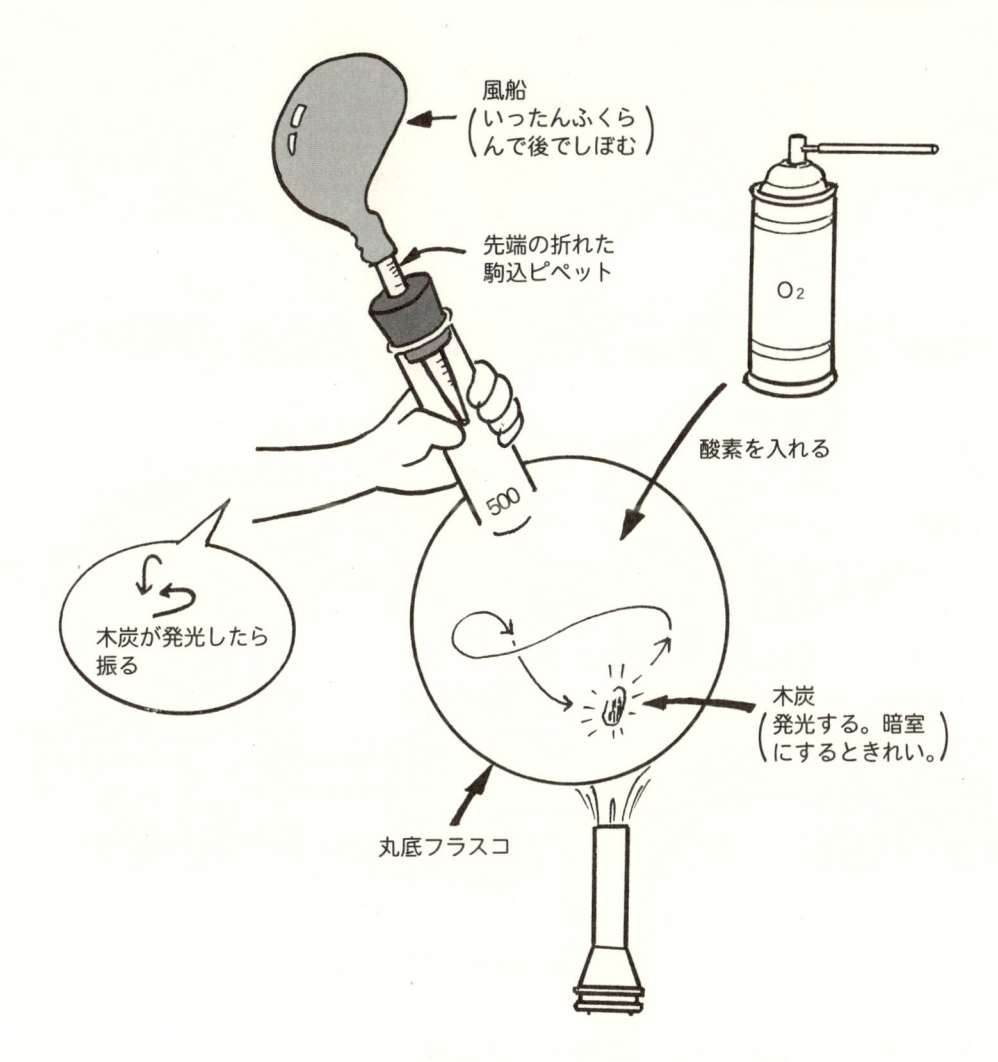

④ ガスバーナーの炎をつかって、フラスコをまんべんなく暖めてから、木炭の部分を強熱する。フラスコを少し斜めに持つと、手がバーナーの炎で熱くなるのを避けられる。ほどなく発火し始めるが、炎はあがらない。
⑤ 木炭が発火したら、フラスコをバーナーから離して、バーナーの炎を止める。フラスコを少し回して中の酸素とよく反応させる。少し室内を暗くするとよく見える。
⑥ 風船は、熱によって気体が膨張するためある程度ふくらむが、木炭が燃え尽きてからしばらくして温度が下がるとしぼみ、元の状態に戻る。体積に大きな変化がなかったことを確認する。質量を量り、変化がないことを確かめる。
⑦ 酸素が二酸化炭素に変化したことを、石灰水を用いて確かめる。
⑧ 時間があれば、木炭を0.3gほどに増やして、同じ実験を行うのもよい。燃え残りができるようすも確かめることができる。

<解説>
　木炭を丸底フラスコの中（閉鎖系）で燃やすこの実験は、単体を用いるため反応がわかりやすいことが特徴である。また、発生した二酸化炭素の気体の体積が、使った酸素の体積とほぼ同じことも確認できたり、簡単な定比例の実験にも使えて、内容のある実験だと思っている。

　空気ではなくて単体の酸素と炭素で燃焼させる実験なので、実験に用いる木炭（炭素）や酸素の量については、500mℓの酸素（１モル＝24リットル、20℃）が完全に反応する純粋な炭素と考えると0.25ｇの木炭でちょうど、割合がよいことになる。そしてフラスコの酸素がすべて反応できるものではないので、未反応があることを考えて約0.2gの木炭を燃やすとだいたい燃え残りを出さずに二酸化炭素を作ることができる。

　木炭が燃焼し、全体が加熱されているので、フラスコ中の気体は多少膨張しているが、冷めてくると実験後の二酸化炭素の体積は、実験前の酸素の体積とほぼ同じぐらいになる。生徒の考えとしては、固体が反応して生まれた気体の体積は使った酸素の体積より増えるようなイメージがあるようである。

　燃え残りを少し出すような（木炭が多めの）実験を行い、酸素がなくなるとろうそくが消えるという、集気瓶で行う実験と比べると、なお結果が明確になる。炭素だけの燃焼では水の発生がないことも比べられる。木炭が燃える量には規則性があるという定比例の法則を簡単な形で導き出すことも可能である。（参考：左巻健男「たのしくわかる化学実験辞典」東京書籍p173-174）

おすすめ実験9-1-2　ペットボトルでできる質量保存則の確認！

> 気体を発生させ、質量の変化を量り、質量保存の法則を確認する。

　過酸化水素水と二酸化マンガンを用いて酸素を発生させる反応を質量保存の法則の理解に適応させる。酸素を発生させて、水上置換して集めた酸素の体積と密度から酸素の質量を計算で求める。発生装置が軽くなった質量と発生した質量が一致することを確かめ、質量保存の法則を導き出す。

<準備>
☐過酸化水素水（6％、5倍に希釈）
☐二酸化マンガン（粒状）
☐電子天秤（上皿天秤）
☐"気体発生用"炭酸飲料ペットボトル
☐水槽
☐三角フラスコ（100mℓ）
☐"気体補集用"炭酸飲料ペットボトルまたはメスシリンダー（500mℓ）
☐ゴム栓

□ガラス管
□ゴム管
□安全めがね

<方法>
① 6％過酸化水素水と二酸化マンガンを用意し、酸素を発生させる装置全体の質量は実験の前後でどうなるかを話し合う。生徒は、状態変化の学習を通して、気体にも質量があることに気づき、開放系では実験後に軽くなると考えるだろう。電子天秤にのせた気体発生用ペットボトルに過酸化水素水を入れ、実際に発生させてみる。このとき、空気より軽い水素が発生する実験の場合ではどうなるか、さらにたずねて、実験してみるとなおよい。

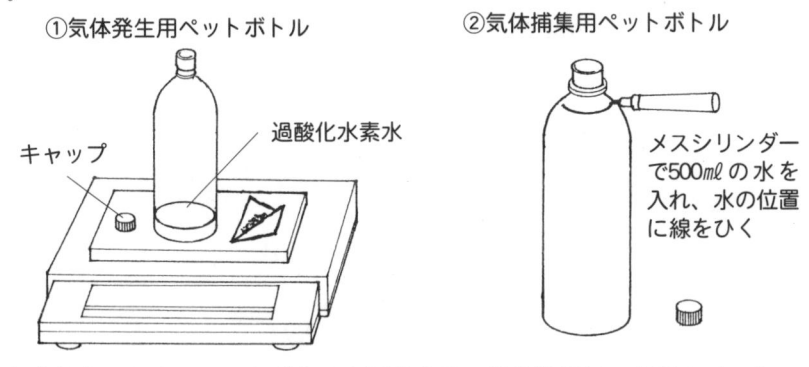

②気体捕集のためのペットボトルを用意する。炭酸飲料用の小型のペットボトルは、ほぼ満杯でちょうど500mLであるが、念のためメスシリンダーを使って500mLの水をペットボトルに入れ、マーカーで線を引いておく。これならば、ガラス製のメスシリンダーを使わずに、取り扱いも楽で、簡単に気体を捕集できる。もちろんメスシリンダーで捕集してもかまわない。

③ 6％過酸化水素水を25mLほど気体発生用ペットボトルに入れる。二酸化マンガンはできれば粒にしたものを用意し、一緒に質量を量る。念のためペットボトルのキャップも準備し、一緒に量る。

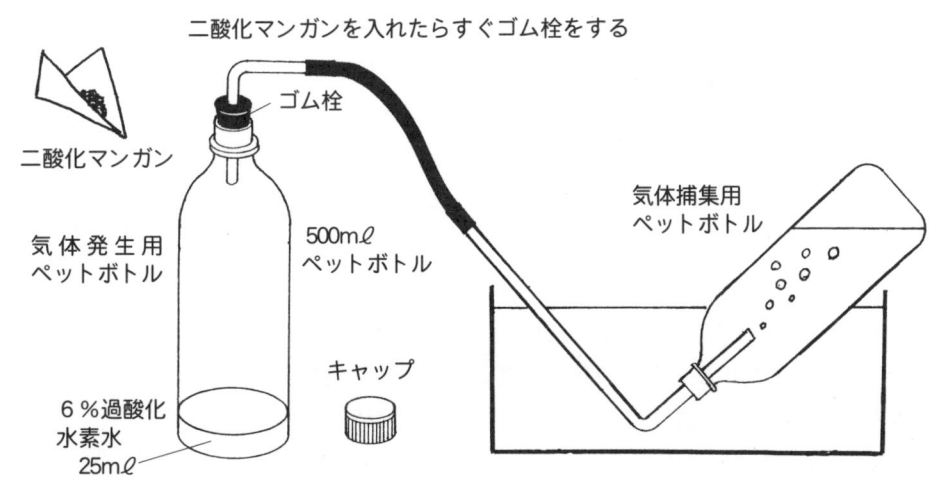

④　二酸化マンガンを③のペットボトルに入れ、すぐにガラス管付きのゴム栓をする。ペットボトルのキャップは横に用意しておく。すぐに水槽で酸素を水上置換する。発生する酸素は500mℓの気体捕集用ペットボトル1本までであるが、どうしても多めの過酸化水素水を入れてしまったり、濃度が濃かったり、薄かったりするので過剰に発生してしまうグループもある。そのときは発生装置のゴム栓をとり、すぐにペットボトルのキャップをして酸素が逃げるのを抑えながら、電子天秤で質量をはかる。電子天秤で計測したいが、上皿天秤でも十分対応できる。

　　キャップをすることで、過酸化水素水の量や濃度にあまり神経質にならずにすみ、失敗が軽減されるのがこの実験のポイントである。生徒は、気体が逃げたことを気にしないですみ、実験結果に対してずいぶん信頼をもつことができる。質量を量ったあとはすぐにキャップをはずす。

⑤　実験のまとめをする。すでに習った酸素の密度と体積から質量を求めてみる。反応後の酸素発生装置は約0.65g軽くなる。

<解説>
　気体の発生を利用した実験ならば、酸素に限らず実験が可能である。その中で、酸素は密度が比較的大きく、水に対する溶解度が小さいので扱いが楽である。

　金属と塩酸とで水素を発生させる方法も簡単だが、水素では密度が小さく大量の気体を集めなくては質量を量れないことや、反応では熱が発生するためポリ容器は使えない。また、大量の水素を発生させる実験では爆発の可能性があるなど安全面でも配慮がいる。さらに水素は、空気より密度が小さいために、生徒が予測する結果に迷いが生まれやすい（そのため、より深く学びたいグループには適しているともいえる）。あるいは、ビニール袋に捕集して質量を量る方法もあるが、浮力の問題を解決しなければならないなど、結果の処理が複雑になる。

　気体発生器として用いるペットボトルはちょうど500mℓ分に作られており、耐圧も5～6気圧程度までは十分に耐える。誤って、ペットボトルを最初から密閉しても2気圧程度で気体の発生はとどまるので、操作する上で圧力のことは心配いらない。この実験は操作が簡単であるが精度が高く、質量が保存されていることを生徒は納得しやすい。また、すでに習った知識を用いて質量を求められることや、質量を物質として反応容器から分離して集めて量るので、求めるものが比較的明確であることから、生徒の物質観と理解が深められる優れた方法だと思う。

（参考：下野洋編「中学校理科指導事典第一分野」東京法令出版 1992 p303-304、杉原和男「たのしくわかる化学実験辞典」東京書籍 1996 p223-224、丸石照機「原典から学ぶ科学の本質　見えずとも見えてきた」新生出版 1989 p67-73、竹内敬人「なぜ原子はつながるのか」岩波書店 1999 p7-9）

9-2 定比例の法則

到達目標に向けての授業の提案

クラス全体で楽しむ実験

さて、授業においては原子論が確立されているとして進めている。それが成り立つ前提であった定比例の法則は必要不可欠である。

この単元（化学変化と物質の質量）をすべて終えた後で評価をすると、子どもの粒子概念には、分子を構成する原子が多すぎたり少なすぎたり、化学式と一致しなかったり、化学反応式と図で表現した粒子の数が一致しないなどの課題が残っていることがよくある。つまり、粒子概念を図で書いたときには、粒子がくっつくようすをイメージしているのみで、化学式を拠り所にしていない。また、化学式で考えているときは、算数の足し算、引き算と同じように左辺、右辺が計算上合えばいいというように取り組んでいると考えられる。

定比例の法則では、まず金属が酸化する反応として酸化銅、酸化マグネシウムの実験を終えて、時間に余裕があるようなら、爆鳴器を使った水素と酸素の爆発実験を行いたい。

この授業より前に生徒が、スチールウールが燃焼して質量が大きくなることを経験していれば、すぐに実験にかかってもいい。金属の質量と酸化物の質量が比例の関係になるかに焦点をあてて、予想などをしてみたい。

しかし、生徒がスチールウールの燃焼を経験していない場合は、実験の前に、金属を燃やすと質量はどうなるかを考えて予想しておくようにしたい。燃焼すると質量が小さくなると考えている場合があるからである。

水素と酸素の反応の場合は、水素と酸素が2：1で燃焼することが既知のものとして扱い、理想の条件では水素、酸素とも残ることなく、完全燃焼するかを試す実験をクラス全体で楽しむことができる。また、爆発が怖いと思っている生徒には小さな爆発を体験できるいい機会である。

● おすすめ実験9-2-1　金属の酸化と質量変化！

> **＜金属の燃焼実験＞**　マグネシウム粉末と銅粉末を使って、酸化して質量が増えていく割合を調べる

この実験はここで紹介するまでもなく、一般に行われている実験である。

＜準備＞
- 金属粉末（銅、マグネシウム）
- ガスバーナー
- 三脚
- 三角架
- ステンレス皿（2皿）

- □るつぼばさみ
- □耐熱レンガ（または実験スタンド）
- □電子てんびん
- □薬さじ
- □かき混ぜようステンレスさじ
- □薬包紙
- □電卓
- □点火用ハンドバーナー
- □グラフ用紙
- □安全めがね

＜方法＞
① 銅粉もマグネシウム粉末も同じ操作なので、ステンレス皿を二つ用意して、それぞれの物質ごとに担当の班を決める。
② 銅粉の場合、用意する量を0.8gと1.6gの2種類とする。または、1.2gと2.4gでもよい。マグネシウム粉末の場合は0.6gと1.2g、または0.9gと1.8gの組み合わせなどが考えられる。
③ ステンレス皿の上に試料を薄く広げて、電子てんびんで質量を量り、記録する。ステンレス皿はなるべく新しいものがいい。前回の実験の試料が残っているときは、よく洗い強熱して未反応物を取り除いておく。
④ まず、一皿を強熱する。燃えだしたら、ステンレスさじでかき混ぜてよく反応を促す。酸化銅（II）は金属光沢がなくなり黒くなる。酸化マグネシウムは白い粉に変わっていく。十分燃えたらバーナーを避けて、ステンレス皿を三脚からるつぼばさみではさんで降ろし、耐熱レンガあるいは実験スタンドの上で冷やす。
⑤ 二つ目のステンレス皿に別の試料を用意し、同じ操作をする。一つの試料を冷やす時間のうちにもう一つの試料を実験することができる。
⑥ 冷えたら電子てんびんの上で質量を量り、変化を記録する。
⑦ 二つの試料を3～4回繰り返し強熱し、燃えきるまで行う。静かにかき混ぜて、燃焼を穏やかに進め、試料が飛び散らないように気をつけたい。
⑧ 燃焼したあとの皿はたいへん熱いので、臆病になりへっぴり腰で皿を操作している生徒がよく見受けられる。それを見ているのがまた楽しいのではあるが、事故を防ぎたいので筆者は生徒を座らせずに立たせて実験を行っている。

＜解説＞
まず注目したいのは、金属を燃やすと酸素が化合した分だけ質量が大きくなること。生徒には自分たちの班が燃やした試料の質量が比例して増えていることをグラフ用紙に整理させる。

また、長時間燃焼しても、酸化物の質量は増えなくなることもポイントである。これによって反応する金属と酸素は化合するが、その割合は無限ではなく、ある割合があることがわかる。

そして、各班で結果を出し合い、異なった質量を燃やしてみても比例の関係が成り立っていることがわかってくることがねらいである。

理想的には下のようになる。

　　　酸化銅（Ⅱ）では　　　　　　CuO/Cu=1.25
　　　酸化マグネシウムでは　　　　MgO/Mg=1.66

二つの試料は、ちょうど2倍の質量で用意しておけば、一つのグループの実験で比例するようすを結果から求めることができる。意欲的なグループはそのほかの質量でも試してみる。

金属の種類	金属（Cu、Mg）の質量（g）	反応による質量の比	金属酸化物（CuO、MgO）の質量（g）
銅　Cu	0.8	1.25	1.0
	1.6		2.0
	1.2		1.5
	2.4		3.0
マグネシウム Mg	0.6	1.66	1.0
	1.2		2.0
	0.9		1.5
	1.8		3.0

● **おすすめ実験9-2-2**　　かさ袋で簡単に気体を配合！

━━━━━━━━━━━━━━━━━━━━━━━━━━━━━
＜水素の爆鳴器の実験＞　ユージオメーターを使って、水素と酸素の反応する割合を観察する。
━━━━━━━━━━━━━━━━━━━━━━━━━━━━━

＜準備＞
□細長いポリ袋（かさ袋）
□プラスチック管
□ゴム管
□ピンチコック
□実験用酸素
□実験用水素（水の電気分解、希塩酸に金属を入れるなどして捕集してもいい）
□透明なビニールチューブ
□圧電素子（使い切ったコンロ用ライターを利用）
□自動車用スパークプラグ（中古品で十分）

□実験スタンド
□水槽
□マーカー

<方法>
① 水素と酸素をポリ袋に入れて、所定の割合の混合気体を作る。

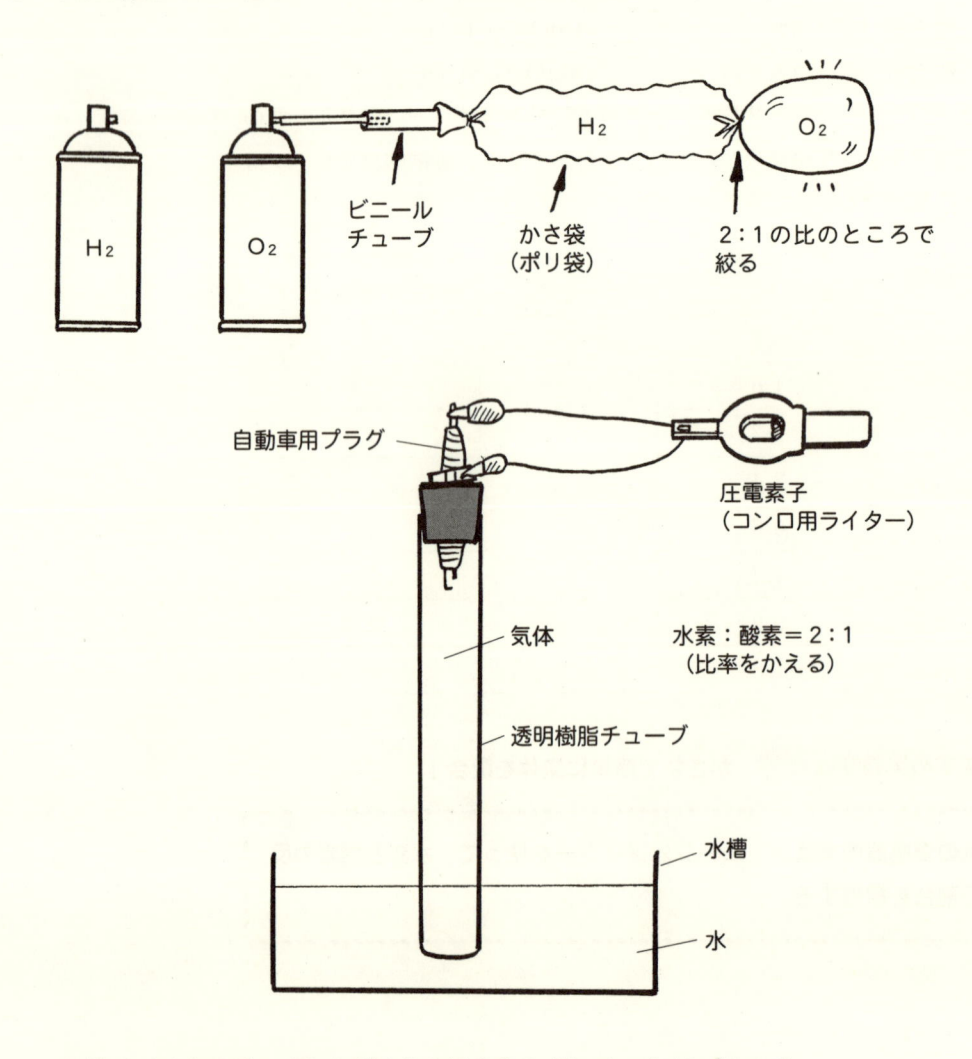

まず、よく空気を追い出したポリ袋を用意する。開いた口にはプラスチック管とゴム管で気体を注入する口を作っておく。所定の比率の水素と酸素の混合気体を作るため、ポリ袋の長さを利用する。たとえば、水素2：1酸素の場合は袋を三つ折りにして、マーカーでその位置に印を付けておく。まず3分の2まで水素を入れ、そこで軽く袋を折り曲げて、後から入る酸素と混ざらないようにしておく。そして、残りの部分に酸素を入れる。

② ユージオメーターに水素・酸素の混合気体を水上置換によって入れる。透明のビニールチューブの上端にはゴム栓と自動車用スパークプラグをつけておく。チューブに水を上いっぱいまで入れて、スタンドで支えながら、

混合気体と水上置換する。
③ 圧電素子をクリップでつないで、着火させる。爆発音は大きくないので、不安に思っていた生徒は拍子抜けする。これは水に自動車マフラーのような効果があって、爆発がうち消されるような音がするからである。
④ 水素と酸素の混合比を変えて何回か実験を行い、それぞれ、水がユージオメーターのどこまで上がったかを観察する。理想の比率の場合、二つの気体がよく混合されていれば、ほぼ満杯の上端まで水が到達する。
⑤ 2リットルのペットボトルを半分に切り、ふたには直径1ミリほどの穴を開ける。ふたの穴を指でふさぎながら、純粋な水素をペットボトルの下から上方置換して、ふたの穴からライターで点火する。大きな音がするが、簡単で安全な爆鳴器ができる。時間に余裕があれば試してみてはいかがだろうか。

＜解説＞「無限には反応しない」という量の限界がある
　おすすめ実験9-2-1（金属の酸化の実験）では、化合によって質量が増えるグラフから、質量比や原子の数などを表す数値を割り出すことになる。この実験では、結果をまとめるため数値を出す段階で、生徒は無理に理論的な化学式の比率に合わせるような操作を行うことがあるから、教師もどう対応するか悩むところである。ここはデータを大事にする習慣を身につけたいので、時間をかけて生徒と話し合うようにしている。反応する物質の質量によって、無限には反応しないという量の限界があったり、反応する物質の質量にある程度関係性があると見いだすことに重点をおいたらどうだろうか。
　おすすめ実験9-2-2（水素と酸素によるユージオメーターの実験）では、水素と酸素の、気体の体積で2:1のときが未反応を残さないという結果を導くことにより、水や気体の分子の構造に着眼できるようにしたい。なお、ここで分子論まで深入りすると、体積の比率についてはアボガドロ数を扱わなければならなくなる。生徒の実態に応じてではあるが、ある決まった量の体積になるぐらいなら、生徒たちもわかっているようである。
（参考：武田、長倉監修「新訂　図解実験観察大辞典　化学」東京書籍）

夜話

　定比例の法則は、18世紀末からフランス人のプルースト（Proust, Joseph Louis 1754～1826）が金属の酸化物を使って議論の中心となった。2種類の元素から一つの化合物が生まれたとき、「その化合物に含まれる元素の質量の比はどのような方法を用いても一定になる」という考えは、その当時同じフランスのベルトレ（Berthollet, Claude Louis 1748～1822）と大変な議論になった。ベルトレは「二つの物質のうち、ひとつが豊富な量のある環境では、化合したときには反応する割合も物質の豊富な方が多くなる」と考えた。たとえば、酸化銅を作る実験で、同じ質量の銅を燃焼させたときでも、純粋な酸素中と空気中では、純粋な酸素の環境の方が反応した酸素の質量が多いと考えた。

　ドルトン（Dalton, John 1766～1844，イギリス）以来の原子論が広く普及している現在では、一定の割合で化合することは当たり前であり、なぜこのようなことが、法則になるほどのことだろうかとさえ考えてしまう。しかし、原子論が登場するのは19世紀になってからなのである。それまでは、ある決まった質量の粒子どうしが結びつくイメージはなかった。また、そのころは元素を分析する技術が未熟なため、その物質が元素であるのかないのかはっきりしなかったり、物質の正確な質量数などが揃っていなかったため、結果について疑わしいことがあった。そのため、議論が実証的になるのは、元素の分析が正確になり、スウェーデンのベルセーリウス（Berzelius, Jons Jakob 1779～1848）やドイツのリービッヒ（Liebig, Justus von 1803～1873）が登場する19世紀まで待たねばならない。

10章 運動とエネルギー

到達目標と誤認識

（エネルギーは消費するものだと思うけど…保存される？）

（がけの上にただあるだけなのに、エネルギーがあるなんて考えられないよ…）

🔵 到達目標としての科学認識

> **物体が、他の物体を動かすことのできる状態にあるときエネルギーをもつ。**
>
> ＜具体的な到達目標としての科学認識＞
> 1. エネルギーは、他の物体に作用して動かしたりすることができる（エネルギーの定義）。
> 2. エネルギーにはいろいろなエネルギーがある（エネルギーの多様性）。
> 3. エネルギーはいろいろなエネルギーに移り変わることができる（エネルギーの変換性）。
> 4. エネルギーの総量は保存される（エネルギーの保存性）。
> 5. 日常生活では、いろいろなエネルギーを利用している（資源としてのエネルギー）。
>
> ＊5については第15章と重複する。

◆この到達目標について

① 中学生にとって、エネルギーの概念を獲得することは大変難しいことである。エネルギーについて正式に学習を始めるのは、中学校3年の後半になってからで、「他の物体に対して仕事ができる状態にあるとき、その物体

はエネルギーをもっている」として、エネルギーの概念の導入をはかっている。ところが、エネルギーについて正式に学習を始める前に生徒は、日常生活で「エネルギー」という言葉を頻繁に使用しており、それが物を動かす作業と何らかの関係があることを感じとっている。生徒は、それまでもっていたエネルギーに対するイメージと、理科で学習するエネルギーの概念を、別のものと考えてしまう傾向がある。

② 新学習指導要領では、エネルギーに関する学習内容は大きく変わった。従来、エネルギーは「力・速さ・運動・仕事・エネルギー」という物理学の系統的な流れで学習し、エネルギーは「仕事のできる能力」で定義されていた。今回の指導要領の改訂で、「仕事」が削除され、仕事によってエネルギーを定義することはできない。そこで、エネルギーは「他の物体を動かすことのできる状態にあるときエネルギーをもつ」といういい方の説明しかできなくなる。

③ 外国では、エネルギーの学習を、力学的なエネルギーから導入をはかるのではなく、熱とか電気など、身近なエネルギーのイメージから展開されている例も見られる。力学的なエネルギーから始めるか、身近なエネルギーから学習を始めるかは議論・意見の分かれるところだ。

以上の①②③をふまえて、本プログラムでは、身近なエネルギーのイメージを大切にしながら、今回の指導要領の改訂に沿った、力学的エネルギーから始まるエネルギーの学習を考えてみた。

● エネルギーに関する生徒の認識・誤認識の現状

エネルギー学習の問題点「生徒の誤認識とその背景」

- 生徒は、中学校理科でエネルギーを学習する以前から、日常生活の中から「エネルギーは物を動かす作業と何らかの関係がある」と感じとっている。たとえば、生徒に「エネルギーという言葉を初めて聞いたのはどんな時か？」とたずねたら、小学生の時に見たＴＶアニメの「波動エネルギー」と答えた。
- 生徒は、理科で学習する「仕事のできる能力」としてのエネルギーと、日常生活の中で感じ取っているエネルギーとは、別のものとして考えている。
- 電気・光・熱はエネルギーとしてイメージしやすく、位置、運動などの力学的なエネルギーはイメージしにくい側面をもっている。
- 位置エネルギーをイメージすることは大変難しいが、運動エネルギーは衝撃によるエネルギーとしてイメージしやすい。
- 水力発電は、位置エネルギーが運動エネルギーから電気エネルギーに変換されることについてイメージしやすく理解しやすい。
- 力学的なエネルギーの保存について、教科書ではジェットコースターを例にして説明がされているが、実体験がないとイメージしにくい。
- 資源や環境・エネルギーの問題などは、社会とのかかわりの中で学習する

ことが重要である。しかし、従来理科の授業で行われていたエネルギーの学習は、中学3年生の最後のところで慌ただしく、また適切な実験も少なく、十分には行われていなかったというのが実際である。

そこで、本章では、ジェットコースターモデルを中心として、力学的エネルギーを楽しく理解し、エネルギーの変換についての科学認識を獲得させる授業を提案したい。

10-1 ジェットコースターモデルを作ってみよう！

到達目標に向けての授業の提案

〜力学的エネルギーを楽しく理解する〜

● 到達目標としての科学認識

1. エネルギーは、他の物体に作用して動かしたりすることができる。
2. 高いところにある物体は、エネルギーをもっている。
3. 運動している物体は、エネルギーをもっている。
4. エネルギーにはいろいろな姿があり、それらが互いに移り変わる。

生徒への説明　「ジェットコースターは位置エネルギーと運動エネルギーの移り変わり」

* 遊園地のジェットコースターは、ものすごい速さで急降下や急上昇や一回転をくり返して動く。ジェットコースターに乗ってみたり、よく観察してみると、ゴンドラが低い位置にあるときは速く、高い位置にあるときは遅いことに気づく。ジェットコースターのゴンドラにはモーターもエンジンも取り付けられていない。また、ブレーキのような速さを調節する装置もない。それでは、ジェットコースターの速さはなぜ変化するのだろうか。

* ジェットコースターは、初めに高い所まで引き上げられた時、位置エネルギーをもっている。これがレールを下り始めると、高さが低くなることで位置エネルギーが小さくなっていく。しかし、高さが低くなるにつれてしだいに速くなってくるので、運動エネルギーは大きくなる。このようにジェットコースターの位置エネルギーが運動エネルギーに移り変わったと考えられる。つまり、ジェットコースターは、エネルギーの移り変わりで走っていることになる。

そこで、ジェットコースターモデルを作って、力学的なエネルギーの実験をやってみよう。

ねらい

① 位置エネルギーは物体の質量と基準面の高さに関係することを説明できる。
② 運動エネルギーは物体の質量や速さと関係することを説明できる。
③ 位置エネルギーと運動エネルギーとは相互に移り変わることを説明できる。

10章 運動とエネルギー

これでいいのか？エネルギーの定義

理科でいう「エネルギー」とは、「他の物体を動かすことのできる能力」のことです。物体に力を加えて、ある距離だけ動かすことができる能力のことをいいます。エネルギーの単位はJ（ジュール）が使われ、1Jはおよそ102gの物体を地球の重力に逆らって1m持ち上げる能力のことです。高い所にある物体は、物体が落下することで他の物体を動かすことができます。これが位置エネルギーです。また、運動している物体は、衝突して他の物体を動かすことができます。これが運動エネルギーです。

● おすすめ実験10-1-1　遊ぼう！ジェットコースターモデル

ジェットコースターモデルを作って遊んでみよう

電気の配線カバーを用いてジェットコースターのレールを作る。このレールを自由につないでコースを作り、高い位置から鉄球やビー玉を走らせることにより、位置エネルギーと運動エネルギーが相互に移り変わることを理解する。

ジェットコースターモデル

<準備>
□配線用カバー（長さ100cm、幅1.2cm、高さ0.7cm）
　［マサル工業用：（商品名）テープ付きミニモール］
□ループ台用の木の板（長さ25～30cm、幅約10cm、
　高さ約2cm）
□カッター
□鉄球
□ビー玉

<作り方>
① ジェットコースターのレール
・配線用カバーのふたの部分（薄くて柔らかい方）をジェットコースターのレールとする。
・このレールの先端部分の両側に、カッターで図1のように長さ約4.5cm、幅0.1cmほどの切り込みを入れ、接続部分とする。
② ジョイント

図1

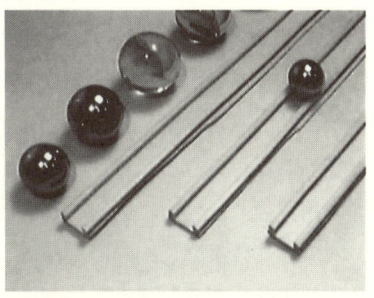

- 配線用カバーの凹の部分をカッターで8cmの長さに切り、レールとレールをつなぐジョイントとする。
- 図2のように、レールの接続部分をジョイントの中に差し込むことにより、レールを何本もつなげることができる。

③　ループ台
- 図3のように、ジョイントの裏に張ってあるテープをはがし、木の板に2個ずつ取り付ける。
- レールを曲げて、ループ台のジョイントに差し込むと一回転ループができる。

図2

図3

<実験方法>
①基本実験
「一回転ループのジェットコースターモデルを作り、ビー玉や鉄球がループに沿って一回転するための条件を探そう」
予想　ア　ある程度の高さが必要
　　　イ　ある程度の長さが必要
　　　ウ　ある程度の高さと長さが必要

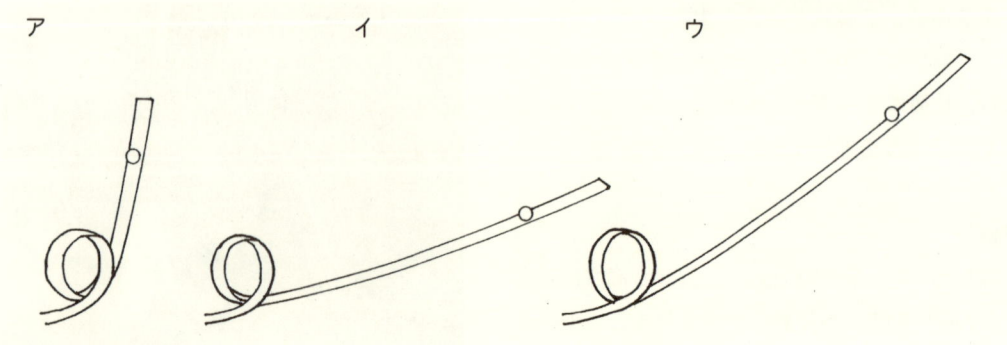

ア　　　　　　　　　イ　　　　　　　　　ウ

生徒の誤認識と解決

　この質問に対して、「ビー玉や鉄球がループを一回転するためには、速さが必要だ」という点では生徒全員が一致する。しかし、速さを得るために「ある程度の高さが必要」と答える生徒と、加速させるために「ある程度の長さ（距離）が必要」と答える生徒が出てくる。その結果、「ある程度の高さと長さが必要」という意見が主流を得る。実際、ジェットコースターモデルを使って実験を行うと、「ある高さが必要」であるという結果になる。実際にやってみると、摩擦を考えてループの高さよりわずかに高い所から鉄球やビー玉を落とせば、長さに関係なく一回転する。このような実験から位置エネルギーの学習が始まると、生徒は、エネルギーに大変興味・関心をもって意欲的に学習することができる。

②応用実験
　次の写真のように、いくつかのコースを組み合わせて、より複雑なコースを作り実験してみよう。

一回転ループのコース　　　山越えのコース 　　　Uターンコース

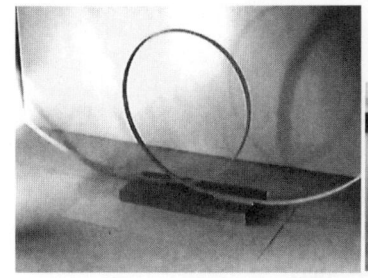

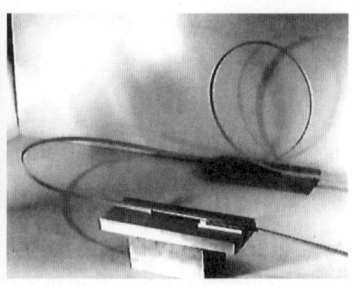

● おすすめ実験10-1-2　測ろう！ジェットコースターモデル

> ジェットコースターモデルを作って位置エネルギーと運動エネルギーの大きさを測定してみよう。

<準備>
□ジェットコースターモデル
□鉄球またはビー玉（重さのちがうもの数種類）
□ビース・ピー（速度測定器）
□スタンド
□ものさし2本
□ペン（円柱形のもの）

<方法>

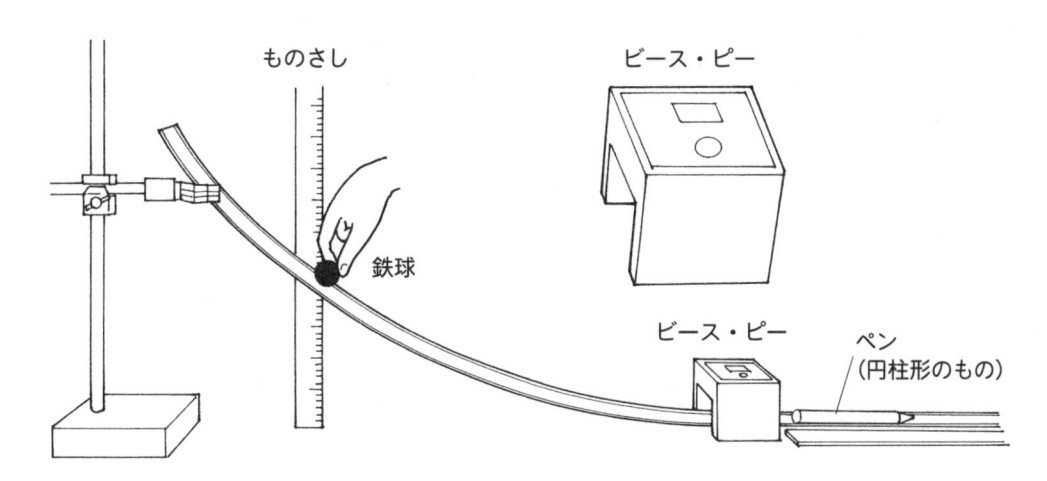

① 1種類の鉄球を、いろいろな高さから転がして、ビース・ピーで速さを測り、ペンが動く距離を測る。
② 質量の異なる球を同じ高さから転がし、ビース・ピーで速さを測り、ペンが動く距離を測る。

<結果>
- 高さ（位置エネルギー）∝ペンが動いた距離
- 速さ（運動エネルギー）∝ペンが動いた距離
- 質量（位置・運動エネルギー）∝ペンが動いた距離

おすすめ実験10-1-3　黒板に取り付けられるジェットコースターモデル！

> ジェットコースターモデルを使って力学的なエネルギーについて説明しよう（演示実験）

ジェットコースターモデルは、黒板に取り付けて説明することができる。

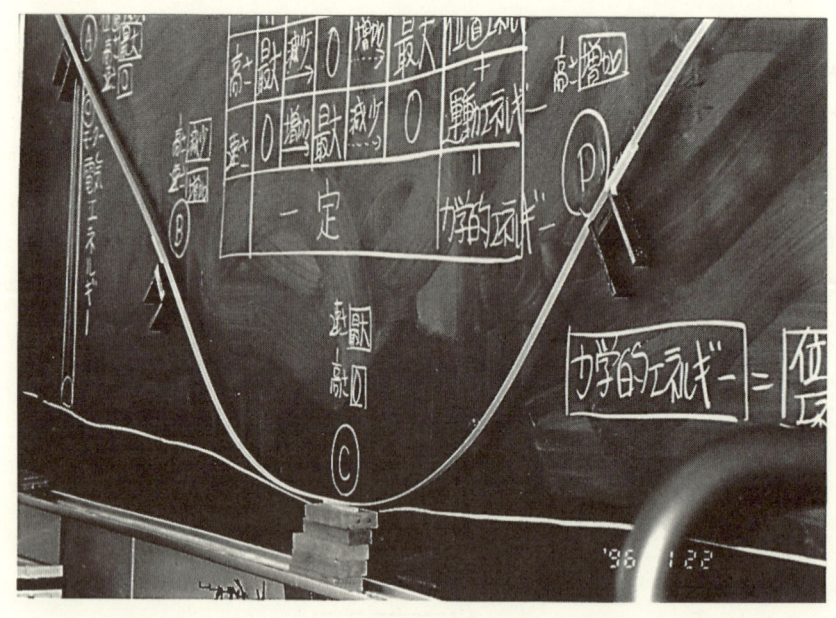

<やってみよう>　ペットボトルと力学台車を使って運動エネルギーの大きさを測定してみよう

　角型ペットボトルで力学台車を作る。この台車は、水の量によって質量が自由に変えられるようになっている。この台車を水の入った角型ペットボトルに衝突させることにより、運動エネルギーの大きさを調べることができる。
　運動エネルギーと仕事の関係を理解するために、力学台車を木片などに衝突させて、木片が止まるまでの距離から仕事の量を測定し、運動エネルギーの大きさを調べる実験がある。しかし、力学台車は高価であり、力学台車の質量が自由に変えられないため、質量と運動エネルギーの関係を調べるのは容易ではない。そこで、質量を水の量で自由に変えられる、角型ペットボトルで作る力学台車の開発を試みた。また、衝突される物体も、従来の木片やティッシュペーパーの箱や本に挟んだものさしではなく、水の入った角型ペットボトルに紙やすりをはったものを用いた。これは、衝突されたときの、運動エネルギーの大きさがペットボトルの入っている水の動きでイメージで

10章　運動とエネルギー　**143**

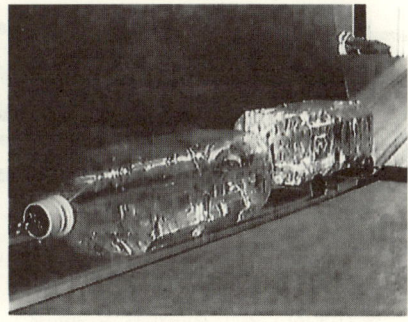

きるのではないかと考え、開発を試みたものである。

10-2 ジェットコースターと水力発電のただならぬ関係！

到達目標に向けての授業の提案

～力学的エネルギーから電気エネルギーへ～

● 到達目標としての科学認識

> 1. 水力発電は、高いところにある水が落下することで位置エネルギーが運動エネルギーに移り変わり、さらに発電機によって電気エネルギーに移り変わることにより電気をつくるしくみである。
> 2. 電気エネルギーは、熱・光・音・運動・位置・化学などのエネルギーに移り変わる。

生徒への説明　「ジェットコースターと水力発電」

* 水力発電は、高い所にある水が低い所に流れ落ちるときの、水の位置エネルギーによって電気をつくる発電方法である。水道の蛇口から出る水に水車を当てると、水車が勢いよく回転する。水力発電もこれと同じしくみで、高い所にある水が落ちてきて勢いよく水車に当たり、発電機を回転させて発電する。

* ジェットコースターは、高いところにあるゴンドラが、低い所に落ちていくとスピードがだんだん速くなっていく。これは、高い所にあったゴンドラの位置エネルギーが高さを失うことによって、運動エネルギーに移り変わるからである。つまり、水力発電も、水の位置エネルギーが運動エネルギーに移り変わり、さらに発電機を回転させて電気エネルギーに変えることによって電気をつくっているものである。

* エネルギー変換の難しいところは、日常生活でイメージとして認識されているエネルギーに力学的エネルギーをどのように結びつけるかという点である。教科書では、力学的エネルギーから電気エネルギーへの移り変わりを、水力発電の写真や絵を用いて説明している。電気は極めて日常的であり、身近なエネルギーである。また、電気エネルギーはいろいろなエネルギーに移り変わるという認識がしやすい。しかし、生徒の水力発電に対するイメージは極めてうすい。そこで、水力発電のモデルをつくって、エネルギー変換の実験をやってみよう。

10章 運動とエネルギー

おすすめ実験10-2-1　ペットボトルで水力発電！

ペットボトルで水力発電装置モデルを作ってみよう

　ペットボトルに、ゴム栓、細い金属管、ステンレスで作った羽根車、太陽電池用モーターを取り付け、水力発電装置のモデルを作ろう。水の位置エネルギーが電気エネルギーへと変換することを理解しよう。

<準備>
□角形ペットボトル
□円柱のゴム栓
□ゴム栓
□カッター
□キリ
□ステンレスの板（約2cm×3.5cm）
□金属の細い管1本（内径0.3cm、長さ12cm）できれば真鍮製がよい
□太陽電池用モーター
□ビニールの管（内径0.3cm、長さ1cm）

図1

<作り方>
① 円柱のゴム栓に、カッターで8箇所切り込みを入れる。

　8枚のステンレスの板をゴム栓にはめ込み羽根車を作り（図1）、その羽根車の中心に細い金属の管を差し込む。

② 羽根車を角形ペットボトルに取り付ける。羽根車がペットボトルからはずれないように、プーリーなどを取り付け、金属の管の一方に光電池用のモーターを差し込んで発電機とする（図2）。

ペットボトルの口から水道の水を勢いよく流すと、羽根車が回転し、約3ボルト近くの電圧が生じる。

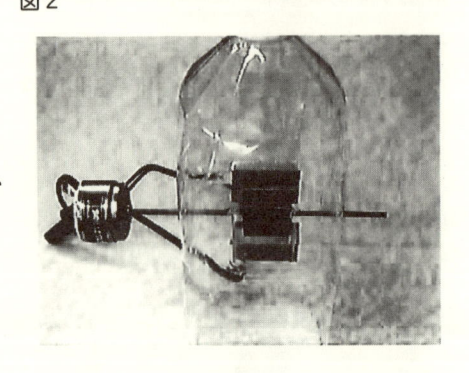

図2

③ この装置に、ペットボトルを数個重ねて、水を高いところから落下させることによって、位置エネルギーが運動エネルギーに変換し、さらに電気エネルギーへ変換することが理解できる。

ペットボトルを数個重ねたときは、ゴム栓とたこ糸を用いてスイッチとした（図3）。

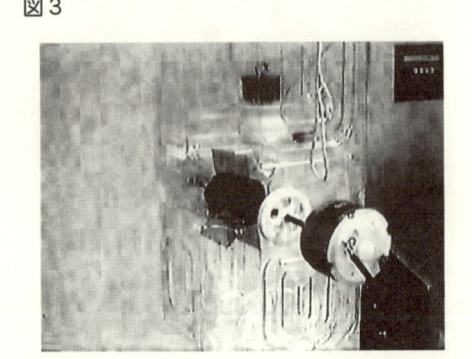

図3

＜実験方法＞
①基本実験1
・ペットボトルによる水力発電装置の羽根車の性能を確かめるため、水道の蛇口から水を勢いよく羽根車にあて、電流、電圧の大きさを調べてみよう。
・電子メロディや豆電球、モーターに接続してみよう。

②**基本実験2**
・ペットボトルを数個つなげて、高い位置から水を落下させ、水の高さや体積と電流・電圧の大きさとの関係を調べよう。

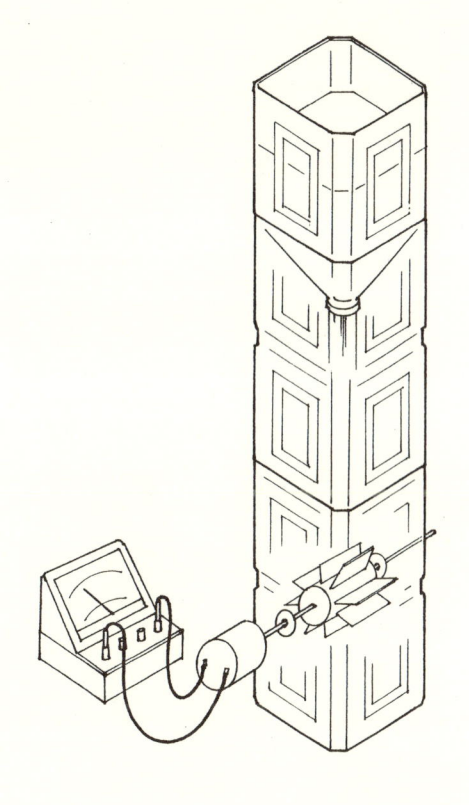

<チェック>
(1) 水力発電装置モデルを使って、高い所にあった水が落下することにより、水の位置エネルギーが運動エネルギーに移り変わり、さらに電気エネルギーに変換されることが理解できたか。
(2) 水力発電装置モデルを電子メロディや豆電球または発光ダイオード、モーターに接続したとき、得られた電気エネルギーが音エネルギー、光エネルギー、運動エネルギーに変換されることを理解できたか。
(3) ジェットコースターと水力発電の似ているところが理解できたか。

11章 エネルギーの利用

―――――― 到達目標と誤認識

● 到達目標としての科学認識

発電やいろいろなエネルギー変換を通じて、エネルギーと人間生活とのかかわりについて認識を深めるとともに、エネルギーの有効な利用が大切であることを認識させる。
＜具体的な到達目標としての科学認識＞
1．電気エネルギーを中心に、エネルギー変換について理解できる。
2．水力・火力・原子力発電の原理とその現状について認識を高める。
3．太陽光・風力・燃料電池発電の簡単なしくみを理解し、将来のエネルギー資源を有効に活用するための方法を考える。
4．日常生活と関連づけて、熱・光・音・電気・力学的・化学エネルギーなどが相互に変換され、エネルギーは保存されることを理解する。

◆この到達目標について

　私たちの身のまわりには、さまざまな電気製品があり、今や電気がなければ生活することはできない。電気は、エネルギーの一つの形であり、いろいろな姿を変えて、私たちの生活を便利で豊かなものにしている。たとえば、蛍光灯や電球は光エネルギー、電気ストーブは熱エネルギー、洗濯機や掃除機は運動エネルギー、ラジオやステレオは音エネルギーのように、電気エネ

ルギーが姿を変えて利用されている。

　それでは、電気エネルギーはどのようにつくられているのだろうか。そこで、従来の発電方法（水力・火力・原子力）や新エネルギーと呼ばれている発電方法（風力・太陽光・燃料電池）について、実際に発電モデルやエネルギー変換の装置を作って、発電のしくみやさまざまなエネルギーの移り変わりを理解してみよう。また、それらの発電方法の特徴から、限りあるエネルギー資源を有効に活用するためにはどうすればよいか、一緒に考えていこう。

● エネルギーの利用に関する生徒の認識・誤認識の現状

- 従来理科では、エネルギーの利用については教師のお話で終わってしまい、エネルギー問題を学習せずにエネルギーの学習が終了していた。
- 生徒は、エネルギーとエネルギー資源のちがいについて認識していない。ここがエネルギー消費とエネルギー保存の誤解を生む原因である。
- 電気、熱、光、音、運動、化学などのエネルギーによって、総合的な見方ができることを認識していない（教師もそれを教え切れていない）。
- 水力・火力・原子力のエネルギーの共通点は何か！　また、問題点は何か。生徒は漠然としか理解していない。
- 水力・火力・原子力・風力などの発電機による発電と太陽電池・燃料電池など直接電力を生む発電のちがいについて理解しづらい。
- 燃料電池発電って何！「将来、自動車は燃料電池発電に、といわれているが、そのしくみは僕たちにもわかるのかな！」

　以上を踏まえ、生徒の誤認識が科学的な認識に変わるようなおすすめ実験を以下に紹介し、到達目標に向けての授業を提案したい。

11-1 化石燃料vsウラン

到達目標に向けての授業の提案

～火力発電と原子力発電（熱エネルギーから電気エネルギーへ）～

● 到達目標としての科学認識

> 1．火力発電について、化石燃料を燃焼させて熱エネルギーが運動エネルギーに移り変わり、さらに発電機によって電気エネルギーに移り変わることを理解する。
> 2．原子力発電について、ウランの核分裂による熱エネルギーが水蒸気の運動エネルギーに移り変わり、さらに発電機によって電気エネルギーに移り変わることを理解する。
> （3．化石燃料とは何か！）
> （4．ウランの核分裂とは何か！）

生徒への説明

　現在、日本の電気の90％以上が火力発電と原子力発電でつくられている。これらの発電所では、化石燃料の燃焼やウランの核分裂による熱エネルギーを水蒸気の運動エネルギーに変えて、蒸気タービンを回転させることで電気エネルギーに変換している。そこで、圧力釜による火力発電装置モデルを作って、熱エネルギーが電気エネルギーに変換することを理解するとともに、火力発電と原子力発電について考えていこう。

＊火力発電のしくみ

　石油や石炭などの化石燃料を燃やして電気をつくるのが火力発電である。やかんに水を入れて沸騰させると、やかんの口から勢いよく蒸気が出てくる。火力発電はボイラーで水を沸騰させ、勢いよく出てくる蒸気でタービンを回転させ、電気をつくる。化石燃料の種類は、石油、石炭、液化天然ガス（LNG）などである。これらはエネルギー資源とも呼ばれている。

＊原子力発電のしくみ

　原子力発電は火力発電と同様に、熱エネルギーを電気エネルギーに変換して電気をつくっている。水を沸騰させ蒸気をつくり、蒸気タービンを回転させることで発電機を回転させ、電気をつくる。それでは、火力発電とどこが違うかというと、火力発電は化石燃料を燃焼させることで熱エネルギーを生み出すのに対して、原子力発電では、ウランという核分裂しやすい物質を燃料とし、核分裂する際に大量の熱エネルギーが生み出されるのである。

おすすめ実験11-1-1　圧力釜で火力発電！

圧力釜を用いて火力発電装置モデルを作ってみよう。

　ペットボトルを用いた水力発電装置のモデルと、圧力釜を用いた火力発電装置モデルを作ろう。ガスボンベで加熱された圧力釜から出る水蒸気が、羽根車にあたり、発電機が回転することで、熱エネルギーが電気エネルギーへと変換することを理解しよう。

圧力釜を用いた火力発電装置モデル

<用意するもの>
□角形ペットボトル
□円柱のゴム栓
□ゴム栓
□カッター
□キリ
□ステンレスの板（約2cm×3.5cm）
□金属の細い管1本（内径0.3cm、長さ12cm）できれば真鍮製がよい。
□太陽電池用モーター
□ビニールの管（内径0.3cm、長さ1cm）
□圧力釜（安全弁が上に向いているもの）
□ボンベ式ガスコンロ

<作り方>
① ペットボトルによる水力発電装置を作る。
② 圧力釜の安全弁からでる水蒸気が、羽根車に当たるように水力発電装置をスタンドで固定する。

11章 エネルギーの利用　153

<実験方法>
① 圧力釜に水を入れてガスボンベ式のコンロで加熱する。
② 圧力釜の圧力が充分になると安全弁が回転を始める。
③ 安全弁をはずして水蒸気を噴射させる。
④ 水蒸気がうまく羽根車に当たると、発電する。
⑤ 電流、電圧を測定したり、発光ダイオードやモーターや電子メロディーにつないでみる。

<結果>
・熱エネルギーが電気エネルギーに変換され、さらに他のエネルギーに変換することができる。
・モーターを2個取り付けてみると、約5.5ボルトの電圧が得られる。
・安全弁をはずすときには、特に注意する。

生徒のレポート

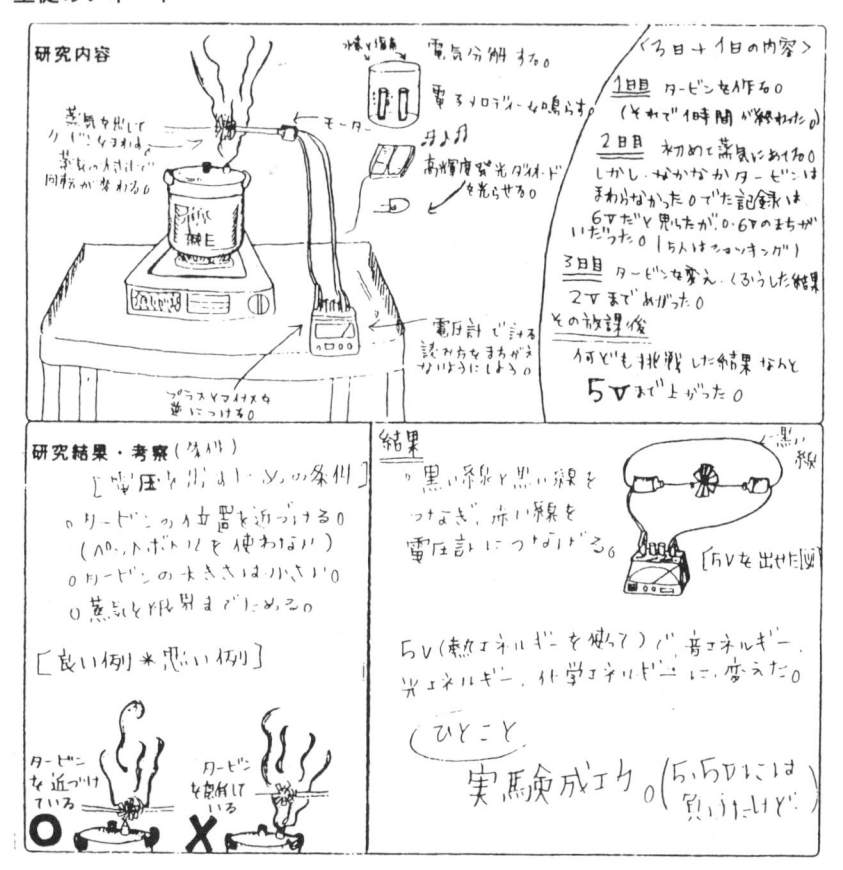

<チェック>
(1) 原子力発電は、ウランの核分裂によって発生した熱エネルギーを、電気エネルギーに変換していることを知ったか。
(2) 圧力釜を用いて火力発電装置モデルを作ることで、火力発電は、化石燃料（石油、石炭、液化天然ガスＬＮＧ）などを燃焼させることで発生した

熱エネルギーを、電気エネルギーに変換していることを理解できたか。
(3) 原子力と火力の発電の方法の違う点と似ている点が理解できたか。

＜やってみよう＞
　従来の発電方法である水力発電、火力発電、原子力発電について、それぞれの特徴や、長所や短所を調べ発表してみよう。(ワークシート→次ページ)

| ワークシート | 従来の発電方法の長所や短所を調べてまとめてみよう | 組　番 | 名前 |

ワークシート（　　）

	水力発電	火力発電	原子力発電
特　徴			
長　所 (優れている点)			
短　所 (問　題　点)			

11-2 新エネルギーは期待できるか

到達目標に向けての授業の提案

　　　風力発電　（運動エネルギーから電気エネルギーへ）
　　　太陽光発電（太陽の光エネルギーから電気エネルギーへ）
　　　燃料電池　（化学エネルギーなどから電気エネルギーへ）

● 到達目標としての科学認識

> 1．環境への負荷が少ないエネルギー資源の開発と利用が課題であることを認識させる。
> 2．太陽光、風力、燃料電池などの新エネルギーの開発の現状や将来の見通しをもつ。
> 3．風力発電は、風を利用して大きな風車を回転させ、その力で発電機を回転して電気を作ることを実験を通じて理解する。
> 4．太陽光発電は、太陽の光エネルギーから直接電気を発生させることを実験を通じて理解する。
> 5．燃料電池は、水の電気分解とは逆に、水素と酸素を化学変化させて電気を取り出すことを実験を通じて理解する。

生徒への説明

　限りある資源を大切に使い、豊かな暮らしが続けられるように、今、環境への影響が少ない新しいエネルギーの開発が進められています。そこで、風力発電装置を自作してみたり、太陽光発電、燃料電池に関する実験を通して、いろいろなエネルギーが電気エネルギーに変換することを理解するとともに、新エネルギーはどのような特徴をもっているか考えていこう。

① 風力発電：風を利用して大きな風車を回転させ、その力で発電機を回転して電気をつくります。

② 太陽光発電：半導体という物質に光が当たると電気が発生します。これを光電効果といいます。光電効果を応用したのが太陽電池です。この太陽電池を使用して、太陽の光エネルギーから直接電気を発生させるのが太陽光発電です。電卓や時計などの身近な道具や住宅の冷暖房、人工衛星などに使われ始めています。

③ 燃料電池発電：水を電気分解すると水素と酸素が発生します。これは、水を電気エネルギーによって水素と酸素に分解したことになります。燃料電池は、電気分解とは逆に、水素と酸素を化学変化させて電気エネルギーを取り出す発電方法です。初めて燃料電池が実用化されたのは、アメリカのアポロ計画での宇宙船やスペースシャトルでの電源としてです。最近で

11章 エネルギーの利用 **157**

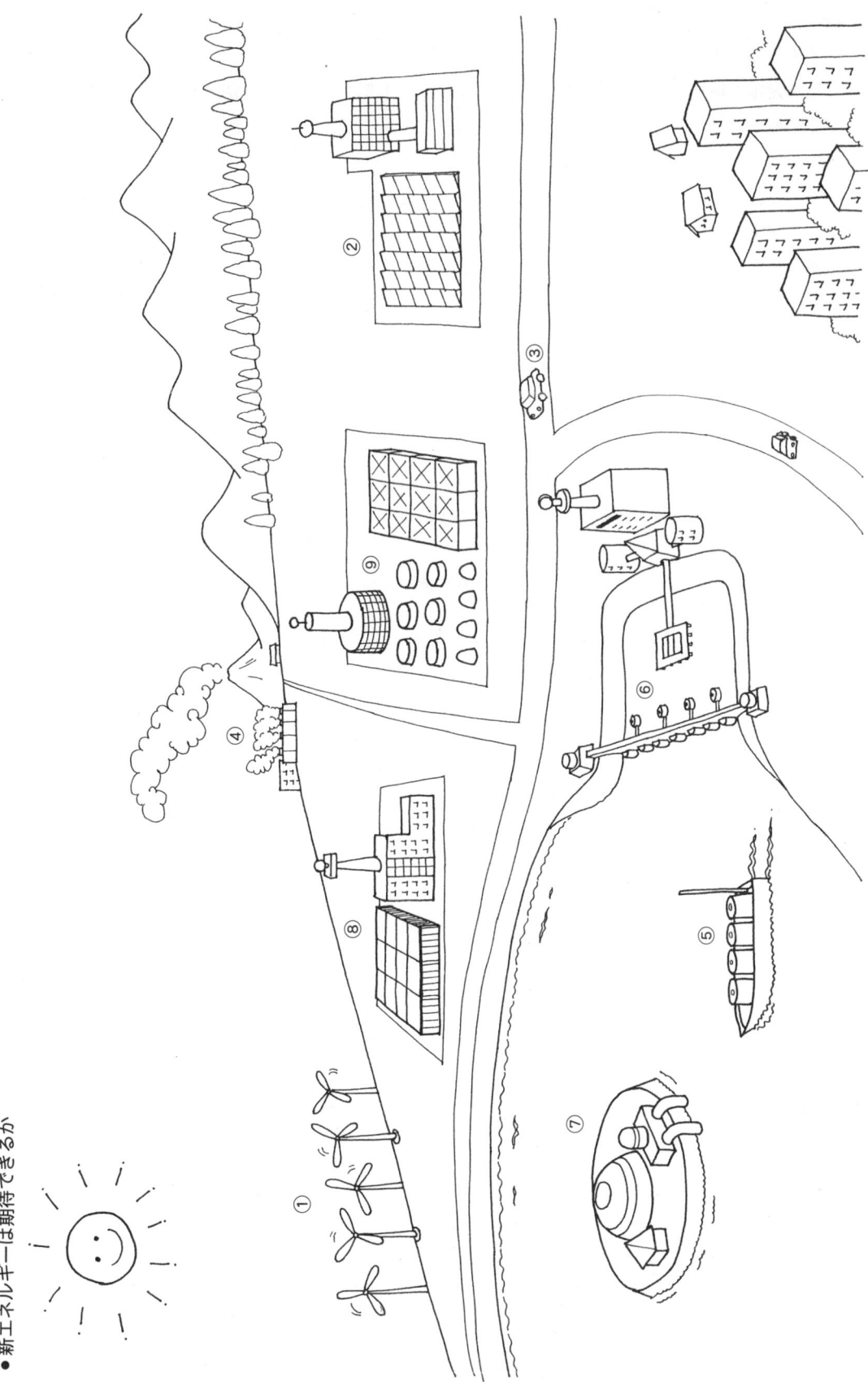

● 新エネルギーは期待できるか

は、ガソリンで走る自動車に代わって、燃料電池発電による自動車の開発が始まっています。

④　地熱発電：地熱エネルギー、つまりマグマの熱エネルギーを使った発電です。地下のマグマの熱でできた蒸気を利用して、タービンを回して電気をつくります。

⑤　波力発電：波による海面の上下動により押し出される空気でタービンを回して電気をつくります。

⑥　潮力発電：潮汐現象（潮の満ち引き）による海水の流れの運動エネルギーを発電に利用して電気をつくります。

⑦　温度差発電：海洋表層の温水（25〜30度）と海深（500〜1,000m程度の深層）の冷水（5〜7度）との温度差を利用し発電します。

⑧　バイオマス発電：バイオマスとは生物体のことです。生物体を構成する有機物のエネルギーを利用する発電がバイオマス発電です。例えば、①木材やその廃棄物、家庭などのゴミなどからつくられるアルコール、②海藻からつくられる油、③家畜の糞などからつくられるガスを利用して発電を行う方法です。

⑨　廃棄物発電：家庭などからでる可燃ゴミの燃焼を利用して発電します。

おすすめ実験11-2-1　ペットボトルで風力発電！

> ペットボトルで風力発電装置を作ろう

　自然の風によって風車を回し、風力エネルギーを電気に変換する風力発電は、クリーンなエネルギーとして注目されている。そこで、ペットボトルの風車を自作して、それに太陽電池用のモーターを取り付けた風力発電装置を作ってみよう。風の運動エネルギーが電気エネルギーに変換することを理解しよう。

風力発電装置の写真

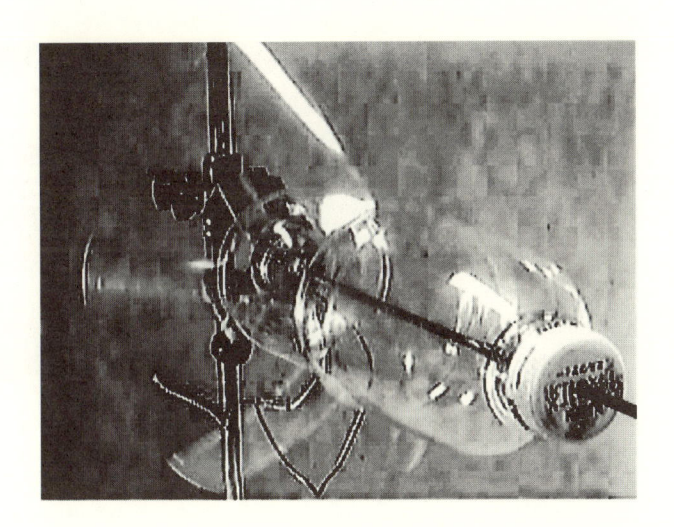

＜用意するもの＞
- 丸型ペットボトル（羽根車になる部分）
- 金属の細い管1本（径2mm。長さは使用するペットボトルより3～4cm長いもの。できれば真鍮性がよい）
- 太陽電池用のモーター
- 細いビニール管（ビニールチューブ）2個（約径2mm、長さ2cm）
- クリップ付きリード線
- アクリルカッター（またはカッター）
- きり（または電動ドリル）
- 電子メロディー
- 発光ダイオード

＜作り方＞
① 丸型ペットボトルの側面のへこんでいるところに図のようにアクリルカッターまたはカッターで切り

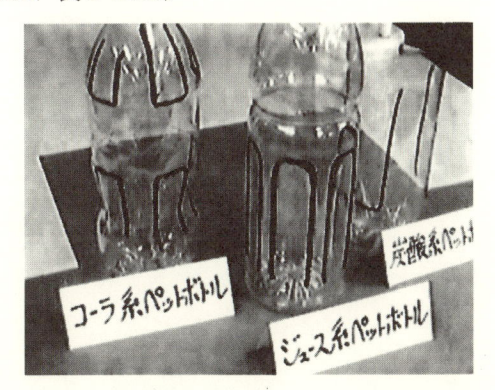

込みを入れ、それをひねるように引き起こし広げて、6枚のプロペラにする。
② ペットボトルの底の中心とキャップの中央に、細い金属の管が通る径の穴を、きりまたは電気ドルであける。ペットボトルの中に金属管を通し、抜けないように両端にビニールチューブを差して止める。

③ 図のように、光電池用のモーターを細い金属の管に差し、発電機とする。

＜実験方法＞
① 扇風機の風を利用して、ペットボトルの風車を回転させ発電させる。モーターの端子を電子メロディーや発光ダイオードなどにつなげてみる。また、電流、電圧を測定してみる。
② 創意工夫しながら、ペットボトルでさまざまな風車を作る。羽根の数、風車の形、風車の大きさの工夫で、電流、電圧の大きさの違いを調べる。
③ 風速計で風車に当たる風の強さを測り、風速と電流、電圧との関係を調べる。

生徒のレポートの例

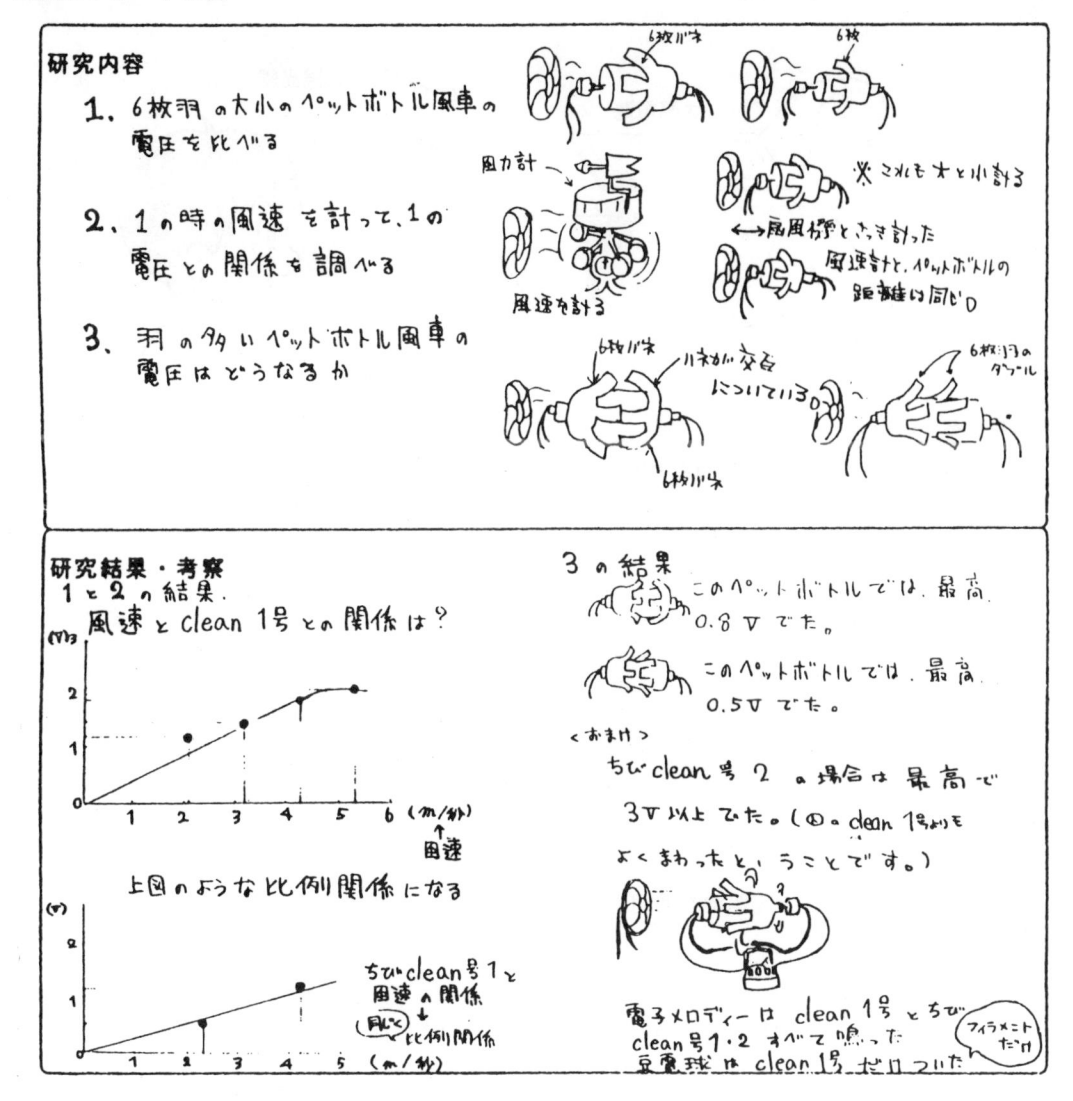

研究内容
1. 6枚羽の大小のペットボトル風車の電圧を比べる
2. 1の時の風速を計って、1の電圧との関係を調べる
3. 羽の多いペットボトル風車の電圧はどうなるか

研究結果・考察
1と2の結果.
風速とclean1号との関係は？

上図のような比例関係になる

ちびclean号1と風速の関係
風速↓比例関係

3の結果
このペットボトルでは、最高0.8Vでた。
このペットボトルでは、最高0.5Vでた。

〈おまけ〉
ちびclean号2の場合は最高で3V以上でた。（①のclean1号よりもよくまわったということです。）

電子メロディーはclean1号とちびclean号1・2すべて鳴った
豆電球はclean1号だけついた（フィラメントだけ）

●おすすめ実験11-2-2　透明半球の上で太陽光発電！

透明半球と太陽電池で太陽光発電の実験をしてみよう

　太陽光発電は、太陽の光が得られる場所であればどこでも発電することができ、二酸化炭素のような排出物を出さないクリーンな発電方法である。一方、発電の状況は、太陽光の強さに影響される。そこで、透明半球に太陽電池を乗せて太陽の高度と電流・電圧の関係、また、天気による発電の影響などを調べてみよう。

透明半球と太陽電池で太陽光発電

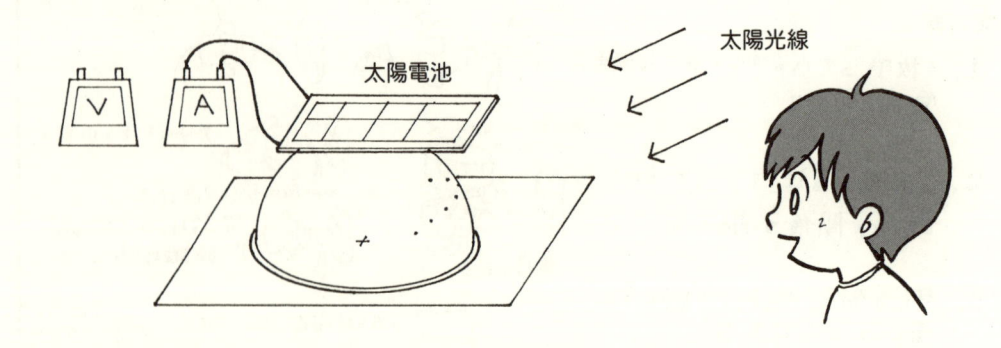

＜用意するもの＞
- 太陽高度を調べるための透明半球（理科の観察で使うもの）
- 太陽電池1枚
- 電流計
- 電圧計
- クリップ付きリード線
- 方位磁石
- 画用紙
- サインペン

＜作り方＞
・両面テープを使って、太陽電池を透明半球の頂上に固定し、装置をつくる。

＜実験方法＞
① 画用紙に透明半球と同じ大きさの円を書いて、その中心に印をつける。半球のふちを、紙に書いた円に合わせて固定する。そのとき、方位磁石で方位を調べ、記入しておく。
② サインペンの先のかげが、円の中心にくるようにして、太陽の位置を透明半球の表面に記録する。そのときの、時刻と電流・電圧を記録する。1時間おきに7、8回記録する。
③ 印をつけた点をなめらかな線で結び、太陽の道筋を書く。
④ 時刻と太陽高度と電流・電圧の関係をグラフにする。

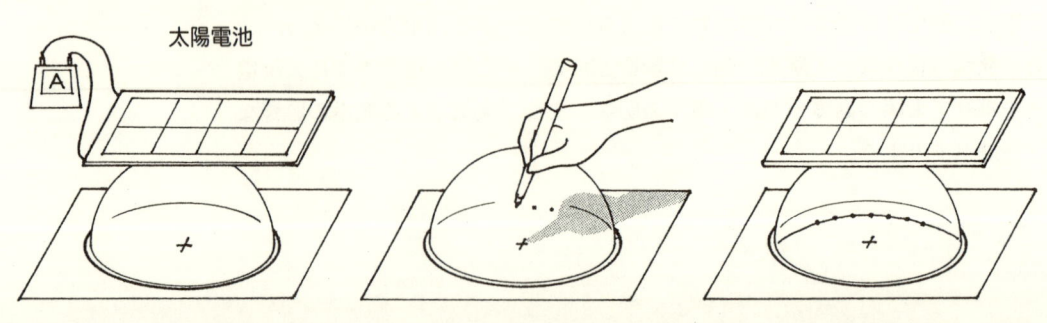

おすすめ実験11-2-3　簡単な燃料電池発電！

水槽型電気分解装置を使った燃料電池発電の簡単な実験

　燃料電池は、天然ガスなどの燃料ガスを分解して水素をつくり、これを空気中の酸素と化学反応させて、電気を発生させる。騒音や振動がなく、大気汚染の心配も少ないクリーンな発電システムである。そこで、水槽型電気分解装置を使って簡単な燃料電池発電の実験をしてみよう。

水槽型電気分解装置による電気分解　　水槽型電気分解装置による燃料電池

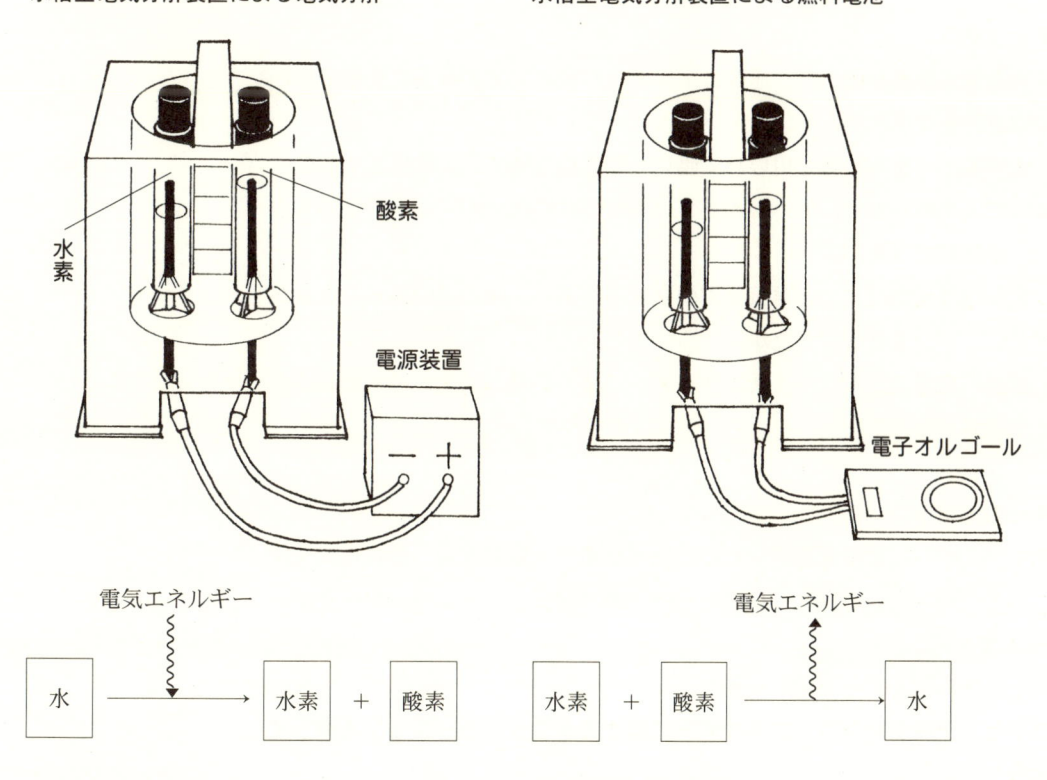

＜用意するもの＞
- □水槽型電気分解装置
- □電源（電源装置、積層型９Ｖ電池または手回し発電機）
- □５％水酸化ナトリウム水溶液
- □電流計
- □電圧計
- □クリップ付きリード線
- □電子メロディー
- □発光ダイオード
- □太陽電池用モーター

＜実験方法＞
① 水槽型電気分解装置に5％水酸化ナトリウム水溶液を入れて、電源につないで電気分解を行う。
② 発生した水素と酸素が約2：1の割合で発生したことを確認したところで、電源をはずして、電子メロディー、発光ダイオードや太陽電池用モーターに接続してみる。また、電流計や電圧計で電流や電圧を測定する。
③ 電気分解によって発生した水素と酸素が、燃料電池発電によって体積が減少していくようすを観察する。

＜チェック＞
(1) 風力発電装置を使って、運動エネルギーが電気エネルギーに変換されたことを理解できたか。
(2) 太陽電池と透明半球を用いた太陽光発電実験装置で、太陽高度や天候によって太陽の光エネルギーの大きさ（実験では電流・電圧の大きさのちがい）が理解できたか。
(3) 燃料電池発電は、水の電気分解の逆反応であり、水素と酸素から電気が発生したことを理解できたか。
(4) 従来の発電方法でない、新エネルギーによる発電システムはなぜ必要なのか理解できたか。

＜やってみよう＞
　新エネルギーによる発電方法として風力発電、太陽光発電、燃料電池発電について、それぞれの特徴や、長所や短所を調べ発表してみよう。（ワークシート→次ページ）

＜プレゼンテーション＞　エネルギーに関するポスターセッションをやってみよう
　おすすめ実験15-2-1、15-2-2、15-2-3で学習した内容について、エネルギー変換や発電に関するテーマを決めて、調査や実験を行い、発表して自分たちで相互評価してみよう。テーマについては、いろいろな発電の特徴や長所・短所など調べてきた内容や自分で考えた未来の発電システムなどから設定し、発電モデルなどを利用したり、調べた内容をポスターにしたりして発表する、**ポスターセッション**をやってみよう。

ワークシート　新エネルギーは期待できるか

組　　　番　名前

ワークシート（　　）

	風力発電	太陽光発電	燃料電池発電
特　徴			
長　所 (優れている点)			
短　所 (問 題 点)			

12章 科学技術と人間
到達目標と誤認識

> 雑音はラジオが原因。

> ラジオがよく聞こえないのは、性能がよくないから。

● 到達目標としての科学認識

> 理科の実験を行う際、電気製品を実験装置として安全に使用することができる。
> ＜具体的な到達目標としての科学認識＞
> 1．AMラジオ局以外にも、AMラジオで受信できる電波がある。
> 2．電波発生源に近いほど、電波の強さが強くなる。
> 3．電波には、偏りがある。

◆この到達目標について

　現在の日本の社会では、技術革新によって改良された製品群が次々に生産され、市場に出回って、私たちは欲求を先取りされた便利な新機能を選んで製品を使う機会に恵まれている。一方、新製品の操作はマニュアル化が一層進み、操作のしかたがわかりやすく工夫され、安全な使い方や省エネに結びつく使い方などが示されている。こうした状況で、私たちは科学的・技術的な動作原理を理解していなくても新製品を使うことができる生活環境に生活している。

　製品が多機能化・小型化されたり省エネ設計されることは、製品内部にそれらの機能を実現させるためのエネルギーの制御やメカニズムが組み込まれていることである。それらは基礎研究の積み重ねや応用研究の結果、次第に達成されてきた技術力の証であり、安全性や製品寿命などさまざまなチェッ

クを経て世に出てきたものである。こうした製品を教材として使うことは、どのような科学研究や技術革新が、それまで不可能だったことを可能にしてきたのかを知る感覚を養う意味でも取り上げたいと考える。

一市民の教養として

そうした製品は、安全性についての使用上の注意が表記されているが、私たち一人ひとりができるだけ動作原理を理解した上で、賢く使いこなす知恵や技を身につけることが望まれる。製品のユーザーである中学生や高校生も、一市民として、賢い消費者として環境問題などにも取り組む役割行動が求められている。

また、パソコンや携帯電話などの情報端末を使う機会が増え、学校や家庭でそれらを日常的に使う環境が整いつつあり、私たちはインターネットを使って世界中のさまざまな知識レベルにアクセスできる環境のもとで生活している。そうした社会状況の中で、学習のしかたや授業展開の事例を提示し合って啓発し合い、科学技術の進展と人間と社会との新しい関係を考えながら、さらに認識を深めていくことが望まれる。

● 科学技術に関する生徒の認識・誤認識の現状

新しい中学校学習指導要領の内容では、第1分野（7）のイに、「科学技術の進歩による成果として新素材などの利用が行われ、日常生活が豊かで便利になったことを知るとともに、環境との調和を図りながら科学技術を発展させていく必要があることを認識すること」とある。これは、第2分野（7）イ「自然と人間」とともに、生徒の興味・関心に応じてどちらかを選択できるようにしている。生徒の認識や生徒を取り巻く学習環境としては、以下の問題があるようだ。

1. 「科学技術の進歩による成果」と、理科で学ぶ内容は関係が深いのだが、
   - 理科を学ばなくても製品は使える。
   - 先生は新製品を使いこなしていないことが多い。
   - 理科実験で新製品を使わない。
   - 科学技術と、理科で学ぶ内容は、関係がうすい場合が少なくない。
2. 「新素材」などは、科学研究や技術革新の積み重ねの上に生み出されてきたのだが、
   - 理科実験では新素材をあまり使わない。
   - 新素材は興味を引くが、教科書の内容からは調べる手掛かりが不明。
   - 新素材は値段が高く、身近ではないことが多い。
3. 科学技術によって「日常生活が豊かで便利になったこと」は、同時に市民も賢い消費者として生活することが求められるのだが、
   - 学校の実験装置は古くて性能が悪い。
   - 最新式の装置を使えば精度のいい実験ができる。
   - 日常生活でも最新の道具を使いたいが、使い方を覚えるまでに時間がか

かる。
- 新製品を使いたいが、先生は使っていても、生徒には使わせてくれない。

4．「環境との調和を図りながら科学技術を発展させていく必要」性を系統だって理解することが望ましいが、
- 環境との調和に関して、実験を含め、系統だった理解の手掛かりを求めにくい。
- 高校では、理科は選択制度のため、他科目の知識を学ぶ機会がない。したがって科目間の関連が見えない。

　本章では、AMラジオを本来の使い方とは別の使い方、すなわち電波探知機として使用し、科学技術の成果品から逆に科学的な物質観・世界観に触れ、科学技術と人間について考察できる授業を提案したい。

　なお、電子レンジ、携帯電話などでは、本来の目的で発振している電波はAMラジオではキャッチできないことを前提として記しておきたい。

12-1 ラジオを電波探知機として使う

到達目標に向けての授業の提案

● 到達目標としての科学認識と生徒の現状

1．AMラジオ局以外にも、AMラジオで受信できる電波がある。
2．電波発生源に近いほど、電波の強さが強くなる。
3．電波には、偏りがある。

生徒は科学技術と人間について、これまでの生活経験などから次のような認識をもっている。

① AMラジオで受信できるのは、AMラジオ局からの放送だけである。ラジオ放送を聞く目的でラジオが作られているので、それ以外には役立てることができない。
② 決まった周波数に合わせさえすれば、決まった放送が受信できる。ラジオが放送をきちんと受信できないのは電波が弱かったり、ラジオの性能が悪いからである。性能のいいラジオに取り替えればきちんと受信できる。

＜AMラジオの性質＞
AMラジオは、
① 決まった周波数の範囲の電波が受信できる。
② 電波の受信状態はラジオの設置状態によって決まる。
などの性質がある。

昔のラジオ・今日のラジオ

　AMラジオは、ラジオ放送を聞く目的で作られている。受信状態をよくするために、ラジオ本体を置く位置を変えたり、向きを変えたり、伸び縮みするアンテナを手で触ったり、室内アンテナを張ったりして試行錯誤する機会がかつては多かった。鉄筋コンクリートの建物内や地下鉄は鉄筋で囲まれていて、電波は静電遮蔽によって鉄筋の金属内の電子が振動してしまい、囲まれた中には電波のエネルギーが届かないという状況であるが、近年の都市生活はアナログ情報やデジタル情報のやりとりが日常化し、こうした電波の届かなかった場所でも、屋内アンテナを設置するなどして電波による情報へのアクセスがしやすくなっている。学校や通学路、勤務先や通勤圏等もそうした改良がなされている中で、私たちは生活している。
　さて、製品の仕様は時代の科学技術に伴って変わり、半導体技術がナノテクノロジーの技術革新のもとでさらに進み、ラジオ自体が最適な受信条件を

探すようにプログラムされるようにもなっている。人間の感覚を手掛かりに手作業でよりよい受信条件を探す試行錯誤の機会が少なくなる方向へと、ますます生活環境が変わっている。中学生や高校生は、ものごころつくころから数少ないスイッチのオンオフ操作で数多くの情報から選んでアクセスでき、プログラム化の技術によって好みの情報への一発アクセスや選局が簡単にできることが当たり前の時代に暮らし、また、省エネルギー化し、小型化し、パーソナル化する商品動向の中に生活している。

　こうした技術の変化に伴い、人間と製品とのかかわりは、個人が電気製品の部品の修理をできた時代から、機能単位のボードを修理センターで交換した時代へ、さらに、製品そのものを量販店で安価に買い換える時代へと変遷している。そして、今や動作原理を知らなくてもすぐ使え、数か月で新製品に買い換えることができ、旧機能としてはまだ使える製品をゴミにできるという社会生活のもとで生活している。個人生活ではそうしたモノの消費を促される一方、地球規模の環境を守ることを学び、そのための省エネルギー行動を促されるという中で生活している。

　こうした中で児童・生徒は、製品は要素技術が複雑に組み合わされ、多機能化して、動作の科学技術的根拠を求める必要がないまま生活できる環境に置かれている。

ラジオを電波探知機として使う

　そこで、このおすすめ実験を通じて、科学技術の成果の一つであるAMラジオという製品を使って、ラジオ本来の目的（電波に乗せた情報を音波に乗せ換える）以外に、取扱説明書には記載されていない、電波を探知する道具として新たな利用法を探すことを提案したい。この新たな利用法は製品の仕様を活かし、想定された適切な使用条件内で安全に行える。中学生、高校生の生活環境を踏まえ、現在の時代の科学技術を活用して現象の発見を促し、事象を関連づけて認識する機会をつくる。こうした科学技術探究活動を促すことにより、科学技術の理解を深めながらより身近に賢く製品を使う経験を積むことができる。

電波源探しの発展性

　AMラジオによる電波発信源探しを例にして、短波受信用ラジオやFMラジオ、さらには電磁波のより広い周波数帯域を使った電波発生源探しへと発展させることができる。こうして、日本から世界へ、宇宙へと広げ、電波源探し全般についての学術や技術革新に結びつくように、興味や関心を高めることを促すことができる。

　生徒は、電波発生源を探すという博物学的関心を経由して、電波が発生する原因を探究し、分類して、より深く科学的技術的に理解するようにプログラムを組むことができる。特に、電源を利用しない道具（ティッシュとポリ

プロピレン製ストロー）をこすって発生させる電波を、ラジオで受信する実験をきっかけにした電波への関心から、すべての物質は電気のつぶが集まってできているというより普遍的な認識に近づけることができる。

◯おすすめ実験12-1-1　ＡＭラジオで電波源探し！

携帯用AMラジオで身のまわりの電波源を探そう

＜ポイント＞
① 　AMラジオで受信できる電波には、ラジオ局からの電波以外のものもあることに気づく。
② 　AMラジオを電波探知機として使い、身のまわりの電波源を探す。
③ 　電波発生源に近いほど、電波の強さが強くなることに気づく。

　私たちは、日常生活で利用されているさまざまな製品の性能を利用して、新しい利用法を学ぶ。日常生活で想定しているその製品の使用範囲を超えて、その製品の安全な使用法の範囲内で、日常感覚をさらにみがいた実験道具として捉え直した性能を改めて利用する。

　本稿では、電波を受信して音にする装置であるラジオで、ラジオ放送を聞かないという利用法を工夫した。安い製品を利用するということは、歴史的に見れば、ラジオ放送を聞くという目的の快適さをめざして改良されていく製品の、途上の性能を利用することでもある。また、安い製品や古い製品の性能の利用法を改めて見つけることでもある。

　賢い消費者は、生活者の等身大で向き合う科学技術の新しい使用法を常に工夫し、日常供給される電気製品の受け身の消費者であることを超えて、新たな知恵の生産者として連携できることを示したい。学校で学びつつある理科や、放送や出版物等のマスコミュニケーションを通じて身につけることができる科学技術の素養を、個人生活や社会生活の中に織り込み、再創造していく生きる姿勢を伝え合いたい。

　市場に出回っている製品の使用法を広げ、新製品を供給するメーカーの改良の方向を、より複眼の視点で事例提起し、科学技術を文化として育て直す問題の解、人間の知恵の出し方を併せて考えたい。

＜準備＞
□AMラジオ…非常時携帯用としてハンズオン・ショップの量販店などで1個1,000円程度で入手できるものを使う。
□ワークシート（P.174）

<方法と結果>
(1) AMラジオで受信できる電波には、ラジオ局からの電波以外のものもあることに気づく。

① AMラジオを利用すると、ラジオ放送局から発信される電波を受信して、番組の音声や音楽を聞くことができる。
② AMラジオのチューナーを少し回すと、番組の音声や音楽のほかにザーという雑音が聞こえる。
③ チューナーをさらに回すと、ザーという雑音がさらに大きく聞こえ、番組による音声や音楽は聞こえなくなり、さらに回すと、別の番組がザーという雑音に混ざって聞こえてくる。
④ 次に、AMラジオで番組を受信したまま、音を小さくしたブラウン管式テレビ本体（例えばブラウン管部分）にAMラジオを近づけて、ラジオがどんな音を発するかを聞き分ける。ラジオをテレビに近づけるほど、ラジオ放送による音声や音楽は聞き取りにくくなり、ザーという雑音がより大きく聞こえる。
⑤ ラジオとテレビの位置をそのままにして、ラジオのチューナーを回してテレビからの雑音の変化を聞く。テレビから出る電波による雑音がラジオをザーと鳴らし、ラジオ番組は聞き取りにくい。
⑥ ブラウン管式テレビ本体（例えばブラウン管）は、AMラジオが受信できる範囲の周波数の電波を出していることがわかる。
⑦ テレビのスイッチを切ったり入れたりすると、AMラジオの雑音がどう変化するかを聞き分ける。

(2) AMラジオを電波探知機として使い、身のまわりの電波源を探す。

① 今度は、AMラジオをラジオ放送受信機としては使わない。電波探知機として使い、ラジオがキャッチする電波のようすをAMラジオの雑音の変化として聞き分ける。身のまわりのどこからどんな電波が出ているかを探る。
　この実験で注意することは、医療器具や微妙な調整で動作している機器類には近づかないことである。また、屋外で電波を探知するときは、交通事故や感電などの事故が起こらないように、迷惑を掛けないように、十分に安全を確保したり社会生活上のルールの範囲で適切に行うなどの判断が必要である。
② 身のまわりのどのような家電製品から電波が出ているか（AMラジオで受信できる範囲の電波）を予想し、リストアップする。教室内、学校内、学校の敷地内、家庭などでAMラジオを持ち歩いて電波発生源の候補を考え、ラジオを近づける。
　（例）蛍光灯、ビデオデッキ、ファクシミリなど。→**ワークシート（次ページ）**
③ 予想した電波発信源の候補について、どんな電波がなぜ発生すると予想

ワークシート　携帯用ラジオで身のまわりの電波源を探そう

ワークシート（　　）

組　　番　　名前

電波発生源	雑音の有無	雑音の聞こえ方
ブラウン管式テレビ	有	ザー
ビデオデッキ		
液晶テレビ		
CDドライブ		
MDドライブ		
DVDドライブ		
ファクシミリ		
パソコン		
パソコンキーボード		
モニター		
デジタルカメラ		
ビデオカメラ		
エアコン		
携帯電話		
電子レンジ		
電気掃除機		
扇風機		
洗濯機		
充電アダプター		
自動点火式ガスレンジ		
赤外線リモコン		
模型用モーター		
腕時計		
液晶温度計		
電気冷蔵庫		
電気炊飯器		

したのか意見交換する。
④　AMラジオで探し出した電波発生源を発表し合い、別の人や班が追試して確認する。
⑤　電波がどのように発生しているのか、その物理的機構を調べる。

(3) **電波発生源に近いほど、電波の強さが強くなることに気づく。**
①　AMラジオ放送の雑音の、大きさの程度を調べる。ラジオを家電製品に近づけるほど、雑音は大きく聞こえてくる。電波発生源に近いほど、ラジオは強い電波にさらされている。電波の強さは、電波発生源からの距離によって変化するという推測を立てることができる。
②　電波発生源として、授業での生徒実験に使いやすいのは、教室の天井にある複数の蛍光灯である。その学校の施設にもよるが、生徒用実験テーブルの1つの班で1本の蛍光灯を使うことができ、蛍光灯からの距離と雑音の大きさの関係を見つけることができる。
③　今度は、2本の蛍光灯（電波発生源）の間で電波がどうなっているかを調べてみる。離れた2本の蛍光灯の、一方の蛍光灯にAMラジオを近づけて雑音を聞き、その蛍光灯からラジオをだんだん遠ざけて、他方の蛍光灯にそのラジオを近づけていく。こうして2本の蛍光灯の間で雑音の大きさがどう変わるかを聞き比べて、電波の強さの分布を推定する。
④　同様に、3本以上の蛍光灯の間でどうやって調べたらよいかを考える。

(4) **電波には、偏りがある。**
　家庭や学校の屋根や屋上、ベランダに設置されているテレビのアンテナを見ると、どの家庭でもほぼ同じ向きに設置されている。家の屋根に設置されているアンテナの向きの先にはテレビ塔が見つかる。また、マンションのベランダに設置されているパラボラアンテナの向きは、放送衛星の向きに設置してある。放送衛星は地球のまわりを回る周期が24時間で静止衛星となるために、地上から見て常に同じ向きに見える。強風や台風などでアンテナの向きがずれると受信状態が悪くなり、テレビの画像が乱れたり、音声がとぎれたりする。また、タクシーなど車内のテレビは、車の走行中、車が向きを変えるのに伴ってアンテナの向きも変わり、受信状態が絶えず変化する。こうしたアンテナの向きと電波の受信状態とがどんな関係にあるのかを、AMラジオで調べてみる。
①　電波発生源のまわりでAMラジオの向きを変えると、電波の偏りを推定することができる。例えば蛍光灯からの距離が同じ場所で、AMラジオの向きを変える。つまり蛍光灯の管とAMラジオのお互いの向きを角度だけ変えて、雑音の大きさがどう変わるかを調べる。
②　外部アンテナ（アンテナが折り畳み式でラジオ本体から突き出ていて伸び縮みしたり、回して向きを変えたりするタイプ）のラジオの場合は、蛍

光管に対してアンテナの向きを変えて調べる。
③　アンテナが内蔵されているAMラジオの場合は、蛍光管に対してラジオ本体の向きを変えて調べる。ドライバーでラジオのケースをはずすことができれば、内蔵アンテナがどんなふうについているかを確かめることができる。
④　このようにして、ラジオ放送そのものの受信状態を調べたり、雑音の変化だけを調べることができる。

＜参考＞
　電波は、電波発生源の金属内で電子が振動して、電子がもっている電気がそこにあることがまわりに影響を与える電場と、電子がもっている電気が振動（向きや速さの変わる動きをすることを）して、まわりに影響を与える磁場の変動が、離れた場所へ伝わっていく現象である。電波を受信するラジオの側では、アンテナの材質である金属の中の電子が、電波によって振動させられて、ラジオという受信機の回路の中に電流を流す。そしてラジオは音を出す。このとき、伝わってくる電波の電場が変動する一つの面と、磁場が振動する一つの面の位置が決まって、それが電波の偏りを決めている。

13章 生物の細胞と生殖

到達目標と誤認識

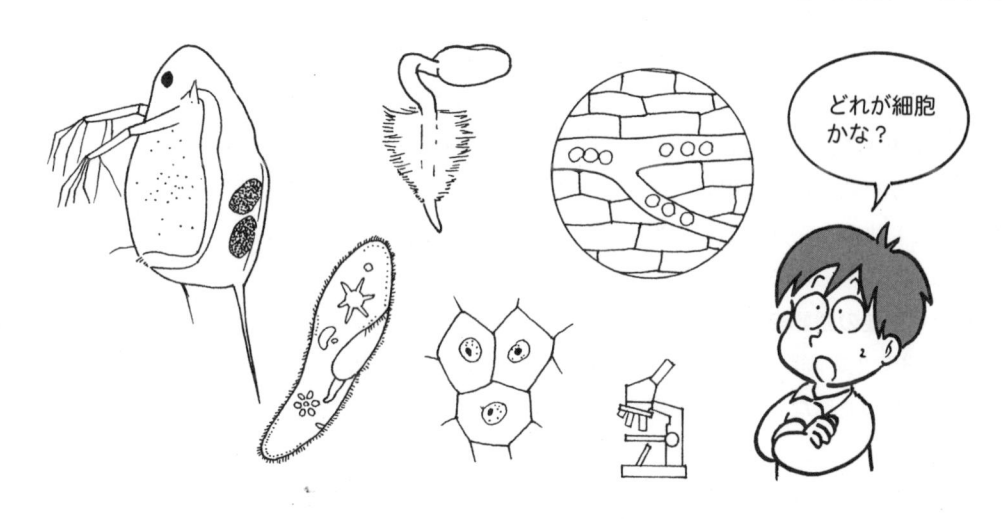

● 到達目標としての科学認識

> すべての生物は細胞でできている。
> ＜具体的な到達目標としての科学認識＞
> 1．生物のからだは細胞でできており、植物、動物の細胞にはさまざまな形のものがある。
> 2．植物、動物の細胞のつくりにはそれぞれに特徴がある。
> 3．生物の成長と細胞の分裂には関連性がある。
> 4．生殖には、有性生殖と無性生殖がある。
> 5．有性生殖では、減数分裂によって染色体が半分ずつ生殖細胞に分かれ、受精によって染色体の数が元にもどる。
> 6．細胞レベルで生命は連続している。

◆この到達目標について

　従来、この単元では「生物のつながり」として、生物の細胞、生殖、遺伝、進化、生態など、生物学の系統性が保たれて学習が展開されていた。ところが、今回の改訂では、遺伝と進化が高等学校に移行し、生態については、「自然と人間」の単元に組み込まれ、環境保全という視点で学習が展開されることになった。そこで、「生物の細胞と生殖」では、より細胞レベルで見た生物

の多様性や共通性、生命の連続性についてがおもなねらいになってくる。また、従来、理科の学習ではあまり重んじられなかった「生命を尊重する態度」をねらいとした新たな系統を模索していく学習展開が重要になってくる。

●生物の細胞と生殖に関する生徒の認識・誤認識の現状

中学校理科における顕微鏡を使った観察・実験は、極めて重要であり、頻繁に行われている。植物、動物の細胞、水中の微生物、単体や化合物の結晶、鉱物の結晶など、顕微鏡を使った観察・実験の場合、スケッチを描かせる学習展開が多い。ところが、生徒によっては顕微鏡をのぞいて観察したようすをうまくスケッチできない場合がある。スケッチ自体が苦手である生徒や、スケッチに集中するあまり目の疲労が長時間となり、観察が思うようにいかない生徒などがいる。極端な場合、スケッチに自信のない生徒は、教科書の写真を写してしまうケースがある。生徒にとって顕微鏡の観察スケッチは結構、たいへんな作業である。

生徒の現状・生徒の誤認識の例

1. 生徒は、3年生の細胞の観察をする以前に、微生物や植物の根・茎・葉やメダカの尾鰭の血球などの細胞を観察しているが、どれが細胞だったか理解しにくい。
2. 顕微鏡スケッチがうまくできない。
3. 細胞にはいろいろな種類があることを理解していない。教科書に書かれている植物や動物の細胞のモデルの図だけが、細胞であるかのごとく理解してしまう傾向がある。
4. 細胞と生物の成長との関係がわかりにくい。
5. スーパーで売られている鶏卵からなぜひよこが生まれないのか疑問をもっている生徒がいる。有性卵と無性卵の違いが理解しにくい。(有性生殖と無性生殖のちがい)
6. 細胞レベルで生命が連続していることを認識していない。

以上を踏まえ、生徒の誤認識が科学的な認識に変わるようなおすすめ実験を以下に紹介し、到達目標に向けての授業を提案したい。

13-1 デジタルカメラで顕微鏡写真を撮る

到達目標に向けての授業の提案

● 具体的な到達目標としての科学認識

> 1．生物のからだは細胞でできており、植物、動物の細胞にはさまざまな形のものがある。
> 2．植物、動物の細胞のつくりにはそれぞれに特徴がある。
> 3．生物の成長と細胞の分裂には関連性がある。
> 4．生殖には、有性生殖と無性生殖がある。

生徒にこそデジカメを使わせたい

　顕微鏡で見えるミクロの世界を生徒にじっくり観察してほしい、しっかりスケッチしてほしい、そしていろいろなミクロの不思議な世界から疑問を見つけてほしいと思った。特に、生物を材料としたミクロの世界をじっくり観察するには、顕微鏡写真を撮ってサンプルを保存しておくことが有効である。そこで、顕微鏡写真が生徒自身で撮れないかと考え、デジタルカメラ（モニター付き）を使用してみた。

　方法は、初めにデジタルカメラのレンズを顕微鏡の接眼レンズの上に乗せる。次に、デジタルカメラのモニターを見ながら接眼レンズの中心に合わせる。すると、モニターに顕微鏡で観察したようすが写し出される（肉眼で顕微鏡を見るのとほとんど同じ画像である）。そして、必要なところでシャッターを切り、顕微鏡で見られる像をデジタル画像にする。撮ったデジタル画像をパソコンで編集して顕微鏡写真とする。

　デジタルカメラで顕微鏡写真を撮る実践はいくつか報告されている。その多くは、教師が撮った顕微鏡写真を大きなテレビモニターで解説するにとどまっている。そこで、生徒自身が撮った顕微鏡写真をとり入れた観察・実験をめざし、班ごとにデジタルカメラを用いて顕微鏡写真を撮る授業の実践を行った。

　その結果、従来の顕微鏡を使った観察よりも次のような成果が上げられた。

① 1台の顕微鏡で観察した対象物を複数の生徒の目で確認できたり、考察して議論できた。
② 生徒はスケッチに時間をとられることなく、十分な観察ができる。また、顕微鏡写真があるため、自分のスケッチの確認を後でできるので、十分な考察ができた。
③ 生徒は、デジタル画像をパソコン上で加工して顕微鏡写真を作り、プリントアウトした顕微鏡写真に直接ペンで書き込んだりすることで、意欲的なレポートを作成することができた。

簡単デジタルカメラで生物の細胞の顕微鏡写真を撮る方法

① 生物の細胞を顕微鏡で観察する。
（植物は100〜150倍・動物は100〜400倍）

② 顕微鏡の倍率が合ったところで、接眼レンズをのぞき込むようにしてデジタルカメラのレンズをのせる。

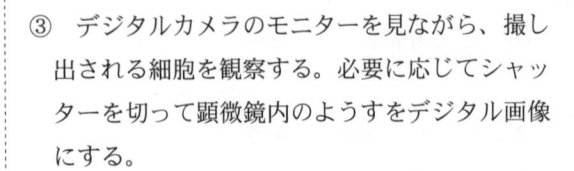

③ デジタルカメラのモニターを見ながら、撮し出される細胞を観察する。必要に応じてシャッターを切って顕微鏡内のようすをデジタル画像にする。

④ 撮影したデジタルカメラを大型のテレビモニターに接続して、先生や生徒どうしでデジタル画像について確認する。

⑤ パソコンにデジタル画像を取り込み、パソコン上でレポートを作成する。または、デジタル画像をプリントアウトして、レポートに貼り付ける。

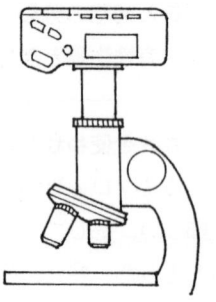

従来,授業で行われてきた「いろいろな細胞」「タマネギの根の細胞分裂」「花粉管の成長」などの観察を、より、観察対象そのものに重点を置いた授業とするため、この方法を提案したい。

● おすすめ観察13-1-1　デジカメで細胞を観察！

```
いろいろな細胞の観察
```

観察①　植物細胞（ムラサキツユクサの葉の裏側の気孔および孔辺細胞）
[特徴]デジタルカメラを用いると次のことをはっきり指摘することができる。
・蒸散を行う気孔やその周辺の孔辺細胞が見られ、気孔の開閉を指摘することができる。
・植物細胞の特徴である細胞膜と細胞壁の区別がしやすい。
・細胞の形もさまざまでそれぞれが役割をもっているように見える。
・染色液で核を染めるとはっきりする。

[観察方法]
①　葉の表側にカッターなどで軽く切れ目を入れて、裏側の表皮を手ではがし、観察しやすい大きさに切り取る。
②　切り取った裏側の表皮細胞のうち、1枚で染色液（酢酸カーミンや酢酸オルセイン）で染色したプレパラートAを作り、もう1枚で染色しないプレパラートBを作る。
（核を染色した細胞とそうでない細胞のちがいを見るため）
③　プレパラートAとBを、顕微鏡でピントを合わせて観察したのち、デジタルカメラで撮影する。大型テレビのモニターで細胞の確認を行い、デジタル画像をレポートにする。

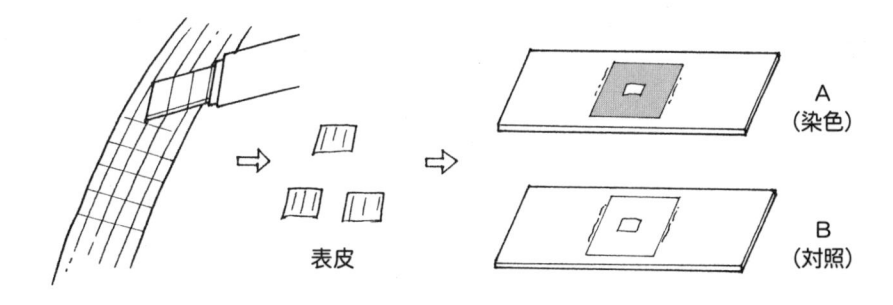

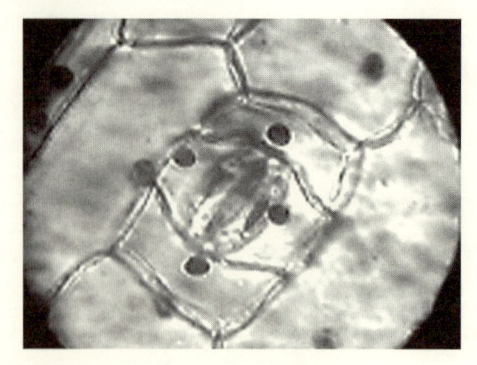

観察②　植物細胞（オオカナダモの葉の細胞）

［特徴］デジタルカメラを用いると次のことをはっきり指摘することができる。
・葉緑体の観察や葉緑体が移動することで、原形質流動を見ることができる。
・植物細胞の特徴である細胞膜と細胞壁の区別がしやすい。

［観察方法］

①　オオカナダモの葉を2枚切り取り、1枚を染色液（酢酸カーミンや酢酸オルセイン）で染色し、プレパラートAを作り、もう1枚は染色せずにプレパラートBとする。

（プレパラートA：核を染色した細胞とそうでない細胞のちがいを見るため）
（プレパラートB：緑色をした葉緑体や原形質流動を見るため）

②　プレパラートAとBを顕微鏡でピントを合わせ観察したのち、デジタルカメラで撮影をする。大型テレビのモニターで細胞の確認を行い、デジタル画像をレポートにする。

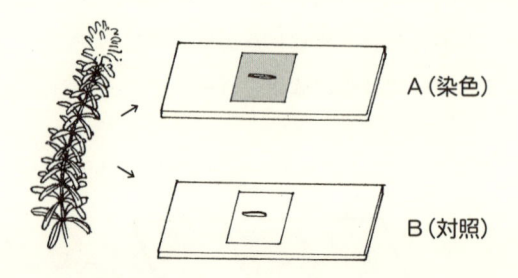

観察③　動物細胞（人のほおの内側の粘膜細胞）

［特徴］デジタルカメラを用いると次のことをはっきり指摘することができる。
・市販されている動物細胞のプレパラートより、自分の細胞を見てみる方が生徒の興味関心は高まる。
・一つ一つの動物細胞が独立しており、植物細胞と並べるとその違いが比較しやすい。

［観察方法］

①　ほおの内側をスプーンかようじの柄の部分で軽くこすりとり、染色液で染色し、プレパラートを作る。

②　プレパラートを顕微鏡でピントを合わせ観察したのち、デジタルカメラ

で撮影をする。大型テレビのモニターで細胞の確認を行い、デジタル画像をレポートにする。
③ 植物細胞と動物細胞のデジタル画像を並べてその細胞の共通性と異なる点を指摘させる。

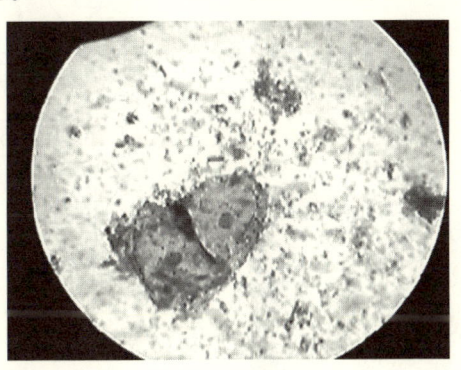

おすすめ観察13-1-2　デジカメで細胞分裂を観察！

タマネギの根の細胞分裂

[特徴] デジタルカメラを用いると次のことをはっきり指摘することができる。
　タマネギの根の先端部分は、細胞分裂によって盛んに成長しており、顕微鏡で観察すると、核の中の変化がわかる細胞や、分裂途中の細胞、分裂してまもない細胞などを見ることができる。これだけの細胞のようすを観察するためには、生徒のスケッチだけでは不十分であり、デジタルカメラを用いることで、顕微鏡写真で細胞分裂のようすや順番などを詳細に指摘することができる。

[観察方法]

①タマネギの根をのばす

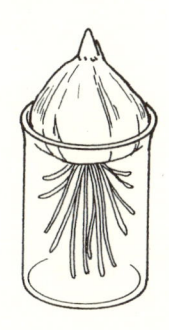

②塩酸で処理をして細胞分裂をストップさせる

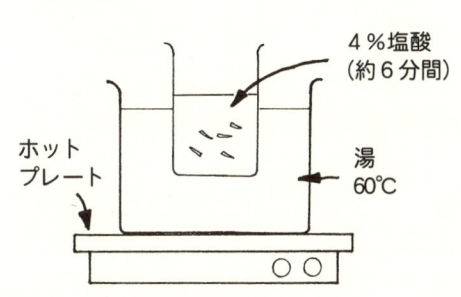

③プレパラートを作る

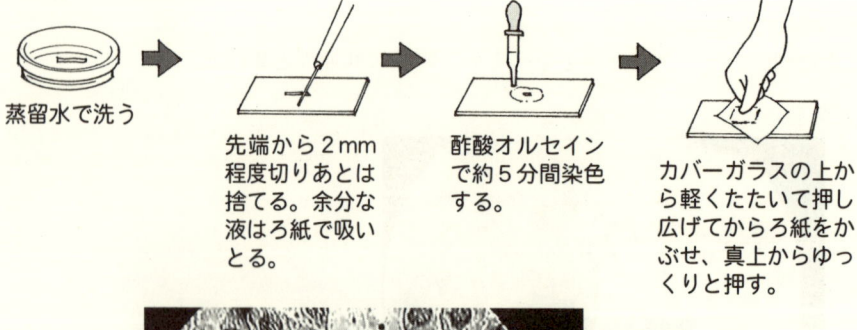

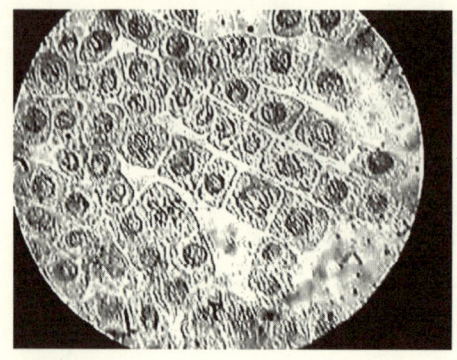

蒸留水で洗う → 先端から2mm程度切りあとは捨てる。余分な液はろ紙で吸いとる。 → 酢酸オルセインで約5分間染色する。 → カバーガラスの上から軽くたたいて押し広げてからろ紙をかぶせ、真上からゆっくりと押す。

● おすすめ観察13-1-3　デジカメで花粉管を観察！

【花粉管の成長の観察】

[特徴]デジタルカメラを用いると次のことをはっきり指摘することができる。

　分裂によって新しい個体ができる無性生殖に対して、雌雄の生殖細胞の核が合体する方法で新しい個体をふやす有性生殖の観察に適しているのが「花粉管の成長」である。花粉から精細胞が花粉管を通じて胚珠まで送られ、胚珠の中の卵細胞といっしょになって受精卵になる。この途中のようすを、デジタル画像でリアルタイムに細胞の変化としてとらえることができる。また、そのときの変化のようすを連続的な顕微鏡写真にしてレポートにすることもできる。

植物の受粉から花粉管の成長そして受精まで

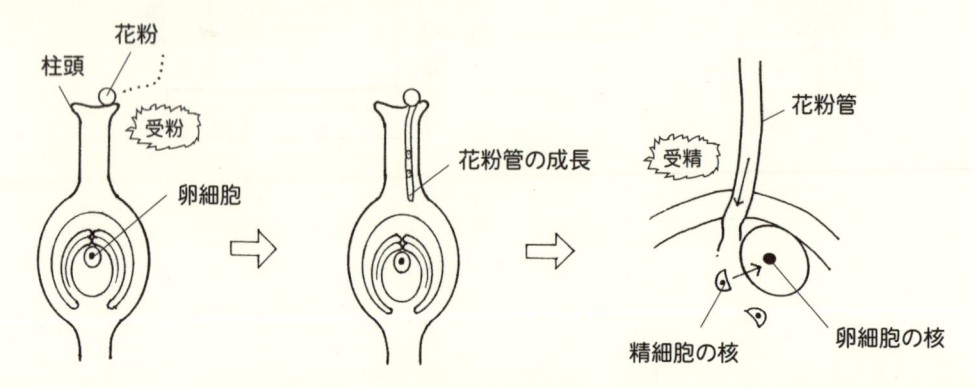

柱頭　花粉　受粉　卵細胞 → 花粉管の成長 → 花粉管　受精　精細胞の核　卵細胞の核

13章 生物の細胞と生殖

[観察方法]

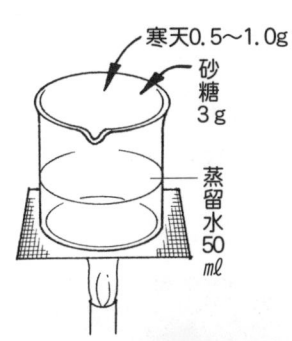

①寒天培地の作り方
- 寒天 0.5〜1.0g
- 砂糖 3g
- 蒸留水 50mℓ

②寒天溶液をスライドガラスに2、3滴滴下して、冷やして固める。

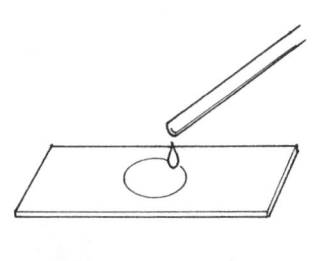

③アフリカホウセンカ（インパーチェイス）の熟した雄しべの花粉を筆の先につけて寒天培地上に散布し、カバーガラスをかけてプレパラートを作る。

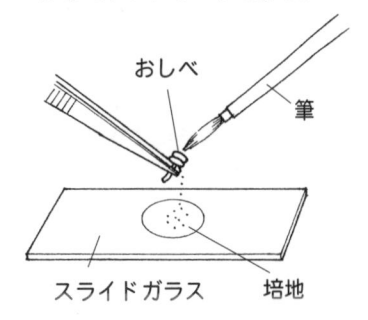

おしべ　筆
スライドガラス　培地

生徒が撮影した
デジタル画像

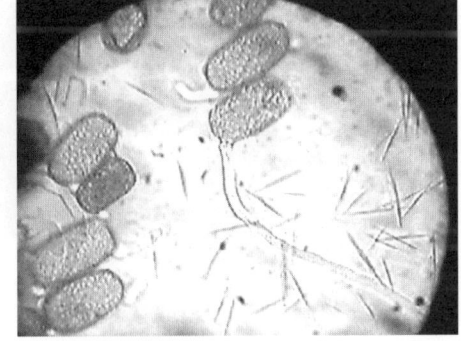

細胞内の変化に気付く生徒が現れる

＜考察＞

　デジタルカメラで顕微鏡写真を撮る観察・実験についての簡単なアンケートを実施したところ、ほとんどの生徒が「デジタルカメラを使ったほうが良い」と答えていた。その理由として、

・顕微鏡だけでは、見るだけで写真として残らない。残っていればその写真を見て、新しい発見をするかもしれない。だから、デジタルカメラを使うことは、よいことだと思う。見るだけなら忘れてしまうが、残っていればまた見ることができる。

・デジタルカメラの方が何か「実物」って感じがするし、よくわかる。今まで観察スケッチが嫌いだったけど、嫌いじゃなくなった。スケッチからでなく、実物のものからの考察はよりすごい発見ができる気がした。色でも核が染まっているのがしっかりわかるし、スケッチでは描ききれないところまでちゃんと写っている。よく見れば大発見も増える。

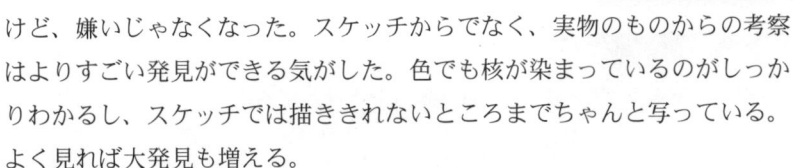

・デジタルカメラを使えば、何か新しい発見があるかもしれない。自分が見た顕微鏡のやつ（像）が写真になるとうれしい。ペンで書き込めるのも便利である。

・顕微鏡を見て観察するのは目も疲れるし、少し大変だけれど、デジカメを使うと撮った映像を何回も見たりできるし、顕微鏡を見ているだけでは気

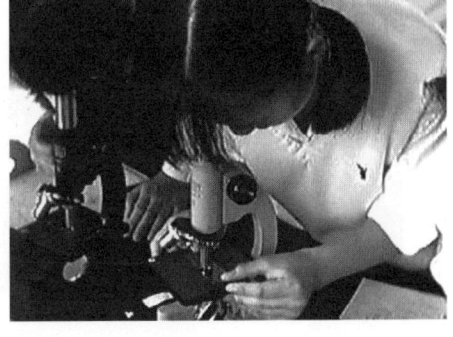

がつかない点がでてきたりする。ゆっくり時間をかけて観察に集中できる。
・スケッチをしたときに、絵の下手な人は後で見直したときに何がどうなっているのかよくわからない。でもデジカメがあると、後で見直したとき、「あっ、そういえばこういう形をしていたなあ」とか思ったりする。
・今までは顕微鏡で見たものを、絵や言葉で書いていたけれど、デジタルカメラで撮ると、先生や友達に「こういうものがあった」ということを正確に伝えられる。

観察と記録が同時にできる

　以上のアンケート結果からもわかるとおり、デジタルカメラは顕微鏡を使った観察・実験には大変有効である。スケッチだけの観察記録であると印象が薄く、どうしても細かいところまで観察できない。デジタルカメラを用いた場合、肉眼で顕微鏡を見てスケッチすることに加えて「デジタルカメラを通して見てスケッチする」「大きなテレビモニターに映して見る」「デジタル画像を顕微鏡写真にしてレポートに貼ることができる」「顕微鏡写真に直接文字や絵を書き込むことができる」「顕微鏡写真を見ながらスケッチが描ける」「何度もリピートして観察ができるので考察はじっくりできる」など多くのメリットがある。

＜やってみよう＞１　他の分野でもいくらでも応用が可能である。

野外観察

ユリの雄しべと雌しべ

プレパラート

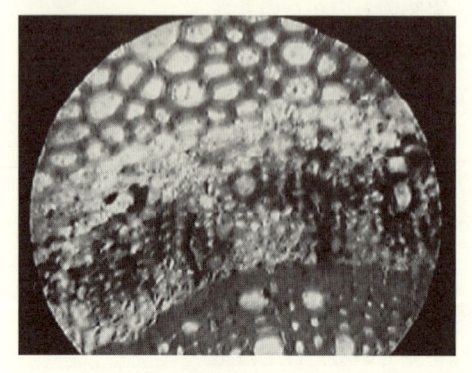

野島断層（淡路島・北淡町）

＜やってみよう＞２　コンピューターマイクロスコープを使った観察
（商品名 Intel Play QX3 コンピューターマイクロスコープ）

　コンピューターマイクロスコープは顕微鏡を直接コンピューター画面で観察できるという特徴をもっている。しかも低価格（１万5,000円前後）であり、これからの情報教育の推進という観点からも理科室に常備したい観察装置である。その特徴は次の４点である。

① 　観察物を10、60、200倍の倍率でコンピューター画面で観察できる。
② 　マイクロスコープをスタンドから取り外して自由に観察できる。
③ 　グラフィックツールを使用して、観察した画像を加工できる。また、観察した静止画像や録画した動画をプリントアウト、保存したり、スライドショーを作成することができる。
④ 　最大の特徴は、コマ撮り録画ができることである。従来の顕微鏡観察ではできなかったコマ送り撮り録画の観察がコンピューター上で記録され、学習の広がりは計り知れない。

（コマ撮りの間隔は１秒～１時間までの設定ができる。撮影開始から12時間まででき、コマ撮り録画したものを動画で見せることができる）

13-2 生命誕生のクロスカリキュラムＴ、Ｔ

到達目標に向けての授業の提案

横断的・総合的な学習展開になるような理科的アプローチ

● 具体的な到達目標としての科学認識

> 1. 精子の核と卵子の核とが合体する過程を受精といい、その結果、1個の細胞である受精卵ができる。
> 2. 受精卵は細胞分裂をくり返しながら複雑な体のしくみをつくり、新しい個体として成長していく。
> 3. 卵子や精子などの生殖細胞は染色体の数が半分になるような減数分裂を行っている。

　上記の目標を達成するための実験や観察は中学生には難しく、教室で「カエルの受精や発生」のモデルを使った説明やビデオ教材で終始してしまう授業が多くみられる。この単元の授業が終わるころになると、「先生！人間の場合もカエルのときと同じなの？」とよく聞かれる。「詳しくは保健体育の授業や養護の先生に聞いてくれ」といっていたが、よくよく考えてみると理科でせっかく学習した受精の内容を、横断的・総合的に発展できないかと考えた。そこで、従来、理科の学習ではあまり重んじられなかった「生命を尊重する態度」をねらいとした新たな系統を模索していく学習展開「生命誕生のクロスカリキュラムＴ．Ｔ」の授業を実践してみたので紹介したい。

● おすすめ授業13-2-1　生命誕生のクロスカリキュラムＴ、Ｔ！

> 生命誕生

1．学習指導計画　（3時間）

　中学校理科第3学年「生物の細胞と生殖」の発展的な学習として計画・実施する。

　　　(1) 生命誕生（受精）　　　　「理科・保健体育」　　1時間　（本時）
　　　(2) 生命誕生（妊娠、出産）「保健体育・家庭科」　1時間
　　　(3) 子供育児（幼稚園実習）「家庭科」　　　　　　1時間

2．本時の学習

(1)「生命誕生」主題設定の理由

　思春期を迎えると、心身の発育や発達が急速になると同時に性的欲求も高まってくる。女子の初経、男子の精通も中学2年生までに経験する生徒が多

くなってきており、この時期に、男女ともに生命をつくりだす能力が備わってきている。また、マスコミ等のさまざまな情報や周囲の友人からも影響を受け、性交行動そのものに興味や関心をもつようになる。

そこで、理科で学習した細胞分裂や有性生殖などの理科的なアプローチと保健体育の性教育的な手法を用いて(理科と保健体育のクロスカリキュラム)、生命誕生のすばらしさを知り、自分や他人を大切にする心を養うと同時に、生命尊重や周囲の人々への感謝の気持ちを養うために、本主題を設定した。

(2) 学習のねらい

① 人間は、性交及び受精（卵子と精子の出会い）によって命が芽生えてくることを理解できる。
  ＊男女の生殖器の構造と役割の違いや、性交について理解できる。
  ＊どのように卵子と精子が出会い、受精するか理解できる。
② 自他の生命を大切にする態度を身につける。
  ＊選ばれた卵子と精子が運命的な出会いをし、受精、妊娠、出産するという生命誕生のプロセスを通じて、自分や他人の生命を大切にする態度を身につける。

(3) 学習形態
 ・一斉学習形態の中にグループ別学習、ロールプレイング的学習を取り入れた形態にする。
  ① 豚の雄雌の生殖器の観察　（男女別グループ学習）
   ＊男女別にグループに分かれて男性、女性のそれぞれの立場から、生殖器の構造及び性交について学習する。
  ② 卵子と精子の出会い・受精（ロールプレイング的学習）
   ＊教室内を女性の生殖器内部に見立て、女子生徒が卵子、男子生徒が精子の役を演じ、どのように出会い、受精が行われるか学習する。

(4) 指導形態　（ティームティーチング）
 ・理科と保健体育教諭による一斉指導及びグループ別指導をティームティーチングを取り入れた形態で行う。
  ① 他教科との連携（各教科の特徴を生かした指導）
  ② 男性・女性教諭の連携（男性の立場、女性の立場での指導）

3．学習展開

T1教師（理科、男性教師）、T2教師（保健体育、女性教師）

T1教師の動き	生徒の学習活動	T2教師の動き
「生物の細胞と生殖」の復習	生命のはじまり 「イクラの卵からなぜ 　　　鮭の子が生まれないのか」	
本時の課題提示1 ・生命は受精によって誕生する。	・人間の生命は卵子と精子が受精して生まれることを知る。	本時の課題提示2 ・人間の場合、どのように受精するか。

豚の生殖器の観察 （男子グループ） ・卵巣、卵管、子宮、精巣、ペニスなどの説明をする。 ・性交について男性の立場で考えさせる。 （男子グループ）	生殖器のしくみと性交 「男性と女性の体の違いはどこか」 （男女別グループ学習） ・男女別に分かれて、豚の雄雌の生殖器の観察を行う。 ・男性、女性の生殖器の構造の違いと性交について考える。 卵子と精子の出会い・受精 「選ばれた卵子と精子の運命的な出会いは、愛のドラマだ」 （ロールプレイング的学習） ・女子生徒は卵子、男子生徒は精子のモデルになり、卵子と精子の出会いから生命誕生までのプロセスを演じる。	豚の生殖器の観察 （女子グループ） Ｔ１と同じ説明をする。 ・性交について女性の立場で考えさせる。 （女子グループ）
・教室を女性の生殖器内部に見立ててあることを説明する。 ・男子生徒を教室の前のほうに集める。 ・男子生徒に精子モデルを持たせる。 ・Ｔ１の指示で生徒が次のように演じる。 ①精子が子宮に入る ②精子が子宮に入って卵管で卵子と出合う ③受精する ・精子の数、卵子の数、排卵の回数、着床から出産の確率について説明する。	・卵子と精子の出会いから着床、妊娠、出産の確率について考える。	・女子生徒を教室の後ろのほうに集める。 ・女子生徒に卵子モデルを持たせる。 ・Ｔ１の指示で生徒が次のように演じる。 ①卵子が排卵される ②卵子が精子と出会い受精する ③受精卵が子宮内で着床する ・着床、妊娠、出産までの過程を説明する。
・ビデオのセットをする。 ・生命尊重について考えさせる。	生命誕生のまとめ 「なぜ君は自殺を考えたり、人をいじめたりするのか」 （ＮＨＫ生命誕生のビデオ） ・生命誕生のプロセスを通じて、自分や他人の生命を大切にすることを改めて考える。	・自分や他人を大切にすることを改めて考えさせる。

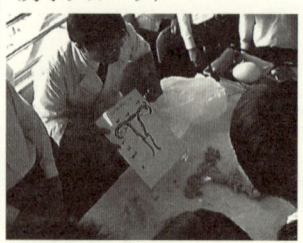

4．評価の観点

① 男女の生殖器の構造と役割の違いや、性交について理解できたか。
② どのように卵子と精子が出会い、受精するか理解できたか。
③ 生命誕生のプロセスを通じて、自分や他人の生命を大切にする態度が身についたか。

5．教材・教具

豚の生殖器

雄のペニス・精のう・精巣

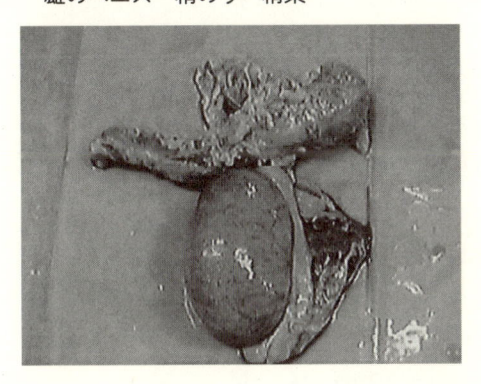

雌の卵巣・卵管・子宮・膣

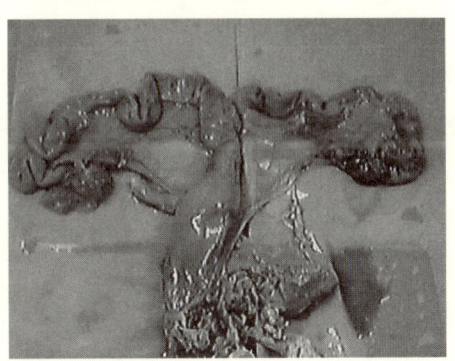

精子モデル
玉子型発泡スチロール

卵子モデル
球形発泡スチロール

6．授業後の生徒の感想

○豚の生殖器の観察について

＊生殖器というものを初めて見て、あれは豚のだけれど、自分にもこういう物があるんだなあと思った。案外にきれいだなとおもった。（A男）

＊私は、赤ちゃんはおなかにできると思っていたけれど、本当は子宮でできるということを初めて知った。膣と子宮の間に通りにくい所があったり、空気を入れた時に全部がふくらんで、くにょくにょ動いて少し気持ち悪かった。でも、子宮がすごく細いのにあんなに広がるとは思わなかった。
（B子）

○ロールプレイング的学習について
* わかりやすくおもしろかった。卵子と精子に相性があったのには驚いた。（C子）
* ロールプレイング的にやったせいか楽しかった。字や絵なんかにすると、そのとき覚えていてもすぐに忘れてしまうが、僕自身演技をしたのでよく理解できた。（D男）
* どのように生命が誕生するのかがよく理解できた。僕は精子役をした。精子は微妙な動きをするから、手の動かし方を工夫した。思い出に残る授業だった。（E男）

○生命に対する見方や考え方の変容について
* 生命が1つ誕生するのに、あんなことが行われているなんて思わなかった。自分もあんな風にして生まれたと思うととても不思議だ。（F子）
* 何となく、今までとはちがう感じがする。一人の人間が誕生するのは、とても大変なことで確率も低い。その中でみんな生まれてきたんだから、命は大切にしなくてはいけないと思った。それに、男女は信頼関係が必要だと思った。男女はお互いに優しくしなくてはいけないと思った。（G男）
* あんなに低い確率をこえて生まれてきたんだから、自分を大切にしたいと思う。もちろん自分だけでなく、同じように生まれてきた友達も大切にしたい。私も大きくなったら子供を生むだろう。そのときは、命の大切さを教えてあげたいです。（H子）

14章 天体の動きと地球の自転

到達目標と誤認識

最初は楽しみにしている天体分野だが…

星や星座は好きなんだけど…

天体の運行と、方位・時間・昼夜・自転・公転・季節などの関係がうまく説明できない。

🔵 到達目標としての科学認識

> 自転している地上から、他の天体を見るとどう見えるのかを理解する
> ～地動説で天体の動きを見る～
> ＜具体的な到達目標としての科学認識＞
> 1．地球の自転と時間の関係、地球の自転と天体の見える方位の関係がわかる。
> 2．天体が太陽の光を反射する部分と、地球からその天体を見る角度によって、光を反射して光る天体（惑星や月など）の満ち欠けがおこる。また、規則的な天体の運行によって、その満ち欠けを予測できる。

地動説は、日常的な思考から離れている

　天体分野は、宇宙に夢をいだき、最初は生徒の多くが楽しみにしている分野である。しかし単元の終了時には、「苦手分野」と答える生徒が多くなるのが現状だろう。原因のおもなものは、天体の運行の理解が困難であることだ。「天体が何時にどの方向に見えるのか」などの問題が、生徒に自信を失わせてしまう。地動説を疑うことのなくなった現代だが、人の思考の過程は、天動説からなかなか離れられないようだ。自分が「自転する地上に立って、動かない天体を見るとどうなるか」という推測は、生徒の日常的な思考からか

け離れており、また、月や惑星の満ち欠けの問題も空間把握の力を必要とするため、「天体の分野は難しい」という印象をもってしまうのだ。

モデルを作ると思考が具体的になる

　視聴覚教材やコンピュータなどは、宇宙という、日常からかけ離れた世界のことを知るために有効であり、生徒の関心を高めることができる。しかし、私の経験では、生徒に天体の動きや満ち欠けなどを考える力をつけさせる目的には、十分ではなかった。

　そこで、モデルで模式的な宇宙を作ることで自分がそれぞれの天体を動かしながら考えることができるように工夫してみた。私自身、立体的な思考が得意ではなかったので、モデルがあると具体的になって大変思考しやすくなり、いろいろなことが見えてきた。このモデルを使って、班学習で時間、方位、天体の見え方などを学習したところ、生徒はたいへん楽しそうに学習し、ほとんどの生徒が時間、方位、天体の見え方について把握できたので、この方法を紹介したい。

● 天体の動きと地球の自転に関する生徒の認識の現状

＜生徒の混乱の例＞

　天体の動きと地球の自転に関して、生徒には次のような混乱の例が見受けられる。

- 方位、時間のシステム（午前、午後制）をきちんとつかんでいない生徒がいる。
- 平面に描かれた図から立体の図や運動が考えられない。
- 昼夜や時刻が地球の自転によって決まる、ということがはっきり理解できていない。
- 自転による天体の運行と、公転による運行の区別がつかない。
- 月や惑星などの満ち欠けは、天体への太陽光の当たり方と、それを地球から見る角度によって決まるが、その条件を自分で見つけて判断できない。

などである。

　例えば、次の (1) ～ (4) の質問をしたとき、(1) と (2) は、ほとんどのクラスで正解率が90パーセント以上だったのに対して、(3) のような質問に対しては、教室などの日常的な場所でも東西南北の把握はやや低下し、(4) のような太陽の位置から方位を把握する問題では、クラスによって正解率が50パーセント以下になってしまう。

　毎日太陽を見ていても、太陽が南側を通ることを認識しているとはかぎらず、平面図の方位と立体的な図の方位とを結び付けることは、生徒にとって意外に難しいことなのだということがわかる。

質問
(1) 右の図で北は①〜④のどこか。
(2) 太陽は（　　　）から昇って（　　　）に沈む。
(3) 教室で、東西南北を指してみよう。
(4) 下の図は午後3時のようすである。○の中に東西南北を入れなさい。

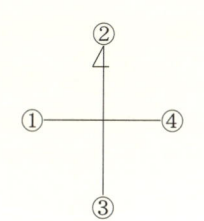

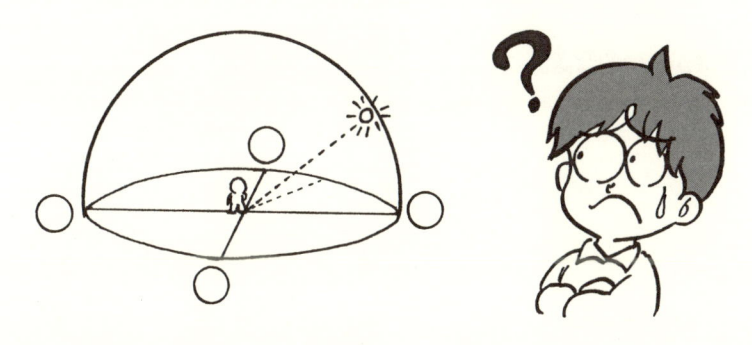

＜モデルを使った授業での生徒の変化＞

モデルを授業で使ったときと使わなかったときの比較をすると、次のような変化があった。

1．天体の動きを立体的に考えるのが楽になり、理解をあきらめてしまう生徒がほとんどなくなった。
2．モデル学習では試行錯誤ができ、動かして考えられるので、受動的ではなく、積極的に考えるようになった。
3．モデルを動かすことで、ゲーム感覚で楽しく考えることができたようである。
4．質問の量が増えた。自分がモデルを動かしている中での発見がもとになっていて、理解が深まったことがうかがえた。

今後の課題としては、この学習後も平面図で考える課題になると、混乱してしまう生徒がいるという点だ。だが、立体で理解したものを、無理に平面図とリンクさせることに指導の重点を置くよりも、自分たちで観察した、天体の動きや見え方と、モデルの天体の動きを併せて考えられるようになるほうが大切であると思う。

また、天体の学習では、実際の天体観察に勝る教材はないと感じている。私が必ず行っている観察は、

1．天体望遠鏡による太陽黒点の観察
2．天体望遠鏡による、月と木星、土星、金星などの惑星、オリオン大星雲などの夜間の天体観測
3．星座の観察
4．透明半球を使った太陽の位置の観測と太陽高度の観測

である。

モデル学習が生徒の思考を助けることができても、実際の天体観測ほどの

感動は与えられない。天候に左右され、大変ではあるが、必ず行っただけの手応えはある。初めに生徒たちがもっている宇宙へのあこがれを大切に、しかも宇宙の運行の規則性を理解できる人類の英知と、それを手掛かりにさらに宇宙の深遠まで手を伸ばしている現状を生徒に伝えたい。そのためには、さまざまな角度からのアプローチが効果的だと思う。

　以上を踏まえ、生徒の誤認識が科学的な認識に変わるようなおすすめ実験を以下に紹介し、到達目標に向けての授業を提案したい。

14-1 天体の動きと地球の自転

到達目標に向けての授業の提案

● おすすめ実験14-1-1　理解しやすい立体モデル！

> 宇宙をモデル化し、時間、方位、惑星の満ち欠けなどを理解する装置を作る。
> ＜到達目標としての科学認識＞
> 地球の自転と時間、地球の自転と天体の見える方位の関係がわかる。

　現代生活は太陽の動きを意識することが少なくなり、太陽の高度でだいたい時間がわかる、ということすら考えたことのない生徒がいるようになった。総合的に天体の運行を考えるときに、「時刻と方位」は基本となる。

　天体の部分で、時刻と方位をまず押さえることが大切であることに気づいてから、さまざまなモデルを作って生徒の理解を確かめた試行錯誤の結果、地球だけのモデルより、太陽を含めた軌道を立体モデルにしたほうが、時間などの把握がしやすいというところに行き着いた。

　以下にそのモデルの作り方と全体像を示す。これを使って、①地球の自転と時間、②地球の自転と他の天体の見える方位、③月の満ち欠け、④内惑星と外惑星の満ち欠け、などを学習することができる。

＜地球からの、衛星・惑星の見え方を理解するモデルの作り方＞

① 大小の発泡スチロール球を使って、地球と太陽、および、月・火星（外惑星）・金星（内惑星）の軌道のあるモデルを作る。

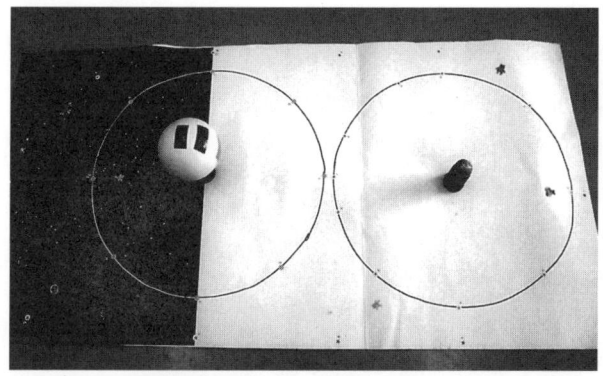

台紙　　左の球が地球、右が太陽。左の円が月の軌道、右の円が内惑星の軌道。台紙の縁の点（星）を結ぶと外惑星の軌道。

地球と太陽のモデル　　　衛星・惑星モデル
（左）地球：直径約10cm発泡スチロール球
（中）太陽：　〃　3cm　　　〃
（右）惑星：　〃　6cm　　　〃

② 地球上に立てるための人形を作る。人形は、四方位を明示した地面と一体化し、自分の位置（人形の視点）からそれぞれの天体がどの方角に見えるのかわかりやすくする。

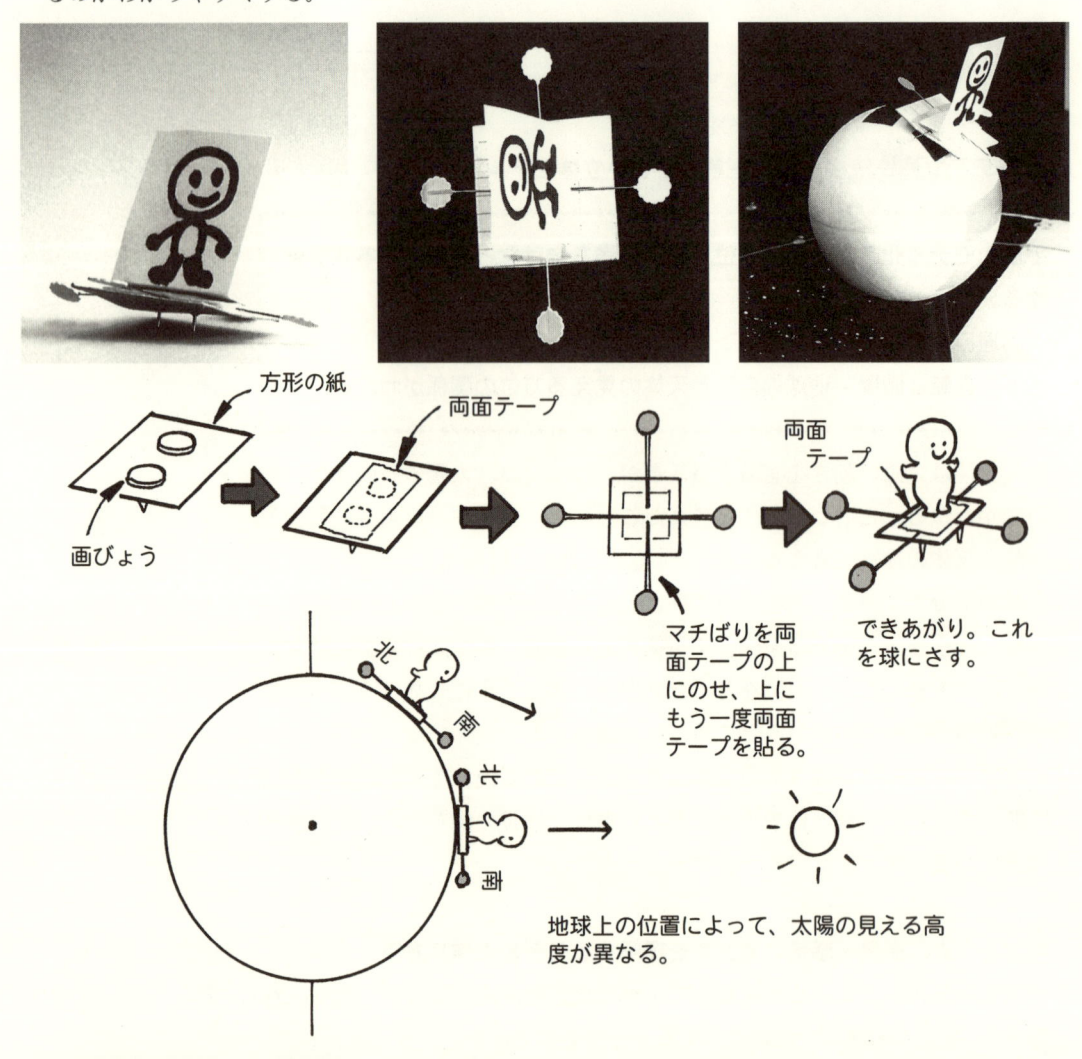

方形の紙
両面テープ
画びょう
マチばりを両面テープの上にのせ、上にもう一度両面テープを貼る。
両面テープ
できあがり。これを球にさす。

地球上の位置によって、太陽の見える高度が異なる。

＜このモデルを使った学習例＞
① 時間の理解
　まずは、正午と真夜中の確認である。太陽に面している方が昼の部分で、光の当たらない部分が夜の部分、という基本的なことが「天動説」の考え方をしている生徒には、つまずきになる。なぜ、太陽に面しているほうが昼になるのか、という質問をする生徒は、昼夜の起こる原因が理解できていないのだ。時間の所に人形を置かせる課題を積み重ね、理解できるようにする。
課題1
・正午、真夜中、午後6時、午前6時などの基準となる位置に人形を置く。それができたら、午前3時、午後9時、午前8時など、さまざまな時刻の課題を出してみる。
　自転の方向を間違えると正しい位置に置けない。地球の自転は、「北極側か

ら見て反時計回り」、という回転方向がすぐに見つけられないグループも少なくない。生徒同士、話し合いながら正しく動かせるようになっていく。

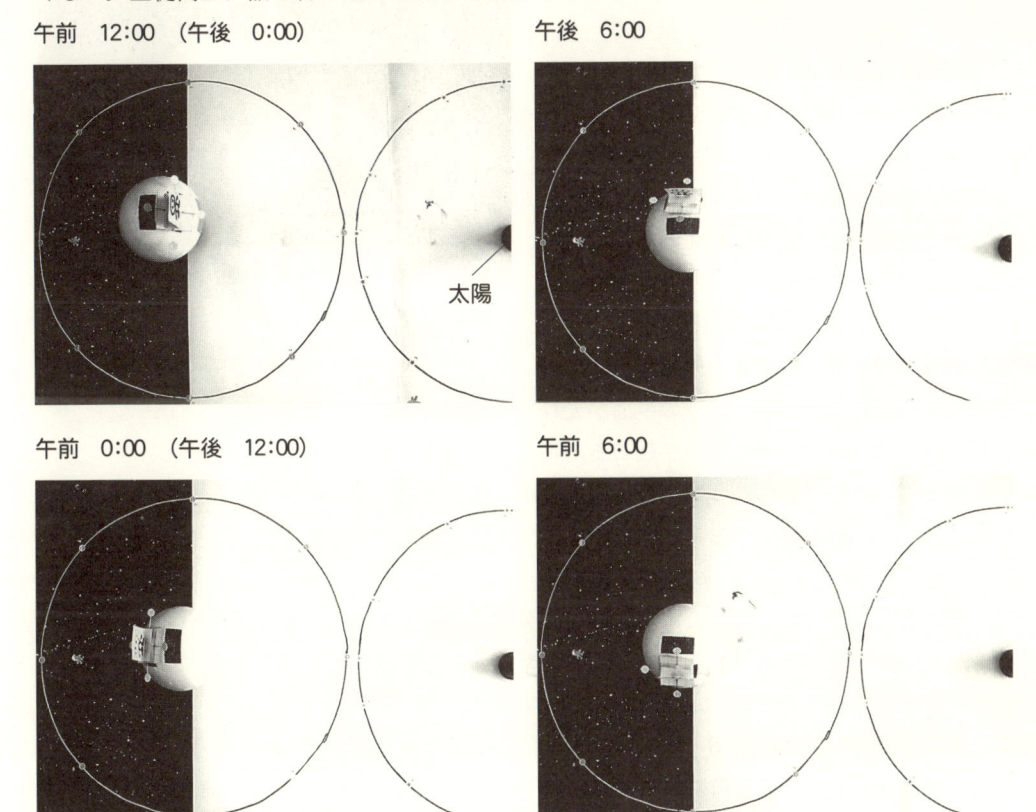

午前 12:00（午後 0:00）　　　　　　　午後 6:00

太陽

午前 0:00（午後 12:00）　　　　　　　午前 6:00

② 方位の理解

太陽が朝には東方向にあり、夕方には西方向にあるのはなぜか、ということを考えるとき、多くの人はやはり「天動説」で考えているだろう。例えば「体育館は西にある」、という自分の位置からの方位は変化することはないが、太陽や月などの天体は位置を変えることを見ているからである。

ところが宇宙を視点とすると、地球上の一点から東・西・南・北へ指し示す方向は、地球の自転とともに動いていて、それが、太陽が見える方位を変える原因になっているのである。ここでは、大きく「常識」とかけ離れた思考が要求され、天体学習での方位の把握は、「地動説」から見た方位の把握ができないと惑星の見える方位の理解や、天体の運行の予測などが困難になる。以下の実習はその視点をつくる大切なステップになる。

課題2

・課題1で行った「時刻」の学習を生かして、いろいろな時刻の場所に人形を置かせ、その人形から台紙にはったさまざまなシールの方位を尋ねる。

人形の足元にはその人形が基準としている東西南北を示したカードがある。実際にその延長がその場所での東西南北となる。北は北極星の方向、つまり地軸を延長した部分であることを確認。自転して、どこの位置にいてもその

事実は変わらないことも確認する。
- 人形から見た、シールの天体の位置を調べさせる。各班に渡すモデルの、星座のシールを貼る位置を同じにしておけば、クラス全体で統一した答えが出せる。

  例・日本で真夜中に、「タコ座」はどの方角に見えるか。
  ・日本で真夜中に、南東に見える星座は何か。
  ・日本で「タコ座」が南中するのは何時か。

実際の星座の位置を正確に示すのは難しいので、「タコ座」などと意図的に架空の星座で演習させるとよい。

③ 天体の満ち欠け～月・内惑星・外惑星～

月、惑星は太陽の光を反射して、球の半面が光り、半面は暗いが、それを地球からどの角度で見るかで満ち欠けが起こる。このモデルで、惑星のモデルの球（半面を光、半面を影にぬったもの）を、台紙に示したそれぞれの天体の軌道上に置き、人形の部分からのぞいてみると、実際の満ち欠けが観察できる。

生徒は人形の所から天体をのぞいて、実際に満ち欠けしているのがわかると、最初はかなり驚くようである。このモデルで実習することによって、何が惑星の満ち欠けを決めるのかをつかませることができた。

課題3　内惑星の満ち欠けの観察

① 夕方か朝方の部分に人形を置く。
② 惑星モデルを太陽の光の当たり方に注意して、軌道上に置かせる。
③ 一人は人形から惑星をのぞき、もう一人は惑星を、軌道上を動かしていく。惑星の形と大きさについて観察したことをレポートさせる。
④ 内惑星がどうして朝方か夕方にしか見えないのかを考えさせる。

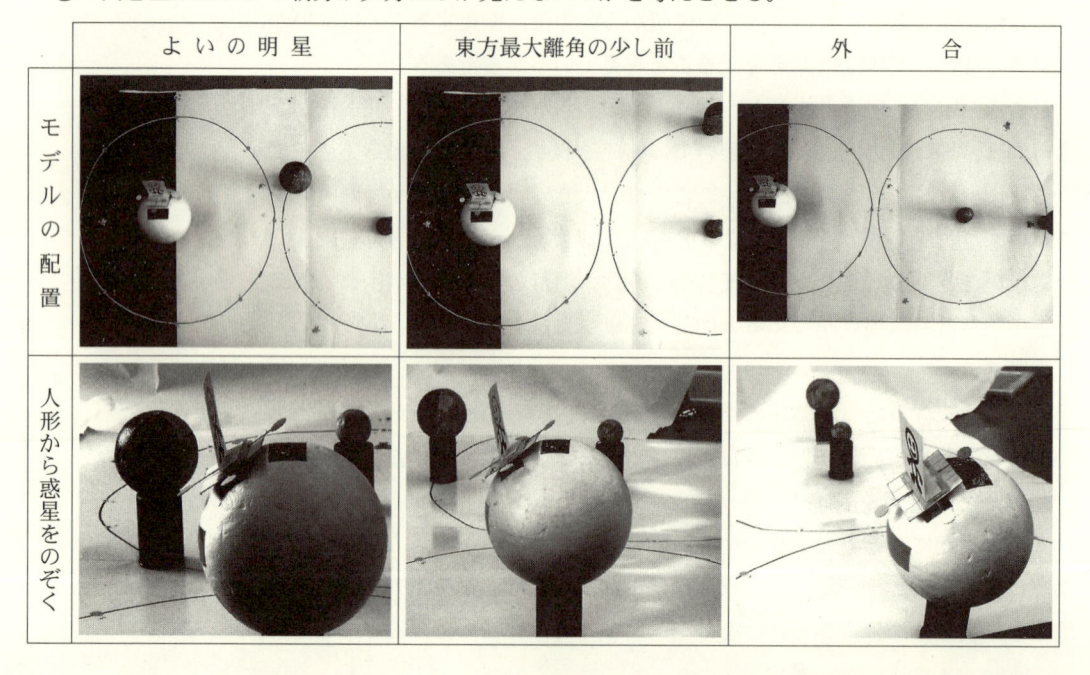

	よいの明星	東方最大離角の少し前	外　合
モデルの配置			
人形から惑星をのぞく			

14章 天体の動きと地球の自転

課題4 月の満ち欠けの観察

① 月の軌道の上に衛星・惑星モデルを置く。

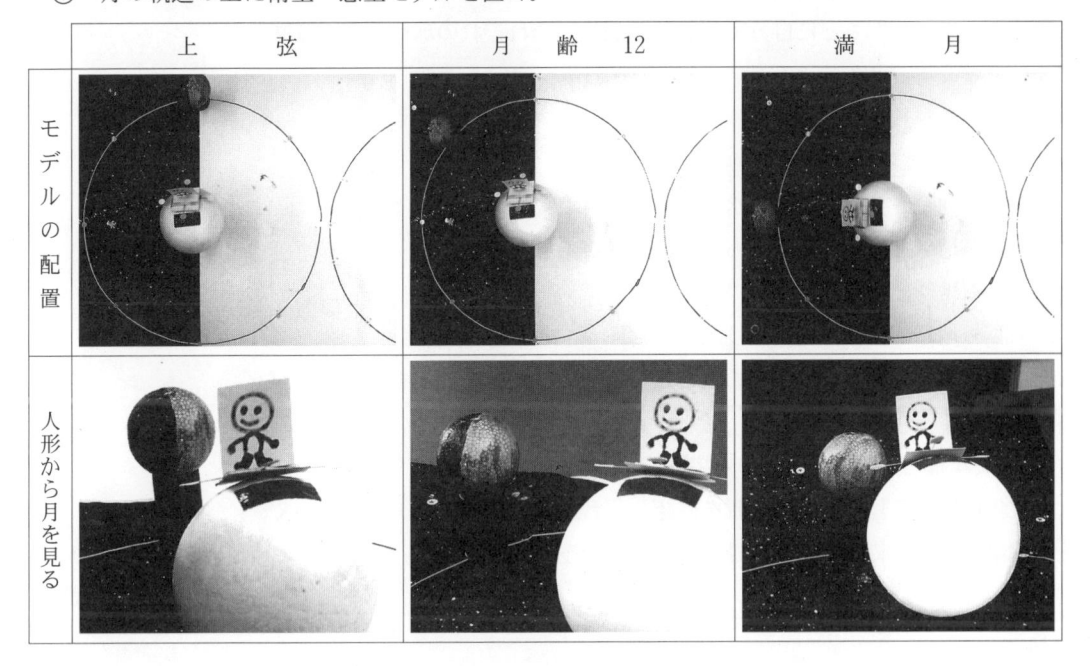

	上弦	月齢 12	満月
モデルの配置			
人形から月を見る			

衛星と内惑星、外惑星とでは太陽からの光の当たり方が違うので注意させる（太陽から惑星までの距離と、地球から月までの距離の違いのため）。

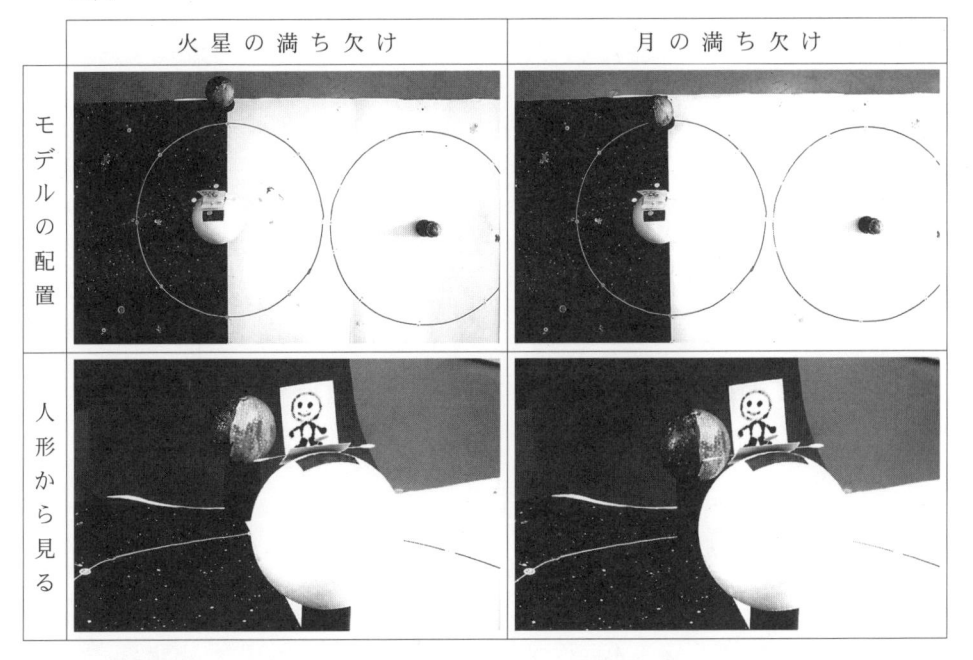

	火星の満ち欠け	月の満ち欠け
モデルの配置		
人形から見る		

② それぞれの時刻で、どんな形の月が、どちらの方角に見えるか考えさせる。

③ 同じ日に、日本とニューヨークなど、世界の違った場所で月の形が違うかどうか、などの課題も考えさせてみる。

＜生徒の探究活動の例＞

(1) モデルを自作させる

　天体を、モデルをもとに自分で作成しながら、それぞれの球や軌道の意味について考えることができる。

(2) 「もしも～」シリーズ

・もしも地軸が軌道に対して垂直だったら、
・もしも地軸が軌道に対して水平だったら、
・もしも地球と同じ軌道上にもう一つ惑星があったら、
・もしも地球に衛星がもう一つあったら、
・もしも地球の自転が反対回りだったら、

など、いろいろな「もしも」をあげさせて、その答えをモデルを動かしながら探してみる。

(3) 天文年鑑と実際の星空との対応

　天文年鑑で、各月の惑星の位置を確認し、台紙の上に惑星モデルをおいて、その惑星の見える時間と方位を確認し、実際の空で惑星を探す。

15章 地球の公転と四季

到達目標と誤認識

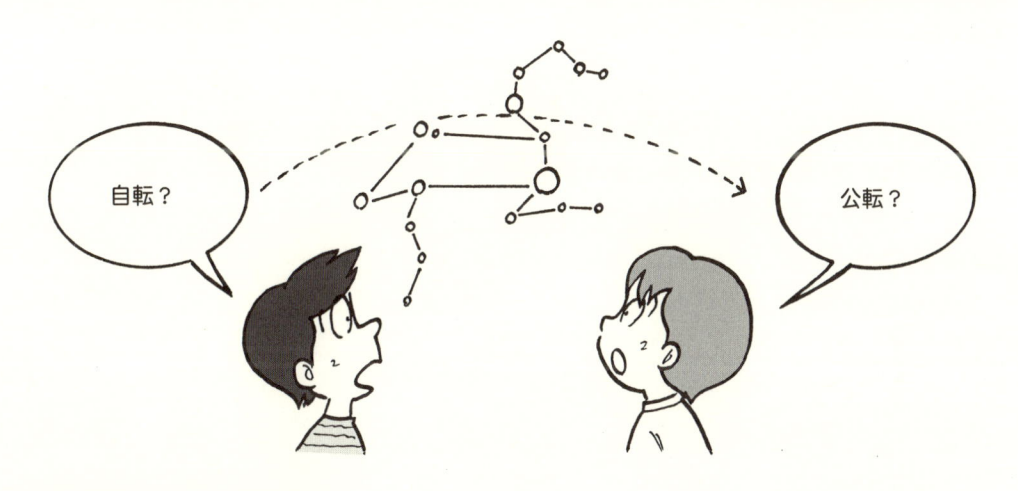

到達目標としての科学認識

> 天体現象の中で、地球の公転によって起こる変化を理解する。
> ＜具体的な到達目標としての科学認識＞
> 1．地球の四季は地軸の傾きと公転に関係している。
> 2．四季の星座の見え方が変化するのは、公転によって地球の位置が変化するためである。

動かしながら考える

　本章に関する生徒のたいていの混乱のもとは、前章での天体の日周運動が理解できていないことである。公転しながら自転、という現象を考えるのは、かなり高度なことであり、やはりモデルでの学習が欠かせないと考える。

　この部分では、生徒が「暗記」によって現象を覚え込もうとしている姿をよく見る。海外旅行に行くチャンスも多くなった今、海外での季節を考える場面も増えている。前章と同様、モデルで考えることにより、現象の起こるわけをしっかり理解させ、応用がきく思考力を育てる場面にしたい。

　ここで紹介するのは、①四季による昼夜の長さの変化を理解する装置と、②地球から見える星座が季節によって移り変わっていくしくみを理解する装置の二つである。動かしながら考えることができるためか、季節ごとに見える星座に関しての理解度は著しく向上した。

● 地球の公転と四季に関する生徒の認識の現状

① 地球の自転によって起こる現象と公転によって起こる現象の違いが、混在している。
② 季節の起こるわけでは、日本の「冬の位置」などを図の中で丸暗記していて、地域による季節を考える、などの応用がきかない。
③ 四季の星座についても同様で、暗記が中心となっているので、ある星座が、何時ごろ、どちらの方角に見えるのか、などの問題には対応できない。
④ 太陽の光を地球に当てるときに、地軸にそって当ててしまう。光が来る方向を動かしてしまう。

以上を踏まえ、生徒の誤認識が科学的な認識に変わるようなおすすめ実験を以下に紹介し、到達目標に向けての授業を提案したい。

15-1 地球の公転と四季

15章 地球の公転と四季

到達目標に向けての授業の提案

● **おすすめ実験15-1-1** 理解しやすい立体モデル！

～四季による昼夜の長さの変化を理解する装置～
発泡スチロール球と透明半球を使って、地軸が傾きながら公転しているときに、どのように太陽の光が当たるか考え、その結果として昼夜の長さがどうなるか考察する。

<準備>
① 発泡スチロール球で地球のモデルを作る。
② ①にぴったりかぶせられる程度の大きさの透明半球に、蛍光スプレーで薄く色をつける。

発泡スチロールを貫くのは、地球の自転軸。

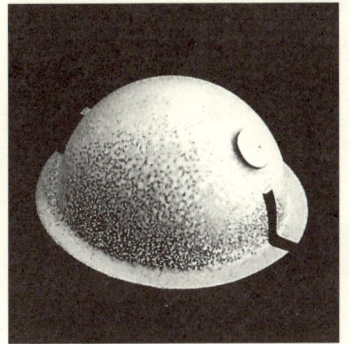

透明半球に蛍光スプレーで薄く色をつける。

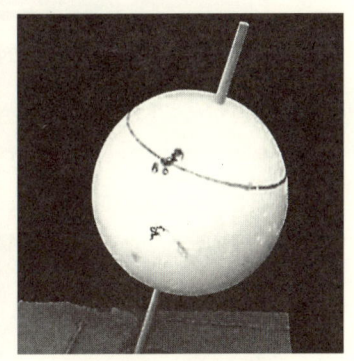

自転したとき日本が通るコースを記入しておく。

<方法>
① 地球のモデルを使って、地球を公転させる。北極側から見て反時計回りに公転することを確認する。このとき、地軸を動かしながら回転させる生徒もいるので、回転しても地軸が同じ方向を向いていることを定着させる。

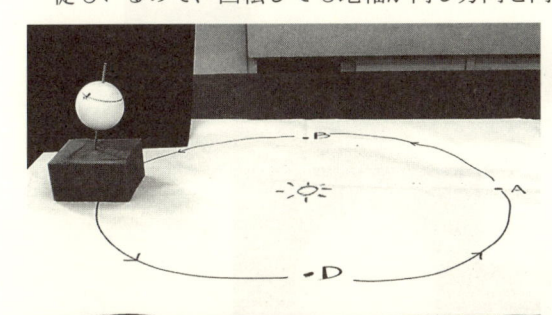

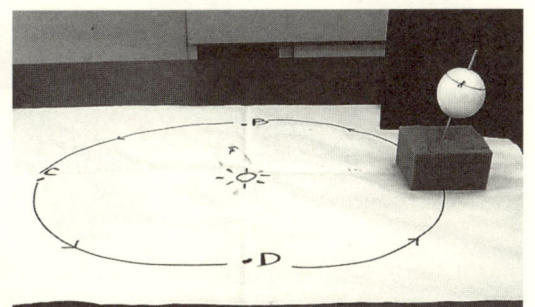

注：地軸の向きに注意し、公転のようすをはじめにきちんとおさえる。

② それぞれの位置で、光の当たっている部分に透明半球をかぶせるように指示する。透明半球の上下の部分は、次図のように軸が入る部分を切り取っておき、画鋲で止められるようにする。

太陽の光が、直進して地球に当たることが理解できていれば、簡単な作業だが、これが理解できていないと、地軸にそって透明半球を当ててしまうことが多い。

太陽

↑夏、冬の位置では「地軸」がじゃまになるので半球に切りこみを入れておく。

光っている所（半面）に透明半球をかぶせる。

③ 光の当たっている部分の長さと、光のあたらない部分の長さを比べさせ、夜と昼の長さの違いを判定させる。分かりやすいように、日本の位置、オーストラリアの位置などに、印を付けておくとよい。

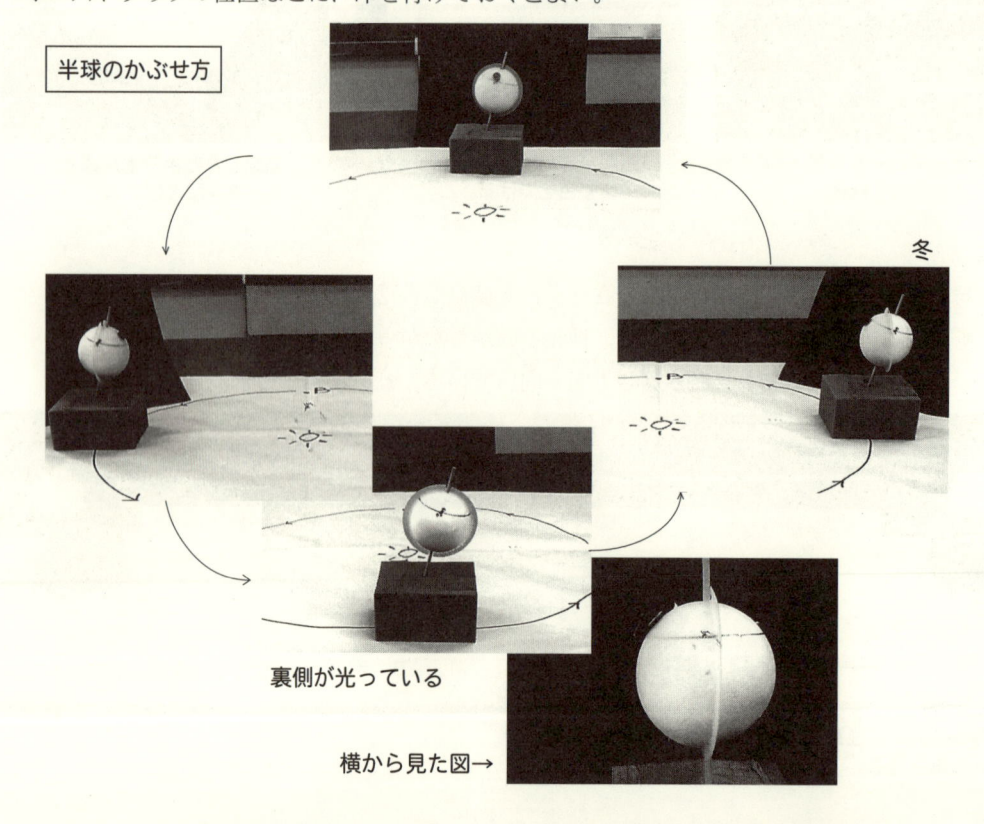

半球のかぶせ方

冬

裏側が光っている

横から見た図→

おすすめ実験15-1-2　星座の移り変わりモデル！

モデルを使って、地球から見える星座が季節によって移り変わっていくしくみを理解する。

＜準備＞モデルの作り方

① 模造紙に二重円を書き、12等分し、それぞれに季節の星座のカードを貼る。円の中央に太陽、内側の円の円周上には発泡スチロール球で作った地球のモデルを置いて、これを公転の方向に動かす。

3月の地球（中心に太陽、内側の円上に地球）　　　12月の地球

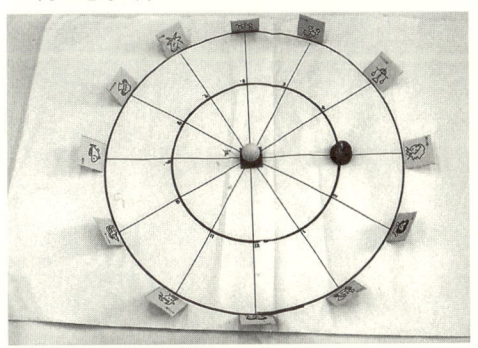

② 地球のモデルの発泡スチロール球を、昼と夜にぬり分けておき（半面は赤、半面は黒。太陽側が昼、外側が夜）、時刻と見える星座の関係を考えやすくする。

＜このモデルを使った学習例＞

① 真夜中に南中する星座の、季節ごとの変化を調べる。
② 日本では北天の星座の見え方が変化しないわけを考える。
③ 正午に太陽と重なる星座の、季節ごとの変化を調べる。太陽が見かけ上、星座の中をどのように動くように見えるかも学習できる。
④ 各月の、時刻による星座の見え方を調べるこのモデルでは、地球から太陽までの距離と、地球から天体までの距離に縮尺のうそがある。地球モデルを太陽のところまで動かして、縮尺のうそを補正して考えるように指示する。すると、明け方、夕方に南中する星座などを正しく判定できるようになる。

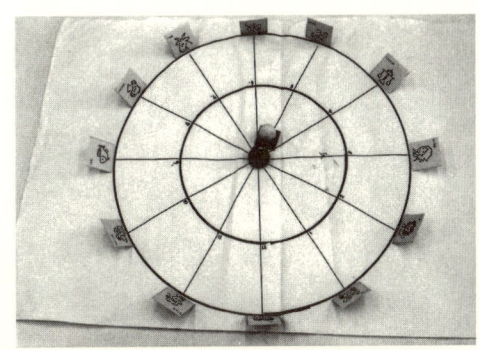

太陽↔地球　地球↔星座の距離の補正

16章 太陽系と惑星
―到達目標と誤認識

● 到達目標としての科学認識

> 惑星の大気・気温・状態などは、惑星の成り立ち、太陽からの距離などの条件によって異なっている。
> ＜具体的な到達目標としての科学認識＞
> 1．惑星のさまざまなデータからその惑星のようすを考え、地球との相違点を発見する。
> 2．地球型生命の発生の条件を考え、他の惑星での、生命の発生の可能性を考える。

データから考える楽しさ

　この部分は生徒が最も夢をもちやすい部分である。たくさんのコンピュータ・ソフトも出ていて、生徒がそれを調べながら学習するようにしている方も多いようだ。興味のあることを調べさせる点ではいい教材かもしれない。しかし、この部分は、惑星のデータを調べることで、惑星の成り立ちの違いが見えたり、特徴が見えるなど、データから考える楽しさを体験できる部分でもある。さまざまな情報を与えられたときに、自分でそれを解析する力も大切であると考える。新指導要領では3年生に天体分野が移行することもあり、十分な解析力があると思うので、ぜひ惑星のようすを自分で考えさせてみたい。（資料→P.213）

　以上を踏まえ、生徒の誤認識が科学的な認識に変わるようなおすすめ実験を以下に紹介し、到達目標に向けての授業を提案したい。

16-1 太陽系と惑星

到達目標に向けての授業の提案

● おすすめ授業16-1-1　惑星データの活用術！

> データから惑星のようすを考えよう。

① p.213の資料を見ながら、各惑星、太陽、月のようすについての文を完成させる。データを文章にしていくと星のいろいろなようすが具体的に見えてくる。どの部分のデータをどこに入れるかがわかれば、難しい作業ではない。データの意味を考えて作業をするように指示する。
　→ワークシート①② p.214・215

② 惑星全部をやるのには時間がかかるので、班ごとに担当させたり、選択させて行わせてもよい。比較するためにはある程度の数を続けて自分で作業したほうがよいかもしれない（50分で4～5くらいの惑星調査が完了できる）。

③ データは資料集などから集めたが、資料集によって違っていたり、古くなっているものもあるかもしれない。最大船速のマッハ33は地球の脱出速度をもとに計算した。ボイジャーなどはフライングバイなどで、もっとスピードが出せるので、最大船速の記録はこれより速いはずである。興味のある生徒がいたら調べさせ、計算し直させてもいい。

　この部分は、コンピュータ・ソフトやＶＴＲなどの教材がたくさんあるのでこの教材と併用すれば、なお効果的だろう。

● おすすめ授業16-1-2　データからイマジネーションへ！

> 挑戦コース：データをもとに、ＳＦを書こう。

＜目標＞
1. 生徒の持つ興味、関心を引き出し、課題に取り組むことでそれをさらに伸ばす。
2. 研究のレポートを書く手法を学ばせ、観察したことや考えたことを発表する力をつけさせる。

　天体分野では、宇宙という未知の世界が生徒の好奇心を刺激し、興味・関心をもちやすいのだが、それが日周運動、年周運動、天体の見え方などの内容を学習させるうちに、難しいという印象が強くなり、興味を薄れさせてしまうことが多い。そこで、学習した内容をＳＦという形で表現する手法で、未知の世界への好奇心と地球上とは違った世界を科学的に考える楽しさを体

験させられないかと、冬休みの課題に「ＳＦを書く」という課題を出してみた。その過程を紹介する。

　ＳＦに取り組ませるときに難しい点としては、次のような点が考えられる。
・文章を構成して物語を作るには、かなりの文章力を必要とするので、生徒によって難しすぎる課題となる。
・理科の課題として取り組むＳＦについての定義をしっかり話し、条件をつけておかないと、宇宙を舞台にした単なるお話になってしまう。
　２つの問題点については次のような対策をたてた。
・普段の授業で、ノートのまとめを「自分の言葉で内容を説明する」「図表を必ず使ってまとめをする」という点を徹底して指導し、科学的思考力と説明能力を育てるようにした。
・また、課題を与えるときには選択課題として「プラネタリウムに行って学んだことをレポートにする」「星の観察をして、その記録をレポートにする」という別の２点の課題も用意しておいた。
・ＳＦを書くにあたって、"ワープ""どこでもドア"的な便利な道具は使わないようにという限定をつけ、その上で宇宙旅行や生活を想像してみるように条件をつけた。
　また、さまざまなデータから、惑星のイメージをつかむ課題を学習させ、科学的に推測する過程を体験させておいた。

＜考察＞
　冬休みの課題として宿題にしたところ、ＳＦに取り組んだのは約30％の生徒で、約半分はプラネタリウムレポートだったがどの作品も、それぞれの得意な部分を生かして、画用紙に、模造紙に、レポート用紙に、また、コンピュータで絵や文を仕上げるなど、実に個性的な作品が勢ぞろいした。生徒が最も自分の力を発揮するのは、自分の仕上げた作品にプライドを持ち、自ら「良い作品を作りたい」と思ったときである。レポートの回数を重ね、自分の成長を自分で感じると、こちらが予想していた以上の集中力を発揮し、「大変だったけどおもしろかった」と言いながら、どんどん課題に取り組んでいく。生徒同士が良い作品に刺激を受けて成長する効果も高い。
　筆者が実践した学年は、中学１年生ということもあり、ＳＦは高度すぎるのではないかと心配もしたが、結果は思った以上のできばえだった。マンガや本でＳＦにふれることも多く、多くの映像を見ており、またコンピュータ・ゲームで場面の構成力などを培っているせいか、それほど苦にせずに課題に取り組んでいるように感じた。しかし、簡単にみえる作品でも、聞いてみると構想から含めて数日〜10日以上かかっているものも多く、やはり起承転結をふまえて物語を書くことは大変なことには違いない。だが、それにもかかわらず、あまりに理科の課題ばかりやっているので親が心配するぐらい、生

徒は頑張れたのである！　理科に限らず、日本の学習では選択式の問題に慣れ、一つの答えを出す学習場面が多過ぎるように感じる。もっと自分の頭を使って考え、個性を発揮できる課題を多くする必要があるのではないだろうか。

　この作品の数々をみて、改めて生徒のもっている可能性と個性をもっと信じて、それを十分に発揮させる場面をつくらなくてはならないと感じた。

●資料

	水星	金星	地球	火星	木星	土星	天王星	海王星	冥王星	太陽	月
太陽からの距離（億km）	0.46～0.7	1.08～1.09	1.47	2.07～2.49	7.4～8.1	13.5～15.1	27.4～30.1	44.6～45.5	44.4～73.9	中心	地球から0.0038
公転半径（天文単位）	0.39	0.72	1	1.5	5.2	9.6	19.2	30.1	39.5	中心	—
公転周期（地球年）	0.24	0.61	1	1.9	11.9	29.5	84.0	164.8	248.5	中心	27.3
自転周期（日）	58.65	243.0	0.997	1.03	0.41	0.44	0.65	0.77	6.39	25.38	27.3
1日の長さ（地球日）	176	117	1	約1日	約0.4日	約0.4日	なし	約0.8日	約6.4日	—	29.5
マッハ3で行くと何日かかるか	95.5日	43.1日	中心（出発地）	82日	573日(1.6年)	3.6年	7.8年	13.4年	16.4年	154.6日	9.5時間
赤道半径（地球を1）	0.38	0.95	1	0.53	11.2	9.4	4.0	3.8	0.18	109.1	0.27
質量（地球を1）	0.06	0.82	1	0.11	317.8	95.2	14.5	17.2	0.0022	333000	0.0123
体積（地球を1）	0.056	0.857	1	0.151	1316	745	61	54	0.007	1304000	0.17
平均密度（g/cm³）	5.43	5.24	5.52	3.93	1.33	0.70	1.30	1.76	1.6	1.41	3.34
赤道での重力（地球を1）	0.38	0.91	1	0.38	2.37	0.95	0.89	1.19	0.06	28.01	0.17
太陽から受ける熱量（地球を1）	6.67	1.19	1	0.43	0.037	0.011	0.0027	0.0011	0.0006	—	ほぼ1
リングの有無	なし	なし	なし	なし	あり	あり	あり	あり		—	—
衛星の数	0	0	1	2	16以上	18以上	18	8	1	—	—
表面温度（℃）	−170～440	480	15	−23	−150	−180	−210	−220	−230	6000	−100～100
星の表面のようす	岩石	岩石	岩石	岩石	液体	液体	水素(固体)	水素(固体)	氷	ガス	岩石
大気の種類	なし	二酸化炭素 窒素 アルゴン	二酸化炭素 窒素 アルゴン 酸素	二酸化炭素 窒素 アルゴン	水素 メタン アンモニア ヘリウム	水素 メタン アンモニア ヘリウム	水素(固体) メタン アンモニア ヘリウム	水素(固体) メタン アンモニア ヘリウム	なし	水素 ヘリウム	—
最大光度（等級）	−2.4	−4.7	—	−3.0	−2.8	−0.5	5.3	7.8	13.6	−26.8	−12.6
訪れた宇宙船	マリナー10号通過	マリナー2号着陸		バイキング1・2号着陸 マリナー9号 ボイジャー通過	ボイジャー通過	ボイジャー通過 パイオニア10号通過	ボイジャー通過	ボイジャー通過	なし	なし	アポロ11号人類の月着陸
水の存在	なし	なし	大量にある	少しある							

| ワーク
シート | データから惑星のようすを考える
① 地球を含む惑星 | 組　番 | 名
前 | ワークシート（　　） |

_____について

1. _____は、太陽から数えて（　　　　　　）番目の惑星です。

2. この惑星の、太陽からの距離は（　　　　　　）億kmです。

3. 太陽のまわりを1回まわるのに（　　　　　　）年かかります。

4. 1回自転するのに（　　　　　　）日かかります。

5. 1日の長さは（　　　　　）日で、昼は（　　　　　）、夜は（　　　　　）になります。

6. 発見されている衛星の数は、（　　　　　）個で、この惑星から見える月は（　　　　　）個です。

7. この惑星の重力を基準としたとき50kgのものは、地球上では（　　　　　）kg重です。

8. この惑星の表面は、｛大部分は氷で・大部分は岩で・大気と岩で・ほとんどが気体と液体で・大気と氷で・海があり｝、宇宙船の着陸が ｛可能です。・不可能です。｝

9. 惑星表面温度は（　　　　　）度で、生物にとって ｛まったく適さない・何とか生きていける・生きるのに適している｝ 温度だといえます。

10. この惑星には大気が ｛なく・あり｝、おもな成分は（　　　　　　　　　　　　　　　　）です。生物はこの大気によって、生きてゆける可能性が ｛あります。・ありません。｝ また、この惑星には水が ｛存在します。・存在しますがごくわずかです。・まったく存在しません。｝

11. そのほかこの惑星の特徴として、調べたこと、知っていることを報告してください。

そこで問題です！
この惑星でみんなが生きていける可能性は何パーセントでしょうか。（　　　　　　）
この惑星で生命が生まれる可能性はあるでしょうか。｛ある・ない｝

ワークシート　データから惑星のようすを考える
② 地球以外の惑星

ワークシート（　　）
組　番　名前

_____星について

1. _____星は、太陽から数えて（　　　　）番目の惑星です。
2. この惑星まで、太陽からの距離は（　　　　　）億kmで、ここに宇宙船の最大速度マッハ33（11km／秒）で行くとしたら（　　　　　）年かかります。
3. 太陽のまわりを1回まわるのに（　　　　　）地球年かかります。
4. 1回自転するのに（　　　　　）日かかります。自転の速度は地球に比べて ｛はやい・おそい・ほぼ同じ｝ といえます。
5. 1日の長さは（　　　　　）日で、昼は（　　　　　）、夜は（　　　　　）になります。
6. 発見されている衛星の数は、現在（　　　　　）個で、この惑星から見える月は（　　　　　）個です。
7. この惑星の赤道半径は、地球を1としたとき、（　　　　　）で、地球 ｛より小さい・より大きい・とほぼ同じ｝ 大きさだといえます。
8. この惑星が太陽に最も近く、明るいときには（　　　　　）等級の明るさで、地球から ｛1等星より明るく見えます。・1等星より暗く見えます。・ほとんど肉眼で見えません。｝
9. この惑星の重力は、地球より ｛大きく・小さく｝、地球上で50kgのものはこの惑星表面上では（　　　　　）kg重になります。
10. 惑星の質量は、地球を1としたとき（　　　　　）で、地球 ｛より重く・より軽く・とほぼ同じで｝、また、密度は（　　　　　）で ｛地球とほぼ同じ物質からできていると考えられます。・地球をつくるものより軽い物質でできていると考えられます。｝
11. この惑星の表面は、｛大部分は氷で・大部分は岩で・大気と岩で・ほとんどが気体と液体で・大気と氷で・海があり｝、宇宙船の着陸が ｛可能です。・不可能です。｝
12. この惑星には宇宙船（　　　　　）が ｛近くまで行ったことがあり・着陸したことがあり・行ったことがなく｝、また、人類がこの惑星に行ったことが ｛あります。・ありません。｝
13. 惑星表面温度は（　　　　　）度で、生物にとって ｛まったく適さない・何とか生きてゆける・生きるのに適している｝ 温度だといえます。
14. この惑星には大気が ｛なく・あり｝、おもな成分は（　　　　　）です。生物はこの大気によって、生きてゆける可能性が ｛あります。・ありません。｝ また、この惑星には水が ｛存在します。・存在しますがごくわずかです。・まったく存在しません。｝
15. そのほかこの惑星の特徴として、調べたこと、知っていることを報告してください。

そこで問題です！
この惑星でみんなが生きていける可能性は何パーセントでしょうか。（　　　　　）
この惑星で生命が生まれる可能性はあるでしょうか。｛ある・ない｝

■編集代表
　滝川　洋二（国際基督教大学高等学校教諭、教育学博士、ガリレオ工房代表）
　　　本書の執筆：1、2章
■編集委員（五十音順）
　大原　ひろみ（多摩市立落合中学校教諭）
　　　本書の執筆：3、4、14、15、16章
　高橋　和光（江戸川区立小松川第二中学校教諭、せたがやだいた自然科学教室）
　　　本書の執筆：5、6、7、8、9章
　辻本　昭彦（武蔵野市立第一中学校教諭）
　　　本書の執筆：10、11、13章
　古田　豊（立教新座中学校・高等学校教諭）
　　　本書の執筆：12章

ガリレオ工房
授業に生かす　理科のおすすめ実験

2001年6月15日　初　版　発　行
2001年9月13日　初版3刷発行

編集代表──滝川　洋二
発行者──星沢哲也

発行所──東京法令出版

〒112-0002　東京都文京区小石川5丁目17番3号　☎03(5803)3304
〒534-0024　大阪市都島区東野田町1丁目17番12号　☎06(6355)5226
〒060-0009　札幌市中央区北九条西18丁目36番83号　☎011(640)5182
〒980-0012　仙台市青葉区錦町1丁目1番10号　☎022(216)5871
〒462-0053　名古屋市北区光音寺町野方1918番地　☎052(914)2251
〒730-0813　広島市中区住吉町10番2号　☎082(241)2966
〒760-0038　高松市井口町8番地8　☎087(826)0896
〒810-0011　福岡市中央区高砂2丁目13番22号　☎092(533)1588
〒380-8688　長野市南千歳町1005番地
　　　　　　〔営業〕☎026(224)5411　FAX026(224)5419
　　　　　　〔編集〕☎026(224)5421　FAX026(224)5409
　　　　　　http://www.tokyo-horei.co.jp/

© YOJI TAKIKAWA　printed in Japan, 2001

・本書の全部又は一部の複写、複製及び磁気又は光記録媒体への入力等は著作権法上での例外を除き、禁じられています。これらの許諾については、当社までご照会ください。
・落丁本・乱丁本はお取替えいたします。
・定価は表紙に表示してあります。
ISBN 4-8090-6205-8